HISTORISCH-POLITISCHE WELTKUNDE

Kursmaterialien Geschichte
Sekundarstufe II / Kollegstufe

Die Industrialisierung

Die Entstehung der modernen Welt

Von Michael Sauer

Ernst Klett Schulbuchverlag Leipzig
Leipzig Stuttgart Düsseldorf

HISTORISCH-POLITISCHE WELTKUNDE

Herausgegeben von
Hans-W. Ballhausen und Prof. Dr. Joachim Rohlfes

Autor: Dr. Michael Sauer

Karten: Willi Stegner, Justus Perthes Verlag GmbH, Gotha

Reinzeichnung
der Grafiken: Rudolf Hungreder, Leinfelden-Echterdingen

Einband: Manfred Muraro, Stuttgart

Titelfoto: Der Dampfhammer, Gemälde von James Nasmyth (s. S. 119)
(Ausschnitt)

Gedruckt auf Papier aus
chlorfrei gebleichtem Zellstoff, säurefrei.
Umschlag mit PP-Folie kaschiert,
umweltverträglich und recycelbar.

1. Auflage 1 9 8 7 6 5 | 2012 2011 2010 2009 2008

Alle Drucke dieser Auflage können im Unterricht nebeneinander benutzt werden, sie sind untereinander unverändert. Die letzte Zahl bezeichnet das Jahr des Druckes.

Internetadresse: http://www.klett-verlag.de

Redaktion: Stefan Wolters

Gesamtherstellung: Ludwig Auer GmbH, Donauwörth
ISBN 3-12-456160-0

Inhalt

Einleitung

In der jungsteinzeitlichen (neolithischen) Revolution (etwa ab 8000 v. Chr.) wurden die Menschen sesshaft und machten die Landwirtschaft zu ihrer Ernährungsgrundlage. In den frühen Hochkulturen (etwa seit 3000 v. Chr.) entwickelten sich Städte zu neuen Zentren des Zusammenlebens und der Kultur. Die dritte einschneidende Veränderung der menschlichen Lebensformen vollzog sich mit der Industrialisierung seit der Mitte des 18. Jahrhunderts zunächst in Europa. Um die Schnelligkeit, vor allem aber die Nachhaltigkeit des Wandels hervorzuheben, spricht man auch von der „industriellen Revolution" – der englische Historiker Arnold Toynbee hat mit seinem Buch „Lectures on the Industrial Revolution" (1884) diesen Begriff populär gemacht. Revolutioniert wurden die Produktionsweisen, die Energiegewinnung, die Lebensverhältnisse und das Bewusstsein der Menschen.

Bis heute prägt die Industrialisierung direkt oder mittelbar die Wirtschafts- und Gesellschaftsverhältnisse in fast allen Ländern der Erde. Immer wieder haben sich neue Veränderungsschritte auf verschiedenen Gebieten vollzogen: Aktuelle Stichworte lauten Automatisierung oder Globalisierung. Die damit verbundenen weltwirtschaftlichen Entwicklungen der Gegenwart haben – wieder einmal – grundsätzliche Diskussionen über die Ausgestaltung und Zukunft der Industriegesellschaft, über die Rolle von Kapital und Arbeit, über das Verhältnis von Ökonomie und Ökologie ausgelöst.

Industrialisierung wird deshalb in diesem Band nicht als ein abgeschlossener historischer Prozess behandelt, der mit dem „langen 19. Jahrhundert", also bis zum Ersten Weltkrieg, zu Ende ging. Erst wenn man die Wandlungen der Industrialisierung weiter verfolgt, wird der Gegenwartsbezug des Themas wirklich deutlich: im Hinblick auf die speziellen Probleme von Entwicklungs- oder Schwellenländern, aber auch auf das Modell der Gesellschaft, in der wir heute leben und arbeiten. Und die Darstellung beschränkt sich nicht auf eine reine Wirtschafts- und Sozialgeschichte, sondern nimmt – insbesondere am Beispiel Deutschlands – auch die Veränderungen von Lebensweisen und Mentalitäten in den Blick, die durch die Industrialisierung bewirkt wurden.

Allgemeine Züge der Industrialisierung sowie besondere Ausprägungen und Entwicklungen – nach Zeitpunkt, Land oder einzelnen Bereichen von Wirtschaft und Gesellschaft –, Verlaufsgeschichte und systematische Aspekte sollen hier gleichermaßen zur Geltung kommen. Deshalb werden bestimmte Phasen der Industrialisierung beispielhaft anhand einzelner Länder behandelt: England steht für die Voraussetzungen und den Beginn, Deutschland für den Kernzeitraum des 19. Jahrhunderts und die gesellschaftlichen Folgewirkungen, die USA stehen für die Ausbildung der modernen Massen- und Konsumgesellschaft nach der Jahrhundertwende.

Einen besonderen Schwerpunkt des Bandes bildet die zeitgenössische Darstellung der Industrialisierung in Bildern; sie demonstriert eindrucksvoll, wie unterschiedlich die Veränderungen wahrgenommen und künstlerisch interpretiert wurden. Außerdem spielen bei diesem Thema naturgemäß Statistiken eine wichtige Rolle. Nicht zuletzt soll der Band deshalb exemplarisch Hinweise für den methodischen Umgang mit der Quellengattung Bild und der Darstellungsform Statistik geben.

1. England – Mutterland der Industrialisierung

Wer sich am Ende des 18. Jahrhunderts für industrielle Entwicklungen interessierte, blickte nach England. Hier schlug das Herz des technologischen Fortschritts. Hier trat die Dampfmaschine ihren Siegeszug an, entstanden die Fabriken, die die menschliche Arbeit von Grund auf veränderten und die Produktivität vervielfachten. England wurde zur „Werkstatt der Welt" – und zum viel bewunderten Vorbild. Was waren die Ursachen dafür, dass England allen anderen Staaten Europas so weit voraus war? Und warum begann diese Entwicklung gerade dort und gerade im 18. Jahrhundert?

1705	Thomas Newcomen entwickelt die erste funktionsfähige Dampfmaschine, die vorwiegend im Bergbau eingesetzt wird.
1735	Koks beginnt Kohle bei der Verarbeitung von Eisenerz abzulösen.
1764	James Hargreaves erfindet die erste Maschine zum Spinnen von Baumwolle („Spinning Jenny").
1765–1782	James Watt verbessert die Dampfmaschine; sie wird stärker und zuverlässiger im Einsatz.
1769	Richard Arkwright entwickelt eine Spinnmaschine, die durch Wasserkraft angetrieben wird („Waterframe").
1776	Adam Smith veröffentlicht sein Buch „The Wealth of Nations".
1779	Die erste gusseiserne Bogenbrücke wird gebaut.
1785	Zum ersten Mal wird die Dampfmaschine in einer Baumwollspinnerei eingesetzt.
1810/11	Die „Ludditen" bekämpfen das „Maschinenwesen".
1825	Die erste Personen-Dampfeisenbahn von Stockton nach Darlington wird eröffnet.
1838	Die Chartisten fordern politische und soziale Reformen.
1847/48	Karl Marx und Friedrich Engels veröffentlichen das „Manifest der Kommunistischen Partei" (Kommunistisches Manifest).
1851	In London findet die erste Weltausstellung statt.

1.1 Günstige Startvoraussetzungen

Die vorindustrielle Lebensweise

Zu Beginn des 18. Jahrhunderts lebten in ganz Europa mindestens 90 Prozent der Menschen auf dem Lande; sie ernährten sich durch Landwirtschaft oder ländliches Kleingewerbe. Die Ackerfläche war weitaus kleiner als heute, es gab noch viel Ödland, Brache oder Moore. Die Geräte, mit denen die Bauern arbeiteten, waren zumeist aus Holz; sie hatten sich seit dem Mittelalter kaum verändert. Im bäuerlichen Haushalt lebten mehrere Generationen zusammen. Fast alles, was man zum Leben brauchte, stellte man auch selber her: nicht nur die Nahrungsvorräte, sondern auch Kleidung, Betten, Möbel und Werkzeug. Landleben war harte Arbeit und jeder – vom Kind bis zum Greis – hatte sein Teil dazu beizutragen.
Die bäuerliche Existenz war geprägt durch Sitte und Herkommen. Die ständische Rangordnung der Gesellschaft wurde als gottgegeben hingenommen. Es gab wenig Veränderung: Die Geburt entschied über die soziale Stellung, man blieb am Ort und im vertrauten Lebenskreis, den Beruf übernahm man von seinem Vater. Auch die Städte hatten noch eher ländliches Gepräge. Die meisten waren klein; es gab nur wenige wirkliche Großstädte: Mit weitem Abstand an der Spitze stand London, es folgte Paris, erst weit dahinter kamen Wien oder Berlin. Und auch das städtische Leben war durch ständische und zünftische Traditionen geprägt.

1 Einsatz einer frühen Dampfmaschine zur Förderung und zum Antrieb von Pumpen in einem englischen Kohlebergwerk (Gemälde eines unbekannten englischen Künstlers, 1792).
Erläutern Sie den Stand der Maschinisierung, den das Bild zeigt. Erörtern Sie, was den Künstler zur Wahl des Bildgegenstands bewegt haben mag.

Moderne Landwirtschaft – Überschüsse, Kapital und Nachfrage

In England trafen mehrere günstige Voraussetzungen zusammen, die gemeinsam das Ingangkommen des Industrialisierungsprozesses bewirkten. Dazu gehörte auch die Landwirtschaft. Bereits in der Mitte des 18. Jahrhunderts gab es nur noch wenige selbstständige, Land besitzende Bauern. Der Boden befand sich in den Händen einer kleinen Schicht meist adliger Großgrundbesitzer. Diese vergaben große Flächen langfristig an Pächter, die Farmer. Jene wiederum arbeiteten mit lohnabhängigen Arbeitskräften. Die Erzeugnisse der Farmen wurden auf dem Markt vertrieben – bäuerliche Subsistenzwirtschaft gab es jetzt immer seltener. Die großen Betriebe arbeiteten so effektiv, dass weniger Arbeitskräfte als früher benötigt wurden. Wer auf dem Land keine Arbeit mehr fand, musste nun woanders sein Auskommen suchen. Anders als auf dem Kontinent hielt weder Besitz noch Leibeigenschaft die Menschen auf dem Land und es gab keine rechtlichen Schranken, die den Zuzug in die Städte verhinderten oder erschwerten.

Stände: Im Mittelalter und in der Frühen Neuzeit waren die verschiedenen gesellschaftlichen Gruppen streng voneinander getrennt. Geistlichkeit, Adel, Bürger und Bauern hatten ihren eigenen gesellschaftlichen Rang, jeweils besondere Rechte und Pflichten. Was ein Mensch tun durfte und werden konnte – Bildung, Beruf, Lebensweise –, war durch den Stand, also durch Geburt und soziale Herkunft, festgelegt. Die Ständeeinteilung galt als göttliche Ordnung, entsprechend fest gefügt waren die Grenzen.

Zünfte: Seit dem Mittelalter schlossen sich die städtischen Handwerker zu Zünften zusammen. Nur Meister, die Mitglieder der Zunft waren, durften das jeweilige Handwerk ausüben und Gesellen und Lehrlinge beschäftigen. Die Zahl der Meister und der Umfang der Produktion wurden begrenzt. Die Zünfte sicherten so die Existenz ihrer Mitglieder und schützten sie vor Konkurrenz. Sie kontrollierten die Qualität der Erzeugnisse und nahmen die Gesellen- und Meisterprüfungen vor. In Not geratene Zunftmitglieder und deren Familien wurden unterstützt. Wer gegen die Zunftregeln verstieß, wurde ausgeschlossen.

Subsistenzwirtschaft: Die Bauern deckten traditionell mit ihren Erzeugnissen zunächst einmal den eigenen Bedarf (lat.: Subsistenz = Lebensunterhalt, Lebensgrundlage). Nur wenn es Überschüsse gab, wurden diese auf dem Markt verkauft. Das Ende dieser Wirtschaftsweise kam mit der Industrialisierung: Die Zahl der Menschen, die selber keine landwirtschaftlichen Produkte herstellten, stieg an. Sie mussten ihren Bedarf durch Kauf decken. Wegen dieser steigenden Nachfrage begann die Landwirtschaft immer gezielter für den Markt zu produzieren. Was die Bauern nicht mehr selber erzeugten, mussten sie nun gleichfalls hinzukaufen.

Gegenüber Neuerungen waren Besitzer und Pächter aufgeschlossen, denn eine Steigerung der Erträge kam ihnen unmittelbar zugute. So wurde schon früher als in anderen Ländern die Dreifelderwirtschaft durch die Fruchtwechselwirtschaft abgelöst, bei der die Brache durch Anbau von Düngepflanzen (z. B. Klee) ersetzt wurde. Das vergrößerte die landwirtschaftliche Nutzfläche um ein Drittel. Ehemaliges Gemeindeland wurde privatisiert und aufgeteilt (Einhegungen). Vielen Dorfbewohnern gingen dadurch traditionelle Nutzungsrechte (Viehweide, Holzsammeln) verloren. Wichtige technische Neuerungen waren die Sämaschine und der ganz aus Eisen bestehende Pflug. Saatgutauswahl und Viehzucht wurden ebenfalls verbessert. Rübenanbau erweiterte die Stallfütterung von Rindern und Pferden im Winter. So wurde die Landwirtschaft für Besitzer und Pächter immer profitabler. Ihre Gewinne konnten sie in die eigenen Betriebe, aber auch in die neuen Fabriken investieren – das Startkapital für die Industrie stammte zum guten Teil aus der Landwirtschaft. Und sie war eine wichtige Abnehmerin für Produkte aus der Maschinenindustrie. Außerdem war die Landwirtschaft mit ihren erhöhten Erträgen in der Lage eine schnell wachsende Bevölkerung zu ernähren – im Unterschied zu heutigen Entwicklungsländern, die sich um Industrialisierung bemühen, war England bis weit ins 19. Jahrhundert nicht auf Nahrungsmittelimporte angewiesen. Die verbesserten Versorgungsmöglichkeiten waren ihrerseits wieder Ursache des verstärkten Bevölkerungswachstums.

Bevölkerungswachstum – Arbeitskräfte und Verbraucher

England hatte 1740 6 Millionen, 1800 gut 9 Millionen, 1850 18 Millionen Einwohner. Dazu trug auch die Eindämmung von Krankheiten bei: Die Pest, die im 17. Jahrhundert noch hohe Opfer gefordert hatte, verschwand. Infektionskrankheiten wie Tuberkulose und Lungenentzündung nahmen ab dank verbesserter Ernährung und Hygiene. Die Bekämpfung der Pocken durch Impfung (Jenner 1796) wirkte sich allerdings erst weit später im 19. Jahrhundert aus. Vor allem die Kinder- und Säuglingssterblichkeit ging zurück (1730 ca. 36 Tote auf 1000 Einwohner, 1811–20 21 Tote). Bei etwa gleich bleibender Geburtenrate führte dies zu einem kräftigen Geburtenüberschuss: Die Zahl der Geburten überstieg nun die Sterbefälle immer stärker. Das Bevölkerungswachstum bewirkte dann einerseits die Zunahme von Arbeitskräften, andererseits eine erhöhte Nachfrage nach Konsumartikeln für den Alltag wie Textilien, Kohle als Hausbrand, Möbeln und sonstigem Hausrat.

Je mehr sich im Laufe der Zeit die Produktion in den Städten massierte, desto stärker wuchs auch deren Einwohnerzahl an. Während 1750 15% der Bevölkerung in Städten mit mehr als 5000 Einwohnern lebten, waren es hundert Jahre später 50%. Die Wachstumsraten in den industriellen Ballungsgebieten gingen noch weit über die allgemeinen hinaus. In Manchester etwa nahm die Bevölkerung von 20 000 auf 335 000, in Birmingham von 25 000 auf 242 000 zu. Natürliches Bevölkerungswachstum und Zustrom neuer Arbeitskräfte ergänzten sich – 1851 lebte die Hälfte der englischen Bevölkerung nicht an ihrem Geburtsort.

Protoindustrialisierung – aus Verlegern werden Fabrikanten

Eine wichtige Voraussetzung für die Industrialisierung war eine gewerbliche Entwicklung schon in vorindustrieller Zeit. Sie wird mit dem Begriff Protoindustrialisierung bezeichnet. Protoindustrielle Gewerbelandschaften entwickelten sich oft abseits der Städte und in Gebieten, die sich für die Landwirtschaft weniger gut eigneten. Die Produktion war im Verlagssystem organisiert. Verbreitet war das ländliche Heimgewerbe vor allem bei der Textilherstellung (Wolle, Flachs, Leinen, Baumwolle). Spinnen und Weben für den eigenen Bedarf hatten in der bäuerlichen Wirtschaft ohnehin Tradition, aus ihr ging dann die erhöhte Produktion für den Verkauf hervor, der das Familieneinkommen steigern und die Existenz sichern half. Es verbesserten sich auch die Existenzbedingungen für die Schichten ohne eigenen bäuerlichen Besitz: Auf der Basis von Heimarbeit konnten Knechte und

Mägde, Kleinbauern oder auch nichterbende Bauernkinder, die sonst ledig geblieben wären, einen eigenen Hausstand gründen. Die Heiratshäufigkeit nahm zu und bewirkte höhere Geburtenziffern.
Protoindustrielles Gewerbe gab es nicht nur in England, sondern auch in den fortgeschrittenen Staaten Kontinentaleuropas. Schwerpunkte der Textilherstellung waren die Gegend von Bradford in England (Wolltuche), Flandern (Leinenweberei), das französische Lyon (Seidenstoffe), Schlesien, der Niederrhein und Westfalen. Metallwaren, Scheren und Messer wurden vor allem in Sheffield, in Solingen und im Siegerland hergestellt. Nicht allen protoindustriellen Regionen gelang ohne weiteres der Übergang zur Industrialisierung. Aber oft bildete das vorhandene Gewerbe eine Basis für die Weiterentwicklung: Unternehmerische Erfahrung und Kapital waren ebenso vorhanden wie Fertigkeiten in der Produktion, Verleger konnten zu Fabrikanten und Unternehmern werden.

Wirtschaftsliberalismus

Der schottische Moralphilosoph und Ökonom Adam Smith (1723–1790) formulierte in seinem Hauptwerk „The Wealth of Nations" (1776) jene Wirtschaftslehre, die die Grundlage für die Entwicklung des Industriekapitalismus werden sollte. Danach wird der Wert produzierter Güter über den Markt, durch Angebot und Nachfrage, frei zwischen Produzenten und Konsumenten bestimmt (Tauschwert). Triebkraft aller Wirtschaftsprozesse ist das Gewinninteresse. Offener Markt und freier Wettbewerb regen zu verstärkter Produktion an, führen von selbst zum Ausgleich der Interessen und fördern den Wohlstand aller. Auch zwischen den Ländern soll freie Konkurrenz (Freihandel) herrschen.
Mit seinem Wirtschaftsliberalismus wendete sich Smith gegen eine vom Staat bestimmte Wirtschaft, wie sie die merkantilistischen Wirtschaftslehren des Absolutismus vorsahen, die in den meisten Ländern des Kontinents vorherrschten. In England waren die staatlichen Einflüsse längst nicht so stark – Smith gab den Entwicklungstendenzen, die sich dort ohnehin abzeichneten, lediglich die theoretische Fassung und Fundierung. Seine „Bibel des Kapitalismus" wurde bis in die

Verlagssystem: Der Begriff „Verlag" kommt von „vorlegen, auslegen". Seit dem 15. Jahrhundert gab es eine Form gewerblicher Produktion, bei der Arbeiter oder Handwerker bei sich zu Hause für einen Unternehmer, den Verleger, tätig waren. Der Verleger stellte ihnen Rohmaterial zur Verfügung (er legte zunächst das Anschaffungskapital dafür vor) und nahm ihnen die fertigen Produkte zum Verkauf ab. Besonders bei der Textilherstellung war das Verlagssystem noch bis weit ins 19. Jahrhundert verbreitet.

Absolutismus/Merkantilismus: Das 17. und 18. Jahrhundert werden als Zeitalter des Absolutismus bezeichnet. Der Monarch herrschte absolut, er stand über dem Gesetz, Adel und Geistlichkeit wurden politisch immer mehr entmachtet. Die wichtigsten Stützen der absolutistischen Herrschaft waren eine von Beamten getragene Staatsverwaltung, eine einheitliche und zentralisierte Finanz- und Steuerpolitik sowie ein stehendes, allein dem Monarchen verpflichtetes Heer. Um die Einnahmen des absolutistischen Staates zu verbessern sollten die Wirtschaft gefördert und die Exporte erhöht werden. Dementsprechend wurden Handel und Gewerbe durch Zölle, Monopole und Privilegien geregelt. Es gab keinen freien Kapital- und Arbeitsmarkt.

Kapitalismus: Die Wirtschafts- und Gesellschaftsordnung des Kapitalismus entstand im 18. Jahrhundert. Karl Marx hat als Erster den Begriff genauer definiert. Bei ihm ist er die durch das Bürgertum geprägte Gesellschaftsform, die ihre Ablösung durch den Sozialismus/Kommunismus finden wird. Im Kapitalismus richtet sich alles wirtschaftliche Handeln am individuellen Gewinn aus, der auf dem Markt erzielt wird. Die Produktionsmittel (Maschinen, Gebäude, Rohstoffe) befinden sich in der Hand privater Unternehmer. Ihnen stehen die lohnabhängigen Arbeiter gegenüber. Das kapitalistische Denken beflügelte den Unternehmergeist und machte die wirtschaftliche Entwicklung der Industrialisierungszeit überhaupt erst möglich; aber das kapitalistische System verschärfte auch den Gegensatz zwischen Reichen und Armen.

Gegenwart ungeheuer einflussreich. Auf ihn ging der so genannte Manchesterkapitalismus zurück, der für rigorose Wirtschaftsfreiheit und Zurückhaltung des Staates eintrat („Nachtwächterstaat") und in der Mitte des 19. Jahrhunderts in England eine wichtige politische Rolle spielte. Smith begründete mit seinem Werk zugleich die Disziplin der Nationalökonomie oder Wirtschaftswissenschaften. Noch heute berufen sich die Vertreter einer neoliberalen Wirtschaftstheorie auf seine Lehren.

Calvinismus – ökonomischer Gewinn verspricht religiöses Heil

Der deutsche Soziologe Max Weber (1864–1920) hat die These aufgestellt, die calvinistische Religion habe besonders zum wirtschaftlichen Aufschwung Englands beigetragen. Nach deren Lehre verweist beruflicher und wirtschaftlicher Erfolg auf das Los im Jenseits (Prädestinationslehre): Dass ökonomischer Gewinn religiöses Heil verspreche, habe unternehmerisches Handeln motiviert, und die Verpflichtung zu persönlicher Bescheidenheit habe Investitionen befördert. Sicher beweisen lässt sich diese Vermutung nicht; aber immerhin waren unter den frühen Erfindern und Unternehmern Calvinisten überproportional vertreten.

2 Wirtschaftstheorie und Wirtschaftsethik

a) Adam Smith beschreibt in seinem Hauptwerk „Der Wohlstand der Nationen" (1776) das Prinzip der Arbeitsteilung:

Wir wollen [...] als Beispiel die Herstellung von Stecknadeln wählen, ein recht unscheinbares Gewerbe, das aber schon häufig zur Erklärung der Arbeitsteilung diente. Ein Arbeiter, der noch niemals Stecknadeln gemacht hat und auch nicht dazu angelernt ist (erst die Arbeitsteilung hat daraus ein selbstständiges Gewerbe gemacht), sodass er auch mit den dazu eingesetzten Maschinen nicht vertraut ist (auch zu deren Erfindung hat die Arbeitsteilung vermutlich Anlass gegeben), könnte, selbst wenn er sehr fleißig ist, täglich höchstens eine, sicherlich aber keine zwanzig Nadeln herstellen. Aber so, wie die Herstellung von Stecknadeln heute betrieben wird, ist sie nicht nur als Ganzes ein selbstständiges Gewerbe. Sie zerfällt vielmehr in eine Reihe getrennter Arbeitsgänge, die zumeist zur fachlichen Spezialisierung geführt haben. Der eine Arbeiter zieht den Draht, der andere streckt ihn, ein dritter schneidet ihn, ein vierter spitzt ihn zu, ein fünfter schleift das obere Ende, damit der Kopf aufgesetzt werden kann. [...] Ich selbst habe eine kleine Manufaktur dieser Art gesehen, in der nur 10 Leute beschäftigt waren [...] so waren die 10 Arbeiter imstande, täglich etwa 48 000 Nadeln herzustellen, jeder also ungefähr 4800 Stück. Hätten sie indes alle einzeln und unabhängig voneinander gearbeitet, noch dazu ohne besondere Ausbildung, so hätte der Einzelne gewiss nicht einmal 20, vielleicht sogar keine einzige Nadel am Tag zustande gebracht.

[...] In jedem anderen Handwerk und Gewerbe wirkt sich die Arbeitsteilung oder Spezialisierung ähnlich wie in diesem doch recht unbedeutenden Erwerbszweig aus, wenn auch in vielen von ihnen der gesamte Produktionsablauf nicht so stark zerlegt und auf einzelne Verrichtungen zurückgeführt werden kann. Sobald aber die Teilung der Arbeit in einem Gewerbe möglich ist, führt sie zu einer entsprechenden Steigerung ihrer Produktivität. In diesem Vorteil dürfte der Grund zu suchen sein, dass es überhaupt zu verschiedenen Gewerben und Berufen kam. Auch ist die Spezialisierung gewöhnlich in Ländern am weitesten fortgeschritten, die wirtschaftlich am höchsten entwickelt sind. Was in einem primitiven Volk ein einzelner Arbeiter leistet, verrichten in einer zivilisierten Gesellschaft zumeist mehrere.

b) Adam Smith über die Prinzipien einer liberalen Wirtschaftsordnung:

Der Einzelne ist stets darauf bedacht, herauszufinden, wo er sein Kapital, über das er verfügen kann, so vorteilhaft wie nur irgend möglich einsetzen kann. Und tatsächlich hat er dabei den eigenen Vorteil im Auge und nicht etwa den der Volkswirtschaft. [...] Da aber jeder Mensch Kapital zur Unterstützung eines Erwerbsstrebens nur mit Aussicht auf Gewinn einsetzt, wird er stets bestrebt sein, es zur Hilfe für solche Gewerbe anzulegen, deren Ertrag voraussichtlich den höchsten Wert haben wird oder für den er das meiste Geld oder die meisten anderen Waren bekommen kann. Nun ist aber das Volkseinkommen eines Landes immer genauso groß wie der Tauschwert des gesamten Jahresertrages oder, besser, es ist genau dasselbe, nur anders ausgedrückt. Wenn daher jeder Einzelne so viel wie nur möglich danach trachtet, sein Kapital zur Unterstützung der einheimischen Erwerbstätigkeit einzusetzen und dadurch diese so lenkt, dass ihr Ertrag den höchsten Wertzuwachs erwarten lässt, dann bemüht sich auch jeder Einzelne ganz zwangsläufig, dass das Volkseinkommen im Jahr so groß wie möglich werden wird. Tatsächlich fördert er in der Regel nicht bewusst das Allgemeinwohl, noch weiß er, wie hoch der eigene Beitrag ist. Wenn er es vorzieht, die nationale Wirtschaft anstatt die ausländische zu unterstützen, denkt er eigentlich nur an die eigene Sicherheit, und wenn er dadurch die Erwerbstätigkeit so fördert, dass ihr Ertrag den höchsten Wert erzielen kann, strebt er lediglich nach eigenem Gewinn. Und er wird in diesem wie auch in vielen anderen Fällen von einer unsichtbaren Hand geleitet um einen Zweck zu fördern, den er zu erfüllen in keiner Weise beabsichtigt hat. Auch für das Land selbst ist es keineswegs immer das Schlechteste, dass der Einzelne ein solches Ziel nicht bewusst anstrebt. Ja, gerade dadurch, dass er das eigene Interesse verfolgt, fördert er häufig das der Gesellschaft nachhaltiger, als wenn er wirklich beabsichtigt, es zu tun. Alle, die jemals vorgaben, ihre Geschäfte dienten dem Wohl der Allgemeinheit, haben meines Wissens niemals etwas Gutes getan. […]

Gibt man daher alle Systeme der Begünstigung und Beschränkung [von staatlicher Seite] auf, so stellt sich ganz von selbst das einsichtige und einfache System der natürlichen Freiheit her. Solange der Einzelne nicht die Gesetze verletzt, lässt man ihm völlige Freiheit, damit er das eigene Interesse auf seine Weise verfolgen kann und seinen Erwerbsfleiß und sein Kapital im Wettbewerb mit jedem anderen oder einem anderen Stand entwickeln oder einsetzen kann. […] In dem System der natürlichen Freiheit hat der Souverän lediglich drei Aufgaben zu erfüllen, die sicherlich von höchster Wichtigkeit sind, aber einfach und dem normalen Verstand zugänglich: Erstens die Pflicht, das Land gegen Gewalttätigkeit und Angriffe anderer unabhängiger Staaten zu schützen, zweitens die Aufgabe, jedes Mitglied der Gesellschaft so weit wie möglich vor Ungerechtigkeit oder Unterdrückung durch einen Mitbürger in Schutz zu nehmen oder ein zuverlässiges Justizwesen einzurichten, und drittens die Pflicht, bestimmte öffentliche Anstalten und Einrichtungen zu gründen und zu unterhalten, die ein Einzelner oder eine kleine Gruppe aus eigenem Interesse nicht betreiben kann, weil der Gewinn ihre Kosten niemals decken könnte, obwohl er häufig höher sein mag als die Kosten für das Gemeinwesen.

a) und b): Adam Smith, Der Wohlstand der Nationen, 1776, hrsg. u. übers. von Horst Claus Recktenwald, München 1974, S. 9 f., S. 369–371, 582

c) Aus einem Erlass des französischen Königs Ludwig XIV., 1664:

Herr Colbert hat uns wissen lassen, dass die Wiedererrichtung einer Teppichmanufaktur nicht besser begonnen werden könne als durch Louis Hinard, Tapetenkaufmann und Bürger unserer Stadt Paris. Ihm geben wir die Erlaubnis die genannte Manufaktur in unserer Stadt Beauvais zu errichten. Wir wollen, dass der genannte Hinard und seine Nachfolger die genannte Erlaubnis und Einrichtung für 30 Jahre nutzen. Anderen soll es bei Strafe verboten sein, das Monopol zu durchbrechen. Und weil die notwendigen Kosten für das Unternehmen über das Vermögen Hinards gehen könnten, wollen wir, dass von unserem Geld zwei Drittel der Ausgaben, jedoch höchstens 30 000 Livres bezahlt werden, mit denen die notwendigen Grundstücke, Häuser und Erbverträge erworben werden oder wenn nötig, gebaut werden können. […]

Hinard u. Co. sind verpflichtet, in dieser Manufaktur vom ersten Jahr an bis zu 100 Arbeiter aufzunehmen, sowohl Franzosen als auch Ausländer, und diese Zahl jährlich um 100 in den ersten sechs Jahren zu erhöhen. […] Hinard u. Co. sollen beständig wenigstens bis zu 50 französische Lehrlinge beschäftigen. […] Wir wollen, dass alle Arbeiter von Steuern und anderen Auflagen […] ausgenommen sind. Wir erlauben Hinard u. Co., für die Versorgung der Arbeiter und anderer Beschäftigter dort so viele Männer, Färber, Bierbrauer, Bäcker, Meister und Gesellen wie nötig anzusiedeln. Wir wollen, dass die Wolle und Färbechemikalien, die Hinard u. Co. kaufen, von ihnen ohne Zölle transportiert werden können.

Lettres de Colbert, nach: Hilke Günther-Arndt (Hrsg.), Geschichtsbuch Bd. 2, Die Menschen und ihre Geschichte in Darstellungen und Dokumenten, Berlin 1986, S. 206

a) Vergleichen Sie die von Smith beschriebene Produktionsweise mit der traditionellen handwerklichen. Wie verändert sich das Verhältnis des Herstellers zu seinem Produkt?

b) Vergleichen Sie die von Smith beschriebene Wirtschaftsordnung mit der merkantilistischen, wie sie aus M 2c) erkennbar wird. Erläutern Sie die unterschiedliche Rolle des Staates. Diskutieren Sie Smith's Behauptung, wer den eigenen Vorteil im Auge habe, fördere stets auch das Gemeinwohl.

1.2 Baumwolle, Kohle und Eisen

„King Cotton“

Die Baumwollindustrie hatte für die englische Industrialisierung im späten 18. Jahrhundert zentrale Bedeutung. Baumwollstoffe waren bis dahin die wichtigste Importware, die europäische Handelskompanien aus Asien, insbesondere Indien, bezogen. Gegenüber den heimischen Woll- und Seidenstoffen wurden sie immer beliebter. Bei der komplizierten Herstellung reiner Baumwollstoffe waren die europäischen Weber zunächst nicht konkurrenzfähig.
Etwa seit der Mitte des 18. Jahrhunderts machten dann technische Innovationen den Weg frei für die Verarbeitung von Baumwolle im großen Stil. Besonders die Spinnmaschinen wurden immer leistungsfähiger. Bald ließen sie sich nicht mehr per Hand, sondern nur noch mechanisch antreiben. Die technische Innovation führte damit zur Fabrikproduktion hin. Die Maschinen wurden zunächst noch mit Wasserkraft, später dann immer häufiger mit der neuen Energiequelle, der Dampfmaschine, angetrieben.
Mit dem Siegeszug von Dampfmaschine und Fabrik wanderte die Baumwollindustrie vom Land in die Stadt. Zum Zentrum der Baumwollindustrie wurde Manchester, auf Kosten der traditionellen Heimarbeitsgebiete Lanceshire (Weben) und Derbyshire (Spinnen), zwischen denen es lag. Während die Zahl der mechanischen Webstühle zwischen 1813 und 1850 von 2400 auf 224 000 zunahm, sank die Zahl der Handweber von ca. 250 000 (20er-Jahre) auf 50 000.
Statt Baumwollfertigprodukten importierte England nun in großem Umfang Rohbaumwolle und es wurde zum Weltexporteur für Baumwollprodukte: Zu Beginn des 19. Jahrhunderts machten sie die Hälfte aller englischen Exporte aus. Indien dagegen wurde umgekehrt allmählich vom Ex- zum Importland: Das traditionelle Textilgewerbe konnte mit den englischen Fabrikwaren nicht konkurrieren und verfiel im 19. Jahrhundert. England besaß ein nahezu weltweites Handelsmonopol; Voraussetzungen dafür waren das Kolonialreich und die Seeherrschaft: Um 1700 hatte der Kolonialhandel am gesamten Handelsvolumen einen Anteil von etwa 15%, 1775 war es ein Drittel. Das Wachstum der englischen Wirtschaft war ganz wesentlich der Baumwollindustrie und damit auch dem Außenhandel zu verdanken. Außerdem förderte die Nachfrage nach Textil- und Dampfmaschinen den Maschinenbau und über diesen wiederum Bergbau und Eisenindustrie; verbesserte Einkommen erhöhten die gesamtwirtschaftliche Nachfrage auch nach Konsumprodukten. Über solche Koppelungseffekte regte der Führungssektor Baumwollindustrie also die Entwicklung auf anderen, wirtschaftlich verbundenen Sektoren an.

Eisen als universeller Baustoff

Die Schwerindustrie wurde nach der Baumwolle zum zweiten Führungssektor der Industrialisierung in England. Traditionell war England kein großer Eisenproduzent. Größter Abnehmer war der Staat mit seinem Bedarf für die Rüstung, insbesondere die Flotte. Neue Produktionsverfahren verbesserten nun die Qualität des Eisens und erschlossen damit auch neue Einsatzbereiche. Die Verhüttung von Eisenerz mit Steinkohlenkoks war ein erheblicher Fortschritt, denn England war

Führungssektor/Führungssektorenkomplex/Koppelungseffekt: Im Laufe der Industrialisierung haben sich jeweils einzelne Bereiche der Wirtschaft besonders schnell entwickelt. Der amerikanische Ökonom Walt W. Rostow hat dafür den Begriff „Leading Sector“ geprägt. Je nach Land und Zeit gab es unterschiedliche Führungssektoren: In England war es zu Beginn der Industrialisierung die Textilindustrie, in Deutschland der Eisenbahnbau. Dieser war eng verbunden mit Bergbau, Schwerindustrie und Maschinenbau, und das Wachstum dieser Bereiche förderte sich wechselseitig – die Wirtschaftshistoriker bezeichnen dies als Führungssektorenkomplex. Führt das Wachstums eines Sektors zu schnellerer Entwicklung auch in einem anderen Wirtschaftsbereich (z. B. erhöhte Nachfrage im Maschinenbau durch Mechanisierung der Textilproduktion), so spricht man von einem Koppelungseffekt.

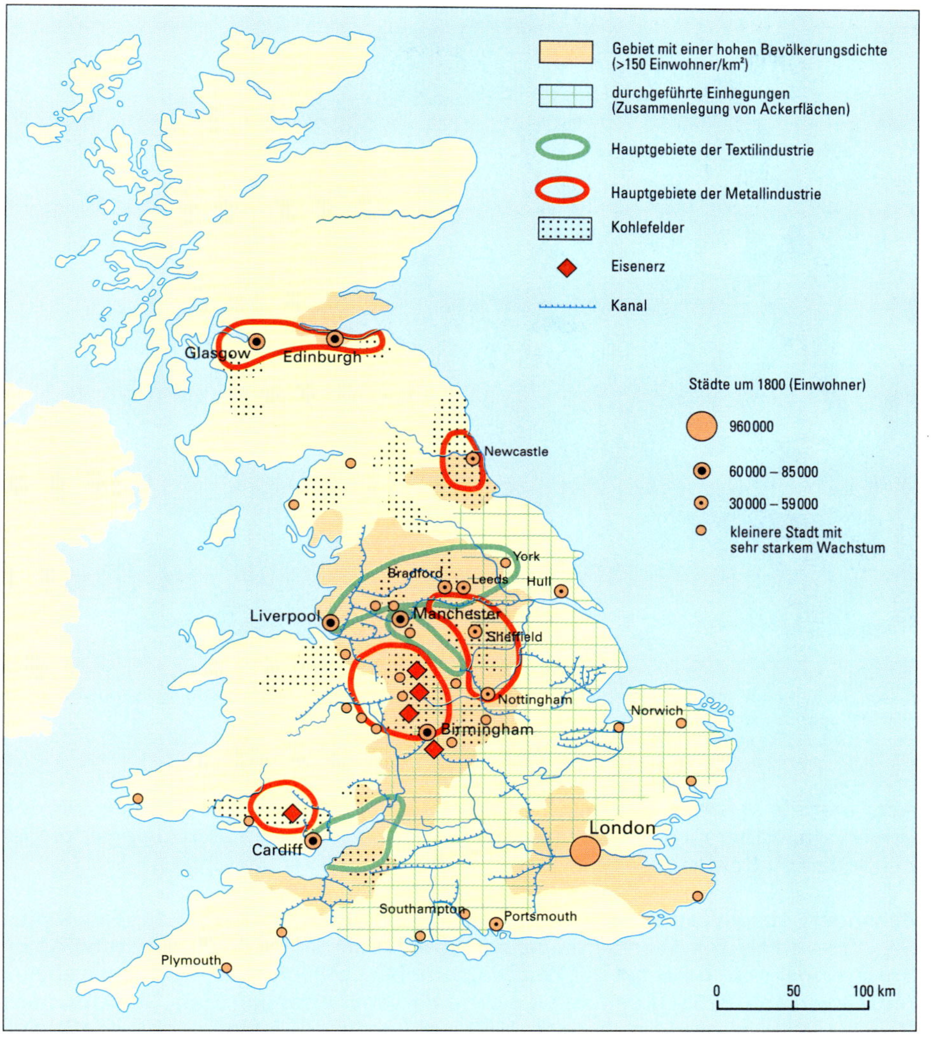

3 Die britische Industrie um 1800. *Entwerfen Sie anhand des Darstellungstextes (s. S. 12–14) eine Chronologie der Industrialisierung in England, in der Sie verschiedene Phasen und darin jeweils Führungssektoren, Rahmenbedingungen und technische Innovationen aufführen. Erläutern Sie anhand der Karte und in Bezug auf ihre Chronologie die Bedeutung verschiedener Standortfaktoren für die industrielle Entwicklung in England (und Südschottland).*

arm an Holz, aber reich an Kohle, und die Qualität des mit Koks erzeugten Eisens war weitaus besser. Die Eisenindustrie begann daraufhin, sich in den Kohlegebieten der Midlands und von Wales anzusiedeln; es gab dort Kohle und Erz zugleich, außerdem Wasser für den Antrieb von Blasebälgen, Hämmern und Walzen.
Aber Kokseisen war brüchig und nicht schmiedbar. Erst das Puddelverfahren brachte schmiedbares Stabeisen, das nun für alle industriellen Zwecke verwendbar war. Eisen begann Holz als universellen Baustoff zu verdrängen, es wurde zu einem Symbol der industriellen Zeit.

Die Dampfmaschine – Motor der Industrialisierung

Die Eisenerzeugung vervielfachte sich schnell und England wurde zu einem Exportland. Damit stieg auch der Bedarf an Eisenerz und Kohle. Die Förderung musste erhöht, die Gruben vertieft, der Transport verbessert werden. Dies wiederum führte zur Fortentwicklung der Dampfmaschine. Ein Hauptproblem des Bergbaus war die Entwässerung. Schon seit 1712 hatte man die von Thomas Newcomen entwickelte Dampfmaschine zum Antrieb von Wasserpumpen verwendet.

4 Zivilisationsdampfmaschine. Karikatur des „Kladderadatsch“, 1851, anlässlich der ersten Weltausstellung in London. Weltausstellungen galten im 19. Jahrhundert als „Schaufenster der industriellen Welt“.
Erläutern Sie die symbolhafte Auffassung von der Dampfmaschine, die in dieser Karikatur zum Ausdruck kommt.

Aber erst die Verbesserungen von James Watt (1736–1819) machten sie zur universell einsetzbaren Antriebsmaschine. Mit ihrem Einsatz stieg zugleich wieder der Bedarf an Kohle zur Feuerung.

Die Eisenbahn – Sinnbild des Fortschritts

Besonders ausgeprägte Koppelungseffekte ergaben sich dann bei der Eisenbahn. Sie entstand als Transportmittel gleichfalls im Zusammenhang mit dem Bergbau: Schienenbahnen, zunächst mit Pferden betrieben, brachten Erz oder Kohle zu den Hüttenwerken. 1825 wurde dann die erste Personeneisenbahn von Stockton nach Darlington eröffnet. Und bereits 1850 waren die Hauptlinien des englischen Streckennetzes fertig gestellt. Etwa 200 000 Menschen fanden dabei Arbeit. Mit dem Ausbau des Netzes und dem Bedarf an Lokomotiven und Wagen stieg schlagartig die Nachfrage nach Eisen an, ebenso nach Feuerungskohle. Bergbau, Eisenindustrie und Eisenbahn bildeten also einen eng verkoppelten Wachstumsbereich – die Wirtschaftshistoriker sprechen dabei auch von einem „Führungssektorenkomplex“.
Die Eisenbahn wurde zum Sinnbild für Fortschritt und Modernität. Ihr umfassender Ausbau war aber keineswegs eine verkehrstechnische Notwendigkeit. Denn der günstigste Transportweg für nichtverderbliche Waren über weite Strecken war und blieb das Wasser: Kein Ort Englands ist mehr als etwa 120 Kilometer vom Meer entfernt, Flüsse und Kanäle waren als Transportwege gut ausgebaut. Insofern überstieg der Nachfragenutzen den eigentlichen Transportnutzen der Eisenbahn. Aber England erwarb sich auch einen erheblichen technologischen Entwicklungsvorsprung: In aller Welt und noch bis ins letzte Drittel des 19. Jahrhunderts wurden Eisenbahnen mit englischem Kapital, englischem Material, von englischen Unternehmern gebaut und mit englischen Lokomotiven betrieben.

5 Das Wachstum der Baumwollindustrie

▶ *Exemplarisches Methodenlernen: Statistiken und Grafiken.*

Wirtschaftliche und soziale Entwicklungen – beispielsweise Produktion, Verbrauch, Beschäftigtenzahl, Löhne und Preise – lassen sich oft besonders gut in statistischen Zeitreihen darstellen. Voraussetzung dafür ist allerdings, dass statistisches Material vorliegt, das entsprechend bearbeitet und dargeboten werden kann. Diese Zahlen müssen korrekt und vergleichbar sein. Außerdem muss sichergestellt sein, dass eine Statistik für das jeweilige Thema tatsächlich aussagekräftig ist. So kann beispielsweise eine Zahlenreihe über die Zunahme der Industriearbeiterschaft in ihrer Bedeutung nur dann richtig eingeschätzt werden, wenn man sie in Relation zur Bevölkerungsentwicklung insgesamt setzt.

*Grafiken (Kurven- und Liniendiagramm, Stab-, Balken- oder Säulendiagramm, Kreisdiagramm) können viele Sachverhalte klarer zeigen als Tabellen. Sie können aber auch durch die Wahl der Größen oder Maßstäbe Sachverhalte nicht nur darstellen, sondern auch schon deuten.**

Die drei Statistiken 5a)–c) beschreiben verschiedene Parameter (kennzeichnende Größen) für die Entwicklung der Baumwollindustrie. Die dort angegebenen absoluten Zahlen lassen sich nicht unmittelbar aufeinander beziehen, sondern nur durch die Bildung einer so genannten „Indexreihe". Dabei wird der Wert für ein bestimmtes Jahr gleich hundert gesetzt, alle anderen Werte werden (mithilfe des Dreisatzes) proportional dazu umgerechnet. Diese Indexreihe lässt sich grafisch darstellen, indem man die Zeit auf der x-Achse und den Indexwert auf der y-Achse abträgt.

a) Wählen Sie einen geeigneten Maßstab und erstellen Sie für alle drei Tabellen gemeinsam eine Grafik mit drei Kurven. Bei der Wahl des Ausgangsjahres (Indexwert 100) können Sie nur von einer ungefähren Übereinstimmung ausgehen.
b) Erläutern Sie anhand Ihrer Darstellung die Bedeutung und das Verhältnis zwischen der Textilproduktion aus Baumwolle und dem Export.

* Genauere Hinweise zum Umgang mit Statistiken und Diagrammen gibt der Band „Umgang mit Geschichte" aus der Reihe „Historisch-Politische Weltkunde", Kapitel X, Stuttgart: Klett 1992, S. 132 ff.

a) Import von Rohbaumwolle in Großbritannien (in t)

1701–1715	585	(Jahresdurchschnitt)
1716–1720	1 086	
1764	1 935	
1780	8 000	
1801	25 000	
1815	50 000	
1825–1830	100 000	
1849	346 000	

Amtlicher Bericht über die Industrie-Ausstellung aller Völker in London im Jahre 1852, 2. Teil, Berlin 1857, S. 11, nach: Bernd Januschke/Karl-Friedrich Warner, Industrielle Revolution, Stuttgart/Heidelberg 1992/93, S. 68

b) Ausfuhr von Baumwolltextilien (in 1000 £)

1740–49	11
1750–59	88
1760–69	227
1770–79	248
1780–89	756
1790–99	2 631
1800–09	9 995
1810–19	18 712
1820–29	28 000

c) Prozentanteil der Baumwolltextilien am Gesamtexportwert

1740–49	0
1750–59	1
1760–69	2
1770–79	3
1780–89	7
1790–99	15
1800–09	39
1810–19	53
1820–29	62

b) und c): C. Cook/J. Stevenson, Atlas of Modern British History, London: Longman 1978, S. 43, nach: Hermann de Buhr/Michael Regenbrecht, Industrielle Revolution und Industriegesellschaft, Frankfurt a. M. 2. Aufl. 1988, S. 22

6 **Der Kristallpalast.** 1851 fand in London die erste Weltausstellung statt. Dafür wurde der „Kristallpalast" erbaut, eine viel bewunderte Konstruktion aus Eisen und Glas.

a) Im Katalog der Ausstellung schrieb Sir Matthew Digby Wyatt, der Sekretär des Exekutivkomitees:

Wäre infolge irgendwelcher Umstände der gegenwärtige Stand der Industrie Englands einzig und allein durch diesen Bau veranschaulicht worden, [...] so wäre bemerkenswerterweise doch nur weniges außer Acht geblieben, was für Englands Erfolg in Handel und Wandel wichtig ist. Der Mut seiner Bürger hätte sich in der ungeheuren Größe des Unternehmens gezeigt und ihre Tatkraft, Entschlossenheit und Stärke in der überraschenden Geschwindigkeit, mit der jede Verrichtung ausgeführt wurde.

Die glückliche Lage der Freiheit des Individuums wäre durch den Umstand bezeugt worden, dass es allein in der Macht des Volkes lag, einen so gewaltigen Bau zu veranlassen; die Tatsache hingegen, dass sämtliche Kosten aufgebracht wurden, ohne dass dafür öffentliche Mittel in Anspruch genommen werden mussten, bewiese sogleich den Reichtum und Unternehmungsgeist, die jeder Gesellschaftsklasse eigen sind. Dass es in irgendeinem Land möglich gewesen sein soll, ohne vorherige Vorbereitung so schnell eine so ungeheure Menge an Material zusammenzubringen, wäre ein starker Beweis für die Überfülle der einheimischen Hilfsquellen gewesen und hätte einen schwachen Begriff von dem Ausmaß der Vorräte an Rohmaterial gegeben [...]. Dass dieses Rohmaterial in so kurzer Zeit zu so verschiedenartigen, schwierigen und originellen Formen verarbeitet werden konnte, hätte dargetan, dass ein solches Ergebnis nur durch die Einwohner eines Landes bewirkt werden konnte, in dem Theorie und Praxis der Mechanik und des Maschinenbaus seit langem eingehend studiert worden waren und weit verbreitet sind. Die Geschicklichkeit, mit der man die verwendeten Maschinen auf die Massen des beschafften Rohmaterials einwirken ließ, wäre ein Beleg für die Fähigkeit gewesen, Waren allererster Qualität zu erzeugen und aufs Beste auszuführen [...].

Zit. nach: Francis D. Klingender, Kunst und industrielle Revolution, Dresden 1974, S. 140 f. (dt. Übers. Eva Schumann)

a) Fassen Sie anhand des Textes die Entwicklung der wirtschaftlichen und technologischen Leistungsfähigkeit Englands zusammen. Nehmen Sie dafür auch die Abbildung zu Hilfe.

b) Charakterisieren Sie das Selbstverständnis, das in diesem Text zum Ausdruck kommt. Inwiefern repräsentiert dieser Text den „Geist der Zeit"?

b) Der Kristallpalast des Architekten Sir Joseph Paxton, 1851. Dieses Bauwerk fiel 1936 einer Brandkatastrophe zum Opfer.

1.3 Soziale Folgen und sozialistische Gegenentwürfe

Das Elend wandert in die Städte

Die industriellen Arbeitsbedingungen waren neu und ungewohnt. Das Arbeitsverhalten der Menschen hatte sich den Bedingungen der maschinellen Produktion anzupassen: Das Tempo war vorgegeben, Lärm und schlechte Luft mussten erduldet werden. Die Fabrikanten forderten strenge Arbeitsdisziplin und schrieben sie in Fabrikordnungen autoritär vor.
Die Industrialisierung bewirkte bei den Unterschichten zunächst einmal einen Anstieg des Lebensstandards. Vom Ende des 18. Jahrhunderts bis zu den Dreißiger- und Vierzigerjahren des 19. Jahrhunderts gab es dann Stagnation und Rückschritte, darauf folgte eine langfristige positive Entwicklung bis zum Jahrhundertende. Allerdings sagt der allgemeine Trend wenig über die Lebensbedingungen des Einzelnen aus: Viele der von der Maschinenkonkurrenz betroffenen Handweber verhungerten regelrecht. Und die Schere zwischen Reich und Arm wurde immer größer. 1845 erschien das berühmte Buch von Friedrich Engels (1820–1895), einem Elberfelder Fabrikanten, der die Verhältnisse in England genau kannte. „Die Lage der arbeitenden Klasse in England" schilderte eine neue Situation, nämlich die Zusammenballung der Arbeiterschaft in den städtischen Industrieregionen: Mit der Verstädterung wanderten auch Armut und soziales Elend, die nicht neu waren, vom Land in die Stadt und summierten sich dort. Es entstand das städtische Proletariat.

Maschinenstürmer

Je mehr die Fabrikfertigung dem Heimgewerbe Konkurrenz machte, desto stärker wurden die Widerstände gegen das „Maschinenwesen", wie seine Kritiker es nannten. Die Ludditen – die Bezeichnung geht zurück auf Ned Ludlam, Verfasser von Protestaufrufen um die Jahrhundertwende – versuchten sich gegen die Bedrohung durch den technischen Fortschritt zur Wehr zu setzen, indem sie Fabriken stürmten und die Maschinen zerstörten. Ihre Protestaktionen wurden zum Teil unter Einsatz von Militär niedergeschlagen.

Chartismus – für soziale und politische Reformen

Die zweite große Protestbewegung, an der sich neben Arbeitern auch viele Kleinbürger beteiligten, war der Chartismus. Ein Zusammenschluss von Arbeitern, die „Working Men's Association", hatte 1838 einen Katalog politisch-sozialer Forderungen aufgestellt, die „Charta". Es ging dabei vor allem um eine Reform des Wahlrechts, aber auch um die Verbesserung der Arbeitsbedingungen (Achtstundentag). Die Vierzigerjahre waren geprägt durch chartistische Protestaktionen und Streiks, danach zerfiel die Bewegung. Stellt man die massive Umwälzung der Arbeits- und Lebensverhältnisse in Rechnung, dann hat es bei der Industrialisierung Englands bis zur Mitte des 19. Jahrhunderts erstaunlich wenige Streiks oder Arbeitskämpfe gegeben, von revolutionären Tendenzen ganz zu schweigen.

Sozialismus als Gegenentwurf

Als Reaktion auf die Auswirkungen des Frühkapitalismus und als Gegenbewegung zum Wirtschaftsliberalismus entstanden um die Wende vom 18. zum 19. Jahrhundert sozialistische Vorstellungen. Gegen die Lehre vom individuellen Gewinnstreben, die krasse Unterschiede in Eigentum und Einkommen rechtfertigte,

> **Proletariat:** Im Industriekapitalismus verfügen die Arbeiter nicht selber über die Produktionsmittel, sondern führen gegen Lohn die vom Unternehmer verlangte Arbeit aus. Karl Marx hat für diese Arbeiter den Begriff Proletariat geprägt. Im antiken Rom waren die Proletarier die ärmsten Bürger, die als einzigen „Besitz" ihre Nachkommenschaft (lat.: proles) hatten. Dass sich viele Arbeiter allmählich selbst als Proletarier bezeichneten, war Ausdruck des Bewusstseins, als Klasse zusammenzugehören. Nach Marx sollte das Proletariat zum Träger der sozialistischen/kommunistischen Revolution werden.

setzte er die Idee der sozialen Gleichheit und der Verantwortung aller. Dafür sollten das Privateigentum an Produktionsmitteln abgeschafft, die Produktion gesellschaftlich geregelt und ihre Ergebnisse entsprechend den Bedürfnissen gerecht verteilt werden. Wie das im Einzelnen vonstatten gehen und wie die erhoffte Zukunftsgesellschaft aussehen sollte, darüber gab es eher vage und sehr verschiedene Vorstellungen.

Frühsozialisten

Zu den wichtigsten Vertretern dieser Frühsozialisten gehörten die Franzosen Claude Henry de Saint-Simon (1760–1825) und Charles Fourier (1772–1837) sowie der Engländer Robert Owen (1771–1858). Fourier und Owen vertraten vor allem genossenschaftliche Vorstellungen: Produktion und Konsum sollten in Genossenschaften organisiert werden, diese sollten dann gleichsam die Keimzellen für eine sozialistische Umgestaltung der Gesellschaft bilden. Owen war selber ein erfolgreicher Baumwollfabrikant, der sich in seinem eigenen Betrieb beispielhaft um die Verbesserung der Arbeitsbedingungen bemühte. Die Frühsozialisten standen in der Tradition der Aufklärung: Ihre Ideen wollten sie durch Überzeugung, Erziehung und Vorbildhaftigkeit umsetzen, Revolution und Gewalt lehnten sie ab.

Der Marxismus

Der deutsche Philosoph Karl Marx (1818–1883) und sein Freund, Mitarbeiter und Förderer Friedrich Engels bauten auf den Vorstellungen der Frühsozialisten auf, setzten sich aber zugleich von ihnen ab. Sie bezeichneten deren Denken als utopisch und erhoben für ihre eigenen Theorien den Anspruch der Wissenschaftlichkeit. Erst diese könnten den Konflikt zwischen „Proletariat und Bourgeoisie" angemessen analysieren und den historisch zwangsläufigen Weg zu seiner Lösung beschreiben. Verursacht durch die Veränderungen der Produktionsverhältnisse, haben sich nach Marx in der Geschichte verschiedene „Gesellschaftsformationen" abgelöst: Auf die Urgesellschaft folgten die antike Sklavenhaltergesellschaft, die mittelalterliche Feudalgesellschaft und schließlich der bürgerliche Kapitalismus. Der Gegensatz zwischen Proletariat und Bourgeoisie werde sich dort so zuspitzen, dass auch der Kapitalismus durch eine Revolution der Arbeiterklasse überwunden werde. Nach einer Übergangszeit – der „Diktatur des Proletariats" – trete dann der historisch letzte gesellschaftliche Entwicklungszustand ein, eine klassenlose Gesellschaft ohne Ausbeutung und Privilegien, in der sich jeder nach seinen Fähigkeiten und Bedürfnissen entfalten könne. Diese Endstufe der Entwicklung bezeichnete Marx als Kommunismus. Dort könne sich jeder Einzelne in seiner Arbeit und seinen Produkten selbst verwirklichen. Unter den Bedingungen der kapitalistischen Produktionsweise dagegen arbeite er fremdbestimmt, stelle immer mehr nur Einzelteile von Werkstücken her und könne nicht mehr selber über das Produkt seiner Arbeit verfügen – Marx bezeichnete das mit dem Begriff Entfremdung. Die Vorstellung, man könne den Kapitalismus durch innere soziale Reformen im Interesse der Arbeiterschaft verbessern, lehnten Marx und Engels entschieden ab.

Die marxistische Lehre verbreitet sich

Der Sozialismus gewann politisches Gewicht erst durch die einsetzende Organisation der industriellen Arbeiterschaft. Der Marxismus war zu Beginn nur eine von vielen sozialistischen Richtungen. Aber bereits in der ersten Internationale (1864–1876), einem Zusammenschluss sozialistischer Gruppen aus verschiede-

Bourgeoisie: Karl Marx hat mit diesem Begriff (französisch: Bourgeois = Bürger) jene Gesellschaftsklasse bezeichnet, die im Industriekapitalismus die Produktionsmittel besitzt. Bourgeoisie und Proletariat (Arbeiterklasse) stehen einander als gegnerische Gesellschaftsklassen gegenüber.

7 Englische Gewerkschaften protestieren gegen die Deportation aufständischer Arbeiter, 1834. Farbiger Stich von W. Summers.
Untersuchen Sie, inwiefern die „Selbstdarstellung" ein neues Selbstverständnis und Selbstbewusstsein organisierter Arbeiter widerspiegelt. Erörtern Sie: Ist dieses Selbstbild repräsentativ für die Zeit?

nen europäischen Staaten, wurden seine Gedanken maßgeblich. Und die zweite Internationale, zu der sich die inzwischen entstandenen sozialistischen Parteien von 1889 bis zum Ersten Weltkrieg zusammenschlossen, war ganz marxistisch geprägt. In vielen Ländern beriefen sich nun sozialistische oder kommunistische Parteien und Gruppierungen auf die Marx'schen Lehren. In der deutschen Sozialdemokratie wurde der Marxismus mit dem Erfurter Programm von 1891 zur theoretischen Grundlage. In den kommunistischen Staaten des 20. Jahrhunderts wurde er schließlich in offiziellen Auslegungen zur Doktrin. Sozialistisches Ideengut spielte aber auch bei der Ausgestaltung der modernen demokratischen Wohlfahrtsstaaten als Gegengewicht zum liberalen Marktgedanken immer wieder eine wichtige Rolle.

8 Soziale Folgen – Sozialkritik

a) Elisabeth Bentley vor dem Committee on Factory Children's Labour, 1831:

Elisabeth Bentley, 23 Jahre alt, lebt in Leeds. Sie begann im Alter von sechs Jahren in Mr. Busk's Flachsfabrik als kleine Abzieherin. Arbeitszeit von 5 Uhr morgens bis 9 Uhr abends, wenn es drängte, sonst von 6 Uhr morgens bis 7 Uhr abends mit 40 Minuten [Pause] zum Mittagessen.

Halten Sie das Abziehen für eine schwere Arbeit? Erklären Sie, was Sie zu tun hatten! – Wenn die Gestelle voll sind, muss man die Spinnmaschine anhalten, die Spindelbank abnehmen, die vollen Spulen abziehen und sie zum Rollen tragen, dann leere [Spulen] einsetzen und die Maschine wieder in Gang bringen.

Hielt Sie das dauernd in Trab? – Ja, es gibt so viele Maschinen, und sie gehen so schnell.

Ist Ihre Arbeit übermäßig anstrengend? – Ja, man hat keine Zeit für etwas anderes.

Angenommen, Sie wurden ein wenig nachlässig oder Sie kamen zu spät, was tat man? – Man schlug uns mit einem Riemen. […]

War es dort außergewöhnlich staubig? – Ja.

Hatte das Folgen für Ihre Gesundheit? – Ja; es war so staubig, dass der Staub sich auf meine Lungen legte, und die Arbeit war so hart. Ich war ziemlich stark, als ich dort hinkam, aber die Arbeit war so schlecht. Meine Gesundheit verschlechterte sich so, dass ich, wenn ich die [mit Spulen gefüllten] Körbe herunter zog, mir alle Knochen im Leibe verrenkte. [...]

Sind Sie als Folge Ihrer Arbeit erheblich verwachsen? – Ja, das bin ich. [...]

Waren Sie völlig gerade und gesund, bevor Sie in der Fabrik arbeiteten? – Ja, ich war ein so gerade gewachsenes kleines Mädchen wie jemals eins, das zur Arbeit ging [...].

Wo leben Sie nun? – Im Armenhaus in Hunslet.

Haben Sie von Ihren Arbeitgebern irgendetwas bekommen, als Sie krank wurden? – Als ich zu Hause war, schickte mir Herr Walker einen oder zwei Shilling, aber seitdem ich meine Arbeit aufgegeben habe und ins Armenhaus gegangen bin, sind sie nie in meine Nähe gekommen. [...]

Erklären Sie, was Sie über die Lebensverhältnisse denken, in die Sie während all dieser Zeit der Arbeit gekommen sind, und was Sie über die Härte und Grausamkeit [dieser Arbeit] meinen.

(Die Zeugin war zu erregt um die Frage zu beantworten.)

E. Royston Pike, Human Documents of the Industrial Revolution in Britain, London 2. Aufl. 1966, zit. nach: nach Wolfgang Köllmann, Die industrielle Revolution, Stuttgart 1970, S. 81–83

b) „Capital and Labour", anonyme Karikatur aus der englischen Zeitschrift „Punch", 1843

a) Die menschliche Arbeitskraft als Ware – erläutern Sie, unter welchen historischen Marktbedingungen die im Text beschriebenen Arbeitsumstände vom Unternehmer vorgegeben werden konnten und von der Arbeiterin akzeptiert werden mussten.

b) Beschreiben Sie die verschiedenen Teilszenen der Karikatur (zur Information: Die Frauenfigur links ist Britannia, die Verkörperung – Allegorie – des englisch-britischen Staates. Ihr Erkennungszeichen ist der Anker). Setzen Sie die Teilszenen zueinander in Beziehung und formulieren Sie eine Gesamtdeutung des Bildes.

9 Sozialismus – Kritik und Gegenentwürfe

a) Der Baumwollfabrikant Robert Owen in seinem Buch „A New View of Society" (1813):

Es war und ist die überkommene Ansicht der Nationalökonomen, dass der Mensch besser für sich und vorteilhafter für die Gesellschaft sorgt, wenn man ihn dem individualistischen Wettkampf mit seinen Mitmenschen überlässt, als wenn man durch soziale Einrichtungen Einzel- und Gesamtinteresse verknüpft. Der Eigennutz gilt den berühmtesten Nationalökonomen als Eckstein der Volkswirtschaft, ohne den die Gesellschaft nicht bestehen kann, obwohl die auf ihm beruhende gegenwärtige Gesellschaftsverfassung die denkbar unpolitischste, unsinnigste und unmoralischste ist.

Und gibt es eine Stubenlehre wahrheitswidriger als irgendeine andere, so die, dass das Eigeninteresse, wie man es jetzt versteht, gesellschaftlich vorteilhafter sei als Gegenseitigkeit und Genossenschaftlichkeit.

Bisher kennen die Menschen vereintes Handeln nur zur Verteidigung ihres Lebens und zur Vernichtung anderer im Kriege. Eine nicht geringere Notwendigkeit wird jetzt gemeinsame Gütererzeugung zur Erhaltung ihres Lebens im Frieden erzwingen.

Das System der widerstreitenden Interessen hat den Gipfel der Torheit und Sinnlosigkeit erreicht: Inmitten der größten Möglichkeiten Reichtum zu schaffen sind alle entweder arm oder unmittelbar gefährdet durch die Wirkungen der Armut. In der Theorie gesteht man zu, dass die Menschen die Geschöpfe ihrer Umwelt seien. Allein die Wissenschaft vom Einfluss der Umwelt, die wichtigste aller Wissenschaften, lässt das praktische Leben unberührt. Die volle Verwirklichung ihrer Erkenntnisse muss erweisen, dass es leichter ist, Menschen zu friedlichen und bürgerlichen Zwecken zu vereinigen als zu ausgedehnten Kriegsvorbereitungen.

Unter dem jetzigen System besteht eine scharfe Trennungslinie zwischen den geistigen Kräften und der Erwerbsarbeit. Privatinteressen stehen in dauerndem Gegensatz zum öffentlichen Wohl. Und in jeder Nation werden die Menschen systematisch von Kindheit an gelehrt, dass ihr Wohlergehen unvereinbar ist mit dem Fortschritt der Wohlfahrt anderer Nationen. Das sind die Wege, auf denen die alte Gesellschaft die begehrten Lebensgüter suchte.

Die neuen Prinzipien erstreben die entgegengesetzte Praxis. Sie wollen in den Arbeitern umfassende geistige und körperliche Fähigkeiten vereinigen, persönliches und allgemeines Interesse vollkommen identifizieren; sie wollen die Nationen zu dem Verständnis erziehen, dass ihre Macht und ihr Glück volle und natürliche Entwicklung nur finden kann durch eine entsprechende Vermehrung der Macht und des Glücks aller anderen Nationen. Dies sind die eigentlichen Differenzpunkte zwischen dem, was ist und was sein sollte.

Robert Owen, A New View of Society, 1813, nach: Helene Simon (Hrsg.), Robert Owen und der Sozialismus, Berlin 1919, S. 111 f., zit. nach: Iring Fetscher, Der Marxismus. Seine Geschichte in Dokumenten. Philosophie, Ideologie, Ökonomie, Soziologie, Politik, München/Zürich 1983, S. 816 f.

b) 1848 wurde in London das „Manifest der Kommunistischen Partei" veröffentlicht. Karl Marx und Friedrich Engels hatten es gemeinsam als Programm für den „Bund der Kommunisten" verfasst:

Die Geschichte aller bisherigen Gesellschaft ist die Geschichte von Klassenkämpfen.

Freier und Sklave, Patrizier und Plebejer, Baron und Leibeigener, Zunftbürger und Gesell, kurz, Unterdrücker und Unterdrückte standen in stetem Gegensatz zueinander, führten einen ununterbrochenen, bald versteckten, bald offenen Kampf, einen Kampf, der jedes Mal mit einer revolutionären Umgestaltung der ganzen Gesellschaft endete oder mit dem gemeinsamen Untergang der kämpfenden Klassen. [...]

Unsere Epoche, die Epoche der Bourgeoisie, zeichnet sich jedoch dadurch aus, dass sie die Klassengegensätze vereinfacht hat. Die ganze Gesellschaft spaltet sich mehr und mehr in zwei große feindliche Lager, in zwei große, einander direkt gegenüberstehende Klassen: Bourgeoisie und Proletariat. [...]

Die Bourgeoisie, wo sie zur Herrschaft gekommen, hat alle feudalen, patriarchalischen, idyllischen Verhältnisse zerstört. Sie hat die buntscheckigen Feudalbande, die den Menschen an seinen natürlichen Vorgesetzten knüpften, unbarmherzig zerrissen und kein anderes Band zwischen Mensch und Mensch übrig gelassen als das nackte Interesse, als die gefühllose „bare Zahlung". Sie hat die heiligen Schauer der frommen Schwärmerei, der ritterlichen Begeisterung, der spießbürgerlichen Wehmut in dem eiskalten Wasser egoistischer Berechnung ertränkt. Sie hat die persönliche Würde in den Tauschwert aufgelöst und an die Stelle der zahllosen verbrieften und wohlerworbenen Freiheiten die eine gewissenlose Handelsfreiheit gesetzt. Sie hat, mit einem Wort, an die Stelle der mit religiösen und politischen Illusionen verhüllten Ausbeutung die offene, unverschämte, direkte, dürre Ausbeutung gesetzt.[...]

Die Bourgeoisie hat durch ihre Exploitation [Ausbeutung] des Weltmarkts die Produktion und Konsumtion aller Länder kosmopolitisch gestaltet. Sie hat zum großen Bedauern der Reaktionäre den nationalen Boden der Industrie unter den Füßen weggezogen. Die uralten nationalen Industrien sind vernichtet worden und werden noch täglich vernichtet. Sie werden verdrängt durch neue Industrien, deren Einführung eine Lebensfrage für alle zivilisierten Nationen wird, durch Industrien, die nicht mehr einheimische Rohstoffe, sondern den entlegensten Zonen angehörige Rohstoffe verarbeiten und deren Fabrikate nicht nur im Lande selbst, sondern in allen Weltteilen zugleich verbraucht werden. [...]

Die Arbeit der Proletarier hat durch die Ausdehnung der Maschinerie und die Teilung der Arbeit allen selbstständigen Charakter und damit allen Reiz für die Arbeiter verloren. Er wird ein bloßes Zubehör der Maschine, von dem nur der einfachste, eintönigste, am leichtesten erlernbare Handgriff verlangt wird. Die Kosten, die der Arbeiter verursacht, beschränken sich daher fast nur auf die Lebensmittel, die er zu seinem Unterhalt und zur Fortpflanzung seiner Race [Rasse] bedarf. [...]

Arbeitermassen, in der Fabrik zusammengedrängt, werden soldatisch organisiert. Sie werden als gemeine Industriesoldaten unter die Aufsicht einer vollständigen Hierarchie von Unteroffizieren und Offizieren gestellt. Sie sind nicht nur Knechte der Bourgeoisklasse, des Bourgeoisstaates, sie sind täglich und stündlich geknechtet von der Maschine, von dem Aufseher und vor allem von den einzelnen fabrizierenden Bourgeois selbst. [...]

Die bisherigen kleinen Mittelstände, die kleinen Industriellen, Kaufleute und Rentiers, die Handwerker und Bauern, alle diese Klassen fallen ins Proletariat hinab, teils dadurch, dass ihr kleines Kapital für den Betrieb der großen Industrie nicht ausreicht und der Konkurrenz mit den größeren Kapitalisten erliegt, teils dadurch, dass ihre Geschicklichkeit von neuen Produktionsweisen entwertet wird. So rekrutiert sich das Proletariat aus allen Klassen der Bevölkerung. [...]

Der Fortschritt der Industrie, dessen willenloser und widerstandsloser Träger der Bourgeoisie ist, setzt an die Stelle der Isolierung der Arbeiter durch die Konkurrenz ihre revolutionäre Vereinigung durch die Assoziation. Mit der Entwicklung der großen Industrie wird also unter den Füßen der Bourgeoisie die Grundlage selbst hinweggezogen, worauf sie produziert und die Produkte sich aneignet. Sie produziert vor allem ihren eigenen Totengräber. Ihr Untergang und der Sieg des Proletariats sind ganz unvermeidlich. [...]

Wir sahen schon oben, dass der erste Schritt in der Arbeiterrevolution die Erhebung des Proletariats zur herrschenden Klasse, die Erkämpfung der Demokratie ist.

Das Proletariat wird seine politische Herrschaft dazu benutzen, der Bourgeoisie nach und nach alles Kapital zu entreißen, alle Produktionsinstrumente in den Händen des Staats, d. h. des als herrschende Klasse organisierten Proletariats, zu zentralisieren und die Masse der Produktionskräfte möglichst rasch zu vermehren. [...]

Sind im Laufe der Entwicklung die Klassenunterschiede verschwunden und ist alle Produktion in den Händen der assoziierten Individuen konzentriert, so verliert die öffentliche Gewalt den politischen Charakter. Die politische Gewalt im eigentlichen Sinne ist die organisierte Gewalt einer Klasse zur Unterdrückung einer andern. Wenn das Proletariat im Kampfe gegen die Bourgeoisie sich notwendig zur Klasse vereint, durch eine Revolution sich zur herrschenden Klasse macht und als herrschende Klasse gewaltsam die alten Produktionsverhältnisse aufhebt, so hebt es mit diesen Produktionsverhältnissen die Existenzbedingungen des Klassengegensatzes, die Klassen überhaupt und damit seine eigene Herrschaft als Klasse auf.

Karl Marx/Friedrich Engels, Manifest der kommunistischen Partei, 1848, Berlin 1972, S. 42–68

a) Vergleichen Sie, wie das Verhältnis von Eigeninteresse und Gemeinwohl bei Owen und Adam Smith (M 2b) gesehen wird.

b) Vergleichen Sie die Analyse der gesellschaftlichen Missstände und die Lösungsvorschläge von Owen und Marx/Engels. Charakterisieren Sie auch die historische Grundlegung und die sprachlich-argumentative Darbietung der beiden Theorien. Versuchen Sie anhand dieses Vergleichs zu begründen, warum die marxistische Lehre historisch wirkungsmächtiger als andere Sozialismusvorstellungen geworden ist.

c) Erläutern Sie, wie im Manifest die historische Rolle der Bourgeoisie gesehen wird. Erörtern Sie, wie die Lehre von der Zuspitzung der Klassengegensätze im Lichte der weiteren historischen Entwicklung zu beurteilen ist.

Zur Diskussion

Der Marxismus – Irrlehre von Anfang an, historisch überholt oder nach wie vor aktuell?

Kaum eine Lehre oder Theorie hat solch tief greifende Auswirkungen gehabt wie der Marxismus. Erst machten ihn sich viele Arbeiterparteien zu eigen, dann wurde er in den kommunistischen Staaten zur offiziellen Doktrin. Immer war er heftig umstritten, nicht nur zwischen Widersachern und Anhängern. Unter den Marxisten selber gab es eine Vielzahl unterschiedlicher Richtungen, die einander manchmal kaum weniger heftig befehdeten als den ideologischen Gegner. Wie sind die Lehren von Marx und Engels im Lichte der historischen Entwicklung einzuschätzen? Wie zutreffend waren ihre Analyse der gesellschaftlichen Verhältnisse und ihre Vorhersage der weiteren Entwicklung? Und ist der Marxismus heute, nach dem Ende der kommunistischen Staaten, ganz bedeutungslos geworden?

a) Aus einem offiziellen politischen Wörterbuch der DDR, 1978:

Der Marxismus entstand in den Vierzigerjahren des 19. Jh. als theoretischer Ausdruck der grundlegenden Interessen der Arbeiterklasse, die zu jener Zeit begann, als geschichtlich selbstständige Kraft in der gesellschaftlichen Entwicklung aufzutreten. Der von der industriellen Großproduktion eingeleitete Prozess der Vergesellschaftung der Produktion führte auf der Grundlage der kapitalistischen Produktionsverhältnisse zum offenen Ausbruch des Widerspruchs zwischen Lohnarbeit und Kapital in Gestalt des Klassenkampfes zwischen Bourgeoisie und Proletariat. Um den Klassenkampf erfolgreich führen zu können benötigte die Arbeiterklasse eine wissenschaftliche Theorie, welche die objektiven Gesetzmäßigkeiten der gesellschaftlichen Entwicklung aufdeckte, die Wege, Mittel und Methoden zur Befreiung der Arbeiterklasse bestimmte und ihre welthistorische Mission als Schöpfer des Sozialismus und Kommunismus erklärte. Die Begründung dieser Theorie wurde durch Marx und Engels vollzogen, die damit eine Revolution in der Geschichte des sozialtheoretischen Denkens, eine Revolution in der Philosophie, der politischen Ökonomie und den sozialistischen Lehren herbeiführten.

Kleines Polit. Wörterbuch, Berlin 3., überarb. Aufl. 1978, S. 549 f.

b) Der Volkswirtschaftler Hans-Rudolf Peters bilanziert anlässlich des hundertsten Todestages von Marx 1984:

Entgegen der Auffassung von Marx, dass sich der Kapitalismus wegen der ihm angeblich eigenen Grundwidersprüche nicht ändern könne, hat sich das kapitalistische System als wandelbar erwiesen. Der ungezügelte Kapitalismus der industriellen Frühzeit mit seinen teilweise harten Arbeitsbedingungen und sozialen Nöten ist verschwunden. Entstanden sind soziale Marktwirtschaften, die das Prinzip der Freiheit des Marktes mit dem des sozialen Ausgleichs zu verbinden suchen. Bisher sind die sozialen Marktwirtschaften keinem unentrinnbaren Selbstzerstörungsprozess ausgesetzt und nichts Wesentliches deutet darauf hin, dass sie kurz vor dem Übergang zum Sozialismus stehen. [...]

Marx' fundamentaler Irrtum bestand darin, dass er die Herrschaftsmacht ausschließlich im Privateigentum an Produktionsmitteln sah. Er verkannte, dass es primär auf die effektive Verfügungsgewalt über Produktionsmittel, die Privateigentum nicht unbedingt voraussetzt, ankommt. Zudem übersah Marx, dass es noch andere Machtbasen gibt, wie zum Beispiel die geballte Staats- und Wirtschaftsmacht und die Monopolisierung des öffentlichen Lebens in Einparteiensystemen totalitärer Staaten. [...]

Marx' Aufschrei über die gequälte menschliche Kreatur und die Entfremdung im beginnenden Industrialisierungsprozess hat das soziale Gewissen der Menschheit geschärft. Allerdings trifft das von Marx aufgewiesene Phänomen der Entfremdung auf alle arbeitsteiligen Industriegesellschaften gleich welcher Gesellschaftsform zu. [...] Indirekt half die Ideologie des Marxismus die Überwindung des ungezügelten Kapitalismus abzukürzen. Insofern hat der Marxismus – ganz entgegen seiner auf weltweite Systemüberwindung gerichtete Absicht – zur Stabilisierung und Humanisierung kapitalistischer Systeme und letztlich zur Fortentwicklung dieser Systeme zu sozialen Marktwirtschaften beigetragen.

Hans-Rudolf Peters, Die Marx'sche Kapitalismus-Analyse im Urteil der Volkswirtschaftslehre, in: Konrad Löw (Hrsg.), Karl Marx – Bilanz nach 100 Jahren, Köln 1984, S. 124–127

c) Der Soziologe Bernd Rabehl, 1986:
Die neun Bände des „Kapital" bilden eine unvollendete Symphonie, die bei aller Schönheit, bei aller analytischen Aussage, bei aller Dramatik Realität und Gegenwart nicht erreicht. Sie bilden eine Fundgrube von analytischen Überlegungen und empirischen Darstellungen. Sie faszinieren immer wieder eine Intelligenz, die in der Denkweise von Marx die Rekonstruktion der Kritik der politischen Ökonomie vollenden will. Das kann nicht gelingen, weil die logischen Prämissen an den realen konkreten Machtverhältnissen und Koexistenzweisen unterschiedlicher Herrschafts- und Produktionsmethoden vorbeigehen. [...] Trotzdem gewinnt der Marxismus immer wieder Aktualität. Das liegt weniger am wissenschaftlichen Charakter der Darstellung, obwohl eine linke Intelligenz immer wieder hingerissen wird. Die gedankliche Radikalität und die Zuspitzung der Verhältnisse auf Kampf, auf Konflikte, auf Klassenkriege, der Ausgangspunkt und das Primat der Veränderung, der Erschütterung und der Umwälzung wird immer wieder die Unzufriedenen an sich ziehen, die hier die Aussagen finden um ihre eigene Lage zu artikulieren. Indem der Marxismus trotz des gegenteiligen Anspruchs ideologische Aufgaben übernimmt, als Weltanschauung wirkt, als Ideologie Perspektiven gibt, organisiert, inneren Halt stiftet usw., wird er immer wieder eine soziale Auferstehung feiern und auch immer wieder wegen seiner Formelhaftigkeit und wegen seiner mystischen Ausrichtung verdrängt und vergessen werden.

Bernd Rabehl, Marxismus heute. Toter Hund oder des Pudels Kern?, Frankfurt/Zürich 1986, S. 26

d) Der Schweizer Soziologe Jean Ziegler, 1992:
Marx ist der größte Denker des entstehenden Industriezeitalters, der Epoche der sich rasant ausbreitenden Warenrationalität, der die Entfremdung des Menschen erkannt, ihr eine alternative Totalität entgegengesetzt hat. Sein philosophisches Werk beinhaltet die radikale Kritik eines Gesellschaftssystems, das den Menschen sich selbst entfremdet, ihn auf seine reine Warenfunktion beschränkt und damit entwürdigt, ihn instrumentalisiert für das ontologisch [wesensmäßig] einzig akzeptable Ziel der Mehrwerkakkumulation [marxistischer Begriff: Anhäufung des Profits, den der Unternehmer aus der Differenz zwischen dem Lohn des Arbeiters und der tatsächlichen Arbeitsleistung zieht] und der Gewinnoptimierung. Es ist das alternative Bewusstsein des sich selbst entfremdeten Produzenten. [...]
Die bürgerliche Staats- und Gesellschaftslehre hat Verdienstvolles geleistet im Erkennen und in der Verteidigung der menschlichen Individualrechte, das heißt jener Rechte und Freiheiten, die jeder Einzelne gegenüber der Gesellschaft, dem Staat geltend machen kann. Diese individuellen Freiheiten und Rechte begründen die unverwechselbare Identität jeder Person. Die Kollektivrechte – deren Objekt die gerechte Verteilung des vorhandenen Reichtums, der verfügbaren Güter ist – hat die bürgerliche Gesellschaftswissenschaft jedoch diskret übergangen. Ihr höfliches Schweigen trifft heute auf die Schreie der Vergessenen, der Gefolterten. Wir sind 5,2 Milliarden Menschen auf diesem Planeten. 3,8 Milliarden leben in einem der 122 so genannten Entwicklungsländer. Und den meisten dieser vergessenen Mitbewohner unserer geplagten, geplünderten Erde geht es gegenwärtig hundsmiserabel. [...]
Vieles was er [Marx] schrieb, ist temporär, dem Tageskampf, der provisorischen Problematik entsprungen. Aber die Frage nach dem Sinn und der Zielsetzung der Kollektivrechte, der Moral, die das Kollektivbewusstsein strukturieren sollte, hat er gestellt. Ein für allemal. [...]
Marxismus des Widerstands heißt, diese Frage inmitten einer von Warenrationalität und Profitwut zerstörten sozialen Landschaft zu stellen, zu aktualisieren und für sie konkrete Antworten zu schaffen.

Jean Ziegler/Uriel da Costa, Marx, wir brauchen dich. Warum man die Welt ändern muss, München/Zürich 1992, S. 20, 23, 24

a) Untersuchen Sie, wie die marxistischen Lehren in ihrer historischen Auswirkung und für die Gegenwart bewertet werden.
b) Vergleichen Sie, welche inhaltlichen Gesichtspunkte die Autoren jeweils in den Vordergrund rücken. Erschließen Sie aus den Texten, von welcher Position aus die Autoren argumentieren und wie dies ihr Urteil prägt.
c) Diskutieren Sie eigene Einschätzungen des Marxismus in Vergangenheit und Gegenwart.

1. Erläutern Sie zusammenfassend mithilfe einer Schemazeichnung, welche Faktoren dafür ausschlaggebend waren, dass die industrielle Revolution gerade in England und im 18. Jahrhundert begann.
2. Erörtern Sie, welche Vor- und Nachteile die Veränderung der Produktionsweise für die Beteiligten – Unternehmer, Handwerker, Heimarbeiter, Fabrikarbeiter – mit sich gebracht hat.

2. Deutschland – Nachzügler und Senkrechtstarter

Die Veränderungen in England begannen sich bald auch auf Kontinentaleuropa auszuwirken. Unternehmer, Techniker und Beamte reisten nach England um die Neuerungen dort zu studieren. Der Export von Maschinen war verboten – man wollte den eigenen Entwicklungsvorsprung sichern. Aber es wurde spioniert und geschmuggelt, Bauzeichnungen wurden gekauft oder entwendet. Und zahlreiche englische Unternehmer oder Fachkräfte gingen auf den Kontinent um dort eigene Fabriken zu errichten oder als gut bezahlte Spezialisten „Entwicklungshilfe" zu leisten. Aber das „Modell England" ließ sich nicht einfach nachahmen – dafür waren die Voraussetzungen in den europäischen Ländern zu verschieden. Deutschland galt zu Beginn des 19. Jahrhunderts eher als zurückgeblieben. Die industrielle Entwicklung setzte hier erst spät ein – dafür aber umso heftiger. Wie kam es zu diesem stürmischen Aufschwung, den keiner so vorausgesehen hatte? Und wie konnte Deutschland bis zum Ende des Jahrhunderts zu einem Industriestaat werden, der England in vielen Bereichen einholte, in manchen sogar überholte?

1807	Preußen hebt die Leibeigenschaft auf.
1810	Preußen führt die Gewerbefreiheit ein.
1834	Mit der Gründung des Deutschen Zollvereins entsteht ein deutscher Binnenmarkt ohne Handelsbarrieren.
1835	Die erste deutsche Eisenbahnstrecke zwischen Nürnberg und Fürth nimmt ihren Betrieb auf.
um 1850	In Deutschland beginnt die Hochindustrialisierung mit den Führungssektoren Eisenbahn, Schwerindustrie und Maschinenbau.
1871–1873	In den „Gründerjahren" erreicht der industrielle Boom seinen Höhepunkt, er führt zu Überproduktion und Spekulationsfieber.
1873–1878	Die „Gründerkrise" ist der massivste Wirtschaftseinbruch in Deutschland seit Beginn der Industrialisierung.
1873/78–1895	An die „Gründerkrise" schließt sich eine lange Phase wirtschaftlicher Stagnation und konjunktureller Schwankungen an („Große Depression").
1890	Nach der Erfindung des Elektromotors beginnt die Nutzung der Elektrizität als Antriebskraft.
ab 1895	Eine neue Hochkonjunktur setzt ein, in deren Verlauf Deutschland endgültig zum Industriestaat wird.

2.1 Unterschiedliche Ausgangsbedingungen in Kontinentaleuropa

Reaktionen auf das „Modell England"

Deutschland war keineswegs das erste Land, das in die Fußstapfen Englands trat. Die Industrialisierung griff zunächst auf das spätere Belgien über. Das lag zum einen an der räumlichen Nähe zu England, den engen Handelsbeziehungen und der Rolle als Transitland, zum anderen an der ausgeprägten protoindustriellen Tradition des Landes.
Ganz anders als in England waren in Frankreich die Ausgangsbedingungen für die Industrialisierung: Die Landwirtschaft war geprägt durch kleinen, selbstständigen bäuerlichen Besitz. Es gab keine massenhafte Abwanderung vom Land, die Produktivität war gering. Auch das Bevölkerungswachstum blieb niedrig, deshalb wuchs weder das Angebot an Arbeitskräften noch die Nachfrage. Kapital- und Kre-

ditwesen waren nicht auf industrielle Investitionen ausgerichtet, staatliche Einflussnahme und Vorschriften wirkten hemmend. All dies führte dazu, dass die Industrialisierung in Frankreich sehr viel später einsetzte als in England und Belgien und einen weniger schnellen Verlauf nahm als in Deutschland.
Wie die Reaktion auf das „Modell England“ ausfiel, hing also von den jeweiligen Bedingungen und Traditionen in den einzelnen Ländern ab. Zeitlich und qualitativ lassen sich in Europa zwei Gruppen unterscheiden. Bis 1850 setzte die industrielle Entwicklung ein in den Benelux-Staaten, in Frankreich, der Schweiz, dann in Deutschland und Skandinavien, und sie verlief dort sehr intensiv. Innerhalb dieser Gruppe war Deutschland eher ein Spätkömmling. Später und schwächer vollzog sich der Industrialisierungsprozess an der Peripherie, in Süd-, Südost- und Osteuropa.
Alle diese Staaten industrialisierten sich im Inneren nicht auf Anhieb gleichmäßig und flächendeckend; es gab erhebliche Unterschiede zwischen den industriellen Zentren und anderen Regionen, die am Industrialisierungsprozess zunächst kaum oder gar nicht teilhatten. Deshalb wird in der jüngeren Forschung Industrialisierung als Entwicklung von Regionen betont. Damit kommen zugleich internationale Zusammenhänge stärker in den Blick. Diese Perspektive ergänzt und relativiert eine auf Staaten ausgerichtete Betrachtungsweise. Es waren Gebiete mit günstigen Standortfaktoren – Bodenschätze, Infrastruktur, Arbeitskräfte, Produktionstechnik –, die sich zuerst und am stärksten entwickelten: in England Lancashire und Yorkshire, der belgische Industriegürtel in Wallonien, das angrenzende nordfranzösische Industriegebiet, in Deutschland Oberschlesien, Sachsen und das Ruhrgebiet. Zwischen diesen Zentren gab es oft weitaus stärker Austausch und Konkurrenz als mit den „Entwicklungsgebieten“ im eigenen Land.

Gränzverlegenheit.

„Sie sehen, Herr Gränzwächter, daß ich nix zu verzolle hab', denn was hinte auf'm Wagen ist, hat die Lippi'sche Gränz noch nit überschritten, in der Mitt' ist nix, und was vorn drauf is, ist schon wieder über der Lippischen Gränze drüben.“

10 Karikatur aus den „Fliegenden Blättern“ von 1848.

Stellen Sie mithilfe einer geeigneten Karte fest, weshalb der Karikaturist gerade das Fürstentum Lippe für sein Bild ausgewählt hat. Wogegen richtet sich seine Kritik?

Warum hinkt Deutschland hinterher?

Wie kam es zu der deutschen Verzögerung vor allem gegenüber England? Deutschland war politisch und wirtschaftlich zersplittert. Es bestand am Ende des 18. Jahrhunderts aus 314 souveränen Territorien. Einen einheitlichen Markt gab es nicht, Zollschranken – insgesamt etwa 1800 – existierten nicht nur zwischen den einzelnen Ländern, sondern auch darin. Die Wirtschaftsform des Merkantilismus war durch staatliche Regelungen bestimmt: Zölle, Monopole, Ein- und Ausfuhrregelungen sollten die einheimische Wirtschaft schützen und dem Staat Gewinne sichern. Die Einsicht, dass von einer Ausweitung der Produktion, der Nachfrage und des Handels alle profitieren könnten, war mit dieser Denkweise nicht vereinbar.
Auch das Stadtbürgertum in Deutschland war ständisch und zünftisch ausgerichtet – als Trägerschicht für wirtschaftliche Innovationen kam es noch nicht infrage. Ebenso traditionell verlief das Leben auf dem Lande, bestimmt durch bäuerliche Unfreiheit und Subsistenzwirtschaft, durch Bindung an die Scholle. Zwar gab es bereits „Fortschrittskerne", Regionen mit besonders entwickelter Protoindustrialisierung und einzelnen Fabriken: Die erste mechanische Baumwollspinnerei von Johann Gottfried Brügelmann entstand 1784 in Ratingen, die erste Dampfmaschine Watt'scher Bauart wurde 1785 im Mansfelder Kupferschieferbergbau in Betrieb genommen, und 1803/04 lieferte die Fabrik von Franz Dinnendahl in Essen-Steele die erste in Deutschland produzierte Dampfmaschine aus.
Aber insgesamt waren die Bedingungen für eine industrielle Entwicklung in Deutschland noch unzureichend. Sie änderten sich erst durch die Agrarreformen zu Beginn des 19. Jahrhunderts und durch die Entstehung eines einheitlichen Binnenmarktes 1834.

2.2 Deutschland auf dem Weg zum freien Markt

Die Agrarreformen

Durch die preußische Niederlage gegen das napoleonische Frankreich 1806 wurde deutlich, dass Deutschland einen erheblichen politischen und sozialen Modernisierungsrückstand hatte. Preußen wurde zum Vorreiter für Veränderungen. Seine Reformen sollten den Staat, der die Hälfte seiner Fläche verloren hatte und unter fremder Aufsicht stand, von innen her regenerieren. Wahrscheinlich die wichtigste Reform war die so genannte Bauernbefreiung, d. h. die Aufhebung der traditionellen feudalen Abhängigkeiten, denen die bäuerliche Bevölkerung zum großen Teil noch unterworfen war. Diese waren in Deutschland unterschiedlich ausgeprägt. Auf den Gutsherrschaften in den preußischen Gebieten östlich der Elbe traten sie besonders krass in Erscheinung: Leibherrschaft, also persönliche Unfreiheit des Bauern, Grundherrschaft, d. h. herrschaftlicher Landbesitz mit bloßem bäuerlichen Nutzungsrecht, und Gutsherrschaft mit Polizei- und Gerichtsgewalt fielen dort zusammen. Bauern durften kein Gewerbe betreiben, ihren Wohnort nicht verlassen, sie mussten bei der Heirat um Genehmigung fragen.
Das Edikt vom 9. Oktober 1807 schaffte in Preußen diese Abhängigkeiten ab; andere Staaten folgten dem preußischen Vorbild. Die Bauern erhielten die Möglichkeit das ihnen bis dahin nur leihweise überlassene Land als freies Eigentum zu erwerben. Der Adel musste seine Herrenrechte aufgeben, ohne dass damit sein bestimmender Einfluss ganz beseitigt worden wäre. Er erhielt dafür Entschädigungen, die die einzelnen Bauern aufbringen mussten, teils in Form von Landabtretungen, teils als jahrelange Geldzahlungen. Die Bauern wurden persönlich frei und durften selber ihren Wohnort und Beruf wählen. Allerdings hatten viele an den Entschädigungen schwer zu tragen, lebten auf Jahre hinaus am Existenzminimum oder mussten sogar ihre bäuerliche Wirtschaft aufgeben und wurden zu Landarbeitern. Es profitierten jene Bauern, die über eine größere Anbaufläche verfügten; sie konnten jetzt erfolgreich auf eigene Rechnung wirtschaften.

Auch die Gutsherren konnten nun, unabhängig von herkömmlichen Pflichten und Arbeitsweisen, mit Lohnarbeitskräften ihre Landwirtschaft rationeller und gewinnbringender gestalten, dort oder auch im gewerblichen Bereich investieren.

Modernisierung der Landwirtschaft

Insgesamt bewirkte dies eine grundsätzliche Veränderung der landwirtschaftlichen Produktionsstrukturen: An die Stelle der vorherrschenden Subsistenzwirtschaft trat die gewinnorientierte Produktion für den Markt. Das führte zwischen 1807 und 1848 zu einem erheblichen Produktivitätsfortschritt und einer Verdoppelung des Gesamtertrags. Dazu trugen auch die Vergrößerungen des Anbaugebiets (allmähliche Abkehr von der Dreifelderwirtschaft, Nutzung der bisherigen Brache, Bewirtschaftung von ehemaligen Allmenden, Kultivierung von Ödland) sowie verbesserte Anbautechniken und Düngung bei. Die neue Wissenschaft von der Landwirtschaft beförderte diesen Prozess. Ihr programmatisches Werk waren Albrecht Thaers „Grundsätze der rationellen Landwirtschaft" (1809–1812). Landwirtschaftliche Hochschulen und Akademien entstanden. Landwirtschaft begann sich, wie Thaer es forderte, zur Nutzung des Bodens nach ökonomischen Gesichtspunkten zu entwickeln.

Das Bevölkerungswachstum

Die Bevölkerung in Deutschland nahm zwischen 1750 und 1800 von etwa 17 auf 23 bis 24 Millionen zu; nach der Jahrhundertwende beschleunigte sich das Wachstum noch. Höhere landwirtschaftliche Erträge verbesserten die Nahrungsgrundlage und das Hausgewerbe bot neue Möglichkeiten der Existenzsicherung. Wie in England erhöhte sich der Geburtenüberschuss auch aufgrund besserer Hygiene. Die Agrarreformen unterstützten diese Entwicklung. Bis in die Dreißigerjahre konnte die Landwirtschaft gemeinsam mit der Protoindustrie im Wesentlichen die zusätzlichen Arbeitskräfte binden und die wachsende Bevölkerung ernähren, nicht zuletzt durch die Zunahme des Kartoffelanbaus – die Kartoffel wurde zum Nahrungsmittel der kleinen Leute.

Das Massenelend des Pauperismus

Danach aber überstieg das Bevölkerungswachstum die Beschäftigungsmöglichkeiten. Es kam zu Massenarbeitslosigkeit und Armut. Auch viele, die Arbeit hatten, konnten kaum ihr Auskommen sichern, denn angesichts des Überangebots von Arbeitskräften senkten Gutsherren, Verleger und Unternehmer die Löhne. Pauperismus, so nannten die Zeitgenossen dieses Massenelend. Die Industrie war – anders als in England – noch nicht so weit entwickelt, dass sie in notwendigem Umfang Arbeitskräfte aufnehmen konnte. Aber sie hat – anders als viele Zeitgenossen und auch lange Zeit die Historiker meinten – dieses Massenelend keineswegs verursacht, sie hat ihm im Gegenteil durch ihr bald darauf beginnendes Wachstum abgeholfen. Der Pauperismus fand in den Vierzigerjahren mit dem schlesischen Weberaufstand von 1844 und der Hungerkrise von 1846/47 seine dramatischen Höhepunkte und wenig später sein Ende.

Der deutsche Zollverein

Dass ein größerer zusammenhängender Markt Handel und Gewerbe im Interesse aller Beteiligten befruchten könne, diese Einsicht im Sinne von Adam Smith begann sich erst im Zuge des Reformdenkens in der Zeit der napoleonischen Besetzung zu verbreiten. 1807 hob Bayern als erster deutscher Staat seine Binnenzölle auf, es folgten Württemberg, Baden und 1818 dann das wichtige Preußen. Aber die Zollbarrieren zwischen den einzelnen Staaten blieben vorerst bestehen. Genötigt durch die Vorgabe Preußens, das nun über ein großes einheitliches Binnenhandelsgebiet verfügte und das an die meisten anderen deutschen Staaten grenzte oder sie sogar umschloss, bildeten sich dann drei große Zollvereine: der Preußisch-Hessische (Preußen und Hessen-Darmstadt), der Süddeutsche (Bayern, Württemberg, Hohenzollern) und der Mitteldeutsche, der vor allem gegen die preußische Vorherrschaft gerichtet war (Braunschweig, Oldenburg, Hannover,

Sachsen, Kurhessen, Bremen, Frankfurt und thüringische Staaten). Als sich 1833 Preußisch-Hessischer und Süddeutscher Zollverein zusammenschlossen, war der Mitteldeutsche nicht länger konkurrenzfähig. Die meisten seiner Mitglieder schlossen sich an und so entstand zum ersten Januar 1834 der Deutsche Zollverein – ein Binnenmarkt mit einer Bevölkerung von 26 Millionen. Die restlichen deutschen Staaten ohne Österreich (und mit einigen kleinen Ausnahmen) traten in den folgenden Jahren ebenfalls bei. Münzvereinbarungen, die zu einem festen Wechselkurs der verschiedenen Währungen führten, ergänzten die Zollverträge. Das neue Handelsgebiet reduzierte die Verwaltungsausgaben der Staaten und erhöhte ihre Einnahmen durch Außenzölle. Es schuf eine neue Angebots- und Nachfragesituation, durch die sich Produktion und Investitionen, Handel und Konsum ausweiteten.

Gewerbefreiheit

Schon das Edikt zur „Bauernbefreiung" hatte in Preußen die Gewerbefreiheit für jedermann eingeführt, das Steuer-Edikt vom 28. Oktober 1810 bestätigte sie. Damit waren die alten ständischen und zünftischen Beschränkungen entfallen, aber auch die Sicherheiten: Kein Handwerker war jetzt mehr vor Überbesetzung seines Gewerbes, vor Preiskonkurrenz oder vor der Einführung neuer, maschinisierter Produktionsverfahren geschützt. Die neue Regelung ließ Innovationen zu, die bisher nicht zum Zuge gekommen waren. Darüber hinaus versuchte der Staat vor allem in Preußen seine Bürger zu wirtschaftlicher Initiative zu ermuntern. Die Debatte, ob die Gewerbefreiheit wohltätige oder zerstörerische Folgen habe, hielt in der ganzen ersten Jahrhunderthälfte an. Die Zünfte trauerten ihren Privilegien nach, die Behörden waren von der Überlegenheit des wirtschaftlichen Liberalismus überzeugt, der in der preußischen Gewerbeordnung von 1845 noch einmal bestätigt wurde.

Pauperismus: Etwa seit der Wende zum 19. Jahrhundert nahm in den meisten europäischen Ländern die Bevölkerung stärker zu als früher. Zusätzliche Arbeitsplätze entstanden aber nicht in gleichem Maße. Das führte zu Massenarmut (lat.: pauper = arm). In Deutschland wurde sie zusätzlich hervorgerufen durch die „Bauernbefreiung" und die Aufhebung des Zunftzwanges: Kleinbauern und Tagelöhner auf dem Land, Handwerker in der Stadt waren am stärksten betroffen. Mit Missernten und Hungersnöten erreichte der Pauperismus in den Vierzigerjahren seinen Höhepunkt. Die in der Industrialisierung entstandenen Arbeitsplätze linderten dann allmählich die Not.

Weberaufstand: Durch den Druck englischer Importwaren und ein Überangebot von Arbeitskräften verschlechterte sich das Einkommen der Heimweber in Deutschland immer mehr. Die Leinenweber in den armen Gegenden des Schlesischen Riesengebirges waren davon besonders betroffen. 1844 brach dort eine Hungerrevolte aus. Die Aufständischen plünderten Häuser von Verlegern und Fabrikanten und forderten bessere Bezahlung. Nach drei Tagen wurde der Weberaufstand von preußischen Truppen blutig niedergeschlagen. Heinrich Heine mit seinem Weberlied und Gerhart Hauptmann mit seinem Drama „Die Weber" haben diese Ereignisse literarisch gestaltet.

Gewerbefreiheit: Zunftdenken und Zunftordnungen standen den neuen wirtschaftsliberalen Vorstellungen vom freien Wettbewerb entgegen. In der ersten Hälfte des 19. Jahrhunderts wurde nach und nach in allen deutschen Staaten die Gewerbefreiheit eingeräumt. Wer ein Gewerbe ausüben wollte, sollte dies unabhängig von Zunftordnungen oder staatlichen Vorschriften tun können. In den Gewerbeordnungen, die seit der Mitte des Jahrhunderts (Preußen 1845, Norddeutscher Bund 1869) erlassen wurden, bestätigten die Staaten die Gewerbefreiheit, verlangten aber in vielen Branchen Befähigungsnachweise der Betriebsinhaber. Zugleich schränkten sie die Gewerbefreiheit unter bestimmten sozialen Gesichtspunkten (Gesundheit und Sicherheit der Arbeiter, Kinderarbeit) ein.

11 Die Agrarreform und die Einführung der Gewerbefreiheit am Beispiel Preußens

a) Aus dem preußischen Edikt vom 9. Oktober 1807:

Wir Friedrich Wilhelm, König von Preußen [...] tun kund und fügen hiermit zu wissen: Nach eingetretenem Frieden hat uns die Vorsorge für den gesunkenen Wohlstand Unserer getreuen Untertanen, dessen baldigste Wiederherstellung und möglichste Erhöhung vor allem beschäftigt. Wir haben hierbei erwogen, dass es bei der allgemeinen Not die uns zu Gebote stehenden Mittel übersteige, jedem Einzelnen Hilfe zu verschaffen, ohne den Zweck erfüllen zu können, und dass es ebensowohl den unerlässlichen Forderungen der Gerechtigkeit als den Grundsätzen einer wohl geordneten Staatswirtschaft gemäß sei, alles zu entfernen, was den Einzelnen bisher hinderte, den Wohlstand zu erlangen, den er nach dem Maße seiner Kräfte zu erreichen fähig war; wir haben ferner erwogen, dass die vorhandenen Beschränkungen teils im Besitz und Genuss des Grundeigentums, teils in den persönlichen Verhältnissen des Landarbeiters Unserer wohlwollenden Absicht vorzüglich entgegenwirken und der Wiederherstellung der Kultur eine große Kraft seiner Tätigkeit entziehen; [...] Wir [...] verordnen daher Folgendes:

§ 1. Freiheit des Güterverkehrs: Jeder Einwohner Unserer Staaten ist ohne alle Einschränkung in Beziehung auf den Staat zum eigentümlichen und Pfandbesitz unbeweglicher Grundstücke aller Art berechtigt [...]

§ 2. Freie Wahl des Gewerbes: Jeder Edelmann ist ohne allen Nachteil seines Standes befugt bürgerliche Gewerbe zu betreiben, und jeder Bauer ist berechtigt aus dem Bauern- in den Bürger- und aus dem Bürger- in den Bauernstand zu treten. [...]

§ 12. Mit dem Martinitage 1810 hört alle Gutsuntertänigkeit in Unseren fürstlichen Staaten auf. Nach dem Martinitage 1810 gibt es nur freie Leute, so wie solches auf den Domänen in allen Unseren Provinzen schon der Fall ist [...].

Zit. nach: Günther Franz (Hrsg.), Quellen zur Geschichte des deutschen Bauernstandes in der Neuzeit, Darmstadt 2. Aufl. 1976, S. 340–343

b) Das preußische Gesetz zur Gewerbefreiheit vom 7. September 1811 bestimmt:

6. Wer bisher nicht zünftig war, kann [...] auf den Grund seines Gewerbescheins jedes Gewerbe treiben, ohne deshalb genötigt zu sein, irgendeiner Zunft beizutreten.

7. Er ist demunerachtet auch berechtigt, Lehrlinge und Gehilfen anzunehmen. [...]

14. Wer bisher zünftig war, darf dem Zunftverbande zu jeder Zeit entsagen. [...]

59. Der Gewerbeschein gibt nach § 9 des Edikts vom 2ten November 1810 jedem Inhaber auch das Recht, mit den auf den Grund desselben verfertigten Erzeugnissen zu handeln.

Zit. nach: Walter Steitz (Hrsg.), Quellen zur deutschen Wirtschafts- und Sozialgeschichte im 19. Jahrhundert bis zur Reichsgründung, Darmstadt 1980, S. 26–28

c) Das preußische Edikt zur Beförderung der Landeskultur vom 14. September 1811 bestimmt:

§ 2. Aus der Vereinzelung [Aufteilung der Allmende] entspringt noch ein anderer sehr beachtenswerter Vorteil, der Unsrem landesväterlichen Herzen besonders angenehm ist. Sie gibt nämlich den so genannten kleinen Leuten, den Kätnern, [...] Häuslern, und Tagelöhnern Gelegenheit ein Eigentum zu erwerben und solches nach und nach zu vermehren. Die Aussicht hierauf wird diese zahlreiche und nützliche Klasse Unserer Untertanen fleißig, ordentlich und sparsam machen, weil sie nur dadurch die Mittel zum Landankauf erhalten können. Viele von ihnen werden sich emporarbeiten und dahin gelangen, sich durch ansehnlichen Landbesitz und Industrie auszuzeichnen. Der Staat erhält also eine neue schätzbare Klasse fleißiger Eigentümer, und durch das Streben, solches zu werden, gewinnt der Ackerbau mehr Hände, und durch die vorhandenen infolge der freiwilligen größeren Anstrengung mehr Arbeit als bisher.

Zit. nach: Günther Franz (Hrsg.), a. a. O., S. 370

a) Skizzieren Sie die politische Situation Preußens in den Jahren, aus denen die Reformbestimmungen stammen. Rekapitulieren Sie die Reformansätze auch in anderen Bereichen und erläutern Sie die allgemeinen Zielsetzungen der staatlichen Neugestaltung.

b) Erörtern Sie, inwieweit den drei Bestimmungen inhaltliche Bezüge auf Adam Smith (S. 9 ff.) anzumerken sind.

c) Vergleichen Sie die Intentionen dieser Bestimmungen anhand des Darstellungstextes mit den tatsächlichen Folgen von Bauernbefreiung und Gewerbefreiheit und formulieren Sie ein zusammenfassendes Urteil.

12 Das Vorbild England

a) Der preußische Beauftragte Esenwein schreibt 1823 an Peter Christian Wilhelm Beuth, einen hohen preußischen Beamten und Industrieförderer:

Sollte ich vonseiten Ihrer Regierung animiert werden oder einem fixierten Honorar entgegensehen können, so würde es mir ein Vergnügen machen, Ihnen über alles, was Sie verlangen, Auskunft zu verschaffen, indem ich kürzlich einige neue Bekanntschaften gemacht habe, wodurch ich in den Stand gesetzt bin, über jeden Gegenstand, sollte ich auch nicht die geringste Kenntnis selbst davon haben, doch die gehörige Belehrung und Beschreibung davon zu bekommen, ebenso kann ich auf Verlangen, Modelle von allen alten oder neuen Erfindungen, seien sie patentisiert oder nicht gemacht, erhalten; als z. B. ein vollständiges Modell von Perkin's Steam Engine; oder eines von der hiesigen Bleikugeln-Gießerei, welche zu sehen mit so sehr großer Schwierigkeit verbunden ist, oder von irgendeinem anderen Gegenstand; dass solches ein Freundschaftsdienst ist, der mir geleistet wird und geheim gehalten werden muss, versteht sich von selbst. Auch werde ich mich wahrscheinlich von der Gesellschaft der Künste und Wissenschaften als Mitglied aufnehmen lassen um immer an der Quelle zu sitzen, und sollte ich sehen, dass mein Vorteil daraus entspränge, einen oder zwei Tage in der Woche zu Nachforschungen anwenden.

Zit. nach: Hansjoachim Straube, Die Gewerbeförderung Preußens in der ersten Hälfte des 19. Jahrhunderts, Berlin 1933, S. 48 f.

b) Die „Allgemeine Preußische Staatszeitung" berichtet über die neue Fabrik von Kamp und Harkort, 1822:

Lange Zeit glaubte man [die Dampfmaschine] nur aus England in der gehörigen Vollkommenheit beziehen zu können, und lange Zeit war es so; um desto erfreulicher ist es, dass zwei unserer Landsleute [die Unternehmer Kamp und Harkort] den Mut gehabt haben, auch diese schwerste Aufgabe zu lösen und die Anfertigung des primum mobile [des ersten Antriebsmittels] der Fabrik-Industrie, ohne dessen allgemeinere Einführung und Benutzung an keine siegreiche Konkurrenz mit England zu denken ist, ins Vaterland zu verpflanzen und die Anwendung desselben solchergestalt zu erleichtern. Die Fortschritte, welche England in seiner Fabrikation seit Einführung der Dampfmaschine gemacht hat, sind bewunderungswürdig und ungeheuer, aber begreiflich; denn bekanntlich hindert nichts die Einführung von Fabrikanstalten in den ödesten und mithin gerade dafür passendsten Gegenden so sehr, als der Mangel an einer für die Bewegung nötigen Kraft, die man früher nur in einem hinlänglichen Fall von Wasser zu finden glaubte. Dadurch, dass diese Kraft mittels Dampfmaschinen überallhin verpflanzt werden kann und an kein Lokal gebunden ist, verbreitet sich die Möglichkeit der Fabrikanlagen über das ganze Land […] Für die Fabrikation selbst ist die Kraft der Dampfmaschine der des Wassers auch noch um deswillen vorzuziehen, weil sie an keine Jahreszeit gebunden ist, weder durch Dürre noch durch Frost unterbrochen wird, und mithin eine weit richtigere,

c) Harkorts Fabrik. Ölgemälde von Alfred Rethel, um 1834. Der Maschinenfabrikant Friedrich Harkort gründete auf der leer stehenden Burg Wetter an der Ruhr 1819 seine „Mechanische Werkstätte", eine der ersten Maschinenfabriken des Ruhrgebiets. Ab 1826 arbeiteten hier die ersten Hochöfen. Fachkräfte kamen aus England; die Maschinen wurden zunächst britischen Fabrikaten nachgebaut.

gleichmäßigere Berechnung zulässig macht. Kurz, nur wenn die Dampfmaschine der Hebel der zur Fabrikation nötigen Kraft und Bewegung ist, wird diese auf den Grad der Vollkommenheit Anspruch machen können, der heutzutage nötig ist um mit den Nachbarstaaten zu konkurrieren. [...]

Artikel der Allgemeinen Preußischen Staatszeitung vom 24. Oktober 1822, zit. nach: Wilhelm Treue/Herbert Pönicke/Karl-Heinz Manegold, Quellen zur Geschichte der industriellen Revolution, Göttingen u. a. 1966, S. 182 f.

d) Friedrich Koenig, der Erfinder der dampfmaschinengetriebenen Druckpresse („Schnellpresse"), richtete von 1817 bis 1823 im fränkischen Kloster Oberzell die erste deutsche Druckmaschinenfabrik ein. Er berichtet von seinen Erfahrungen mit Arbeitskräften:

[...] in England, das eine zahlreiche Bevölkerung hat, und dessen Gewerbestand ein sehr hoch entwickelter ist, geht alles sozusagen von selbst. Will man etwas mehr zahlen als sein Nachbar, so kann man willige und geschickte Arbeiter im Überfluss haben. Hier hatten wir nicht nur alles und jedes selbst zu schaffen und alle, zu unserm Geschäft gehörenden Gewerbe selbst auszuüben, wir fanden zu unserer Überraschung auch, dass berufsmäßige Arbeiter, selbst solche, die noch das meiste zu lernen hatten, nicht einmal für Geld zu haben waren. Infolge der langen Kriege herrscht in Deutschland ein allgemeiner Mangel an guten Arbeitskräften und in unserer Provinz walten noch ganz eigenartige Zustände; sie ist schön und reich und keineswegs übervölkert; während in England nur die Reichen unabhängig sind, sind es hier auch die Arbeiter, die Ihnen trocken sagen, dass zwei Tage Arbeit ihnen genügen um eine ganze Woche leben zu können. Nach zwei guten Weinjahren gibt es in unserm Dorf überhaupt nicht Leute genug, man sollte keine Fabrik anlegen, wo es den Leuten so gut geht [...]

Zit. nach: B. Müller, Maschinen revolutionieren die schwarze Kunst, in: Unbekanntes Bayern, Bd. 15: Die Wirtschaft, München 1980, S. 60

e) Der Geheime Finanzrat Beuth beschreibt die preußische Industrieförderung, 1839:

Die Anschaffung neuer, wichtiger Maschinen geschieht durch die meiner Leitung anvertraute Abteilung für Handel, Gewerbe und Bauwesen, ebenso die Verteilung derselben im Lande [...]
Haben einzelne Maschinen oder ganze Maschinen-Assortimente sich bei den Versuchen bewährt, so werden zunächst vollständige Werkzeichnungen davon aufgenommen, und sie werden außerdem, wo es nötig erachtet wird, von den Lehrern und Werkmeistern des Gewerbeinstitutes für die Modellsammlung der Technischen Deputation modelliert [...] Die Originalmaschinen werden sodann hiesigen oder auswärtigen tüchtigen Werkmeistern übergeben, um davon auf Kosten des Staates Kopien [...] mit den etwa bei den Versuchen gefundenen Verbesserungen zu machen. Das Original und die Kopien werden dann nach einzelnen Punkten der Monarchie verteilt, wo der betreffende Fabrikationszweig blüht [...] Sind solche Maschinen von großem Wert, z. B. ganze Maschinen-Spinn-Assortimente, so wird das Geschenk an die Bedingung geknüpft, dass dasselbe erst durch einen fortgesetzten sechsjährigen Betrieb Eigentum des Empfängers wird. Immer aber hat der Empfänger die Verpflichtung Fabrikanten des Inlandes, welche die Behörde ihm zuweist, von den Maschinen, ihrem Betrieb und ihren Leistungen Kenntnis nehmen zu lassen [...] Da nun die Kopien der Maschinen durch die ersten Bestellungen des Staates in einer oder mehreren Maschinenbau-Werkstätten gut und billig zu haben sind, so verbreiten sie sich schnell, wozu kommt, dass der Betrieb der als Auszeichnung bewilligten Mustermaschinen, wenn er Schwierigkeiten hat, dadurch gesichert wird, dass der Staat sie auf seine Kosten durch sachverständige Leute in Gang setzen lässt [...] (Diese) Maßregel hat die wichtigsten Fabrikationsverbesserungen, die sonst von Einzelnen als Geheimnis ausgebeutet worden wären, schnell verbreitet und eingebürgert.

Zit. nach Walter Steitz (Hrsg.), a. a. O., S. 157 f.

a) Untersuchen Sie anhand der vier Texte die Rolle, die England für den Beginn der Industrialisierung in Deutschland spielt. Wie wird England aus deutscher Sicht beurteilt?

b) Beschreiben und bewerten Sie die Wege, auf denen der Transfer von Know-how aus England nach Deutschland stattfindet. Erläutern Sie die Rolle, die der preußische Staat dabei spielt.

c) Stellen Sie sich vor, ein englischer Unternehmer berichtete aus Deutschland über die industrielle Entwicklung dort nach Hause. Schreiben Sie aus seiner Perspektive einen Brief an seinen Londoner Geschäftsfreund.

2.3 Die Industrialisierung kommt in Gang

Die Frühindustrialisierung in der Textilindustrie

Im Textilsektor begann die Industrialisierung in England: mit dem Einsatz von Werkzeugmaschinen, der Dampfmaschine als Antrieb, der fabrikmäßigen Produktion. In Deutschland verlief die Entwicklung ähnlich, allerdings mit einem Rückstand von etwa dreißig Jahren. Zwar lassen sich schon Ende des 18. Jahrhunderts einzelne Regionen beginnender Frühindustrialisierung ausmachen – im Textilbereich vor allem Sachsen und der Niederrhein –, aber erst in den Dreißigerjahren des nächsten Jahrhunderts gewannen die Veränderungen an Breitenwirkung. Die Mechanisierung der Baumwollspinnerei setzte sich durch, vom Handspinnen ging man auf wasser-, dann dampfbetriebene Werkzeugmaschinen über; allerdings existierten Wasser- und Dampfantrieb noch lange nebeneinander. Erst viel später wurde das Weben mechanisiert. 1846 wurden erst gut 2% der Webstühle in Deutschland mechanisch betrieben, obwohl sich die Produktion seit der Jahrhundertwende von 1800 auf über 30 000 t jährlich gesteigert hatte. Noch später setzte in der Woll- und Leinenherstellung der Übergang zur industriellen Fertigung ein.

Aufschwung und Elend der Heimweberei

Produktionsausweitung und industrielle Spinnerei führten also zunächst einmal – wie in England – zum Aufschwung der traditionellen Heimweberei: Um 1800 gab es in Deutschland gut 300 000, Mitte der Vierzigerjahre fast 600 000 Weber. Solange genügend billige Arbeitskräfte existierten, sahen sich die Unternehmer und Verleger nicht genötigt ihre Produktion zu mechanisieren. Allerdings wurde der Konkurrenzdruck englischer Importe immer stärker: Vor allem die Leinenherstellung war davon betroffen. Die Preise dort waren seit der Jahrhundertwende auf kaum mehr als 50% gesunken. Das war die wirtschaftliche Ursache für den Aufstand der schlesischen Leinenweber 1844. Bis in die Vierzigerjahre blieb die Textilherstellung in Deutschland der quantitativ wichtigste Bereich maschineller Produktion. Anders als in England bewirkte sie aber hier keine Initialzündung für ein allgemeines, sich selbst tragendes und ausweitendes industrielles Wachstum. Diese Rolle war in Deutschland dem Eisenbahnbau und in Verbindung damit der Schwerindustrie und dem Maschinenbau vorbehalten.

Der Eisenbahnbau

1835 wurde die erste deutsche Eisenbahnstrecke zwischen Nürnberg und Fürth eröffnet. 1850 betrug die Streckenlänge in Deutschland schon 5875 km. In Preußen, auf das etwa zwei Drittel der Streckenlänge entfielen, wurden bis auf wenige Ausnahmen die Strecken privat gebaut und finanziert. Der Staat erteilte lediglich die Konzessionen. Nur dort, wo die Verbindungen für private Investoren unattrak-

Phasen der Industrialisierung: Die Industrialisierung vollzog sich in verschiedenen Phasen, die jeweils durch bestimmte Führungssektoren geprägt waren. In jedem Land war diese Entwicklung anders. In Deutschland begann die entscheidende Beschleunigung des industriellen Wachstums am Ende der Vierziger- und zu Beginn der Fünfzigerjahre. Sie erreichte ihren Höhepunkt zwischen 1867 und 1873. Im Vordergrund standen dabei Eisenbahnbau, Schwerindustrie und Maschinenbau. Diese Phase wird als eigentliche industrielle Revolution oder als Beginn der Hochindustrialisierung bezeichnet. Schon vorher ging das Textilgewerbe zum Teil von ländlicher Heimarbeit zur Fabrikfertigung mit Maschinen über; deshalb spricht man auch von einer Frühindustrialisierung etwa seit der Jahrhundertwende. Die Entstehung der heimgewerblichen, im Verlagssystem arbeitenden Textilindustrie davor wiederum ist in der jüngeren Forschung als Protoindustrialisierung (erste Industrialisierung vor der Frühindustrialisierung) bezeichnet worden. Schließlich werden die zwei Jahrzehnte nach 1895 als zweite Phase der Hochindustrialisierung – zuweilen auch als zweite industrielle Revolution – bezeichnet: Die deutsche Wirtschaft erzielte wiederum hohe Wachstumsraten, neue Sektoren (Elektrotechnik, Chemie) waren beteiligt, und Deutschland wurde gemeinsam mit England und den USA zur weltweit führenden Industrienation. Seit den Sechzigerjahren des 20. Jahrhunderts sind dann die Veränderungen der Produktion durch Automatisierung und Computerisierung so tief greifend, dass sogar von einer dritten industriellen Revolution die Rede ist.

tiv waren, übernahm er den Bau einzelner Linien. Der Grund für diese Zurückhaltung lag teils in der wirtschaftsliberalen Haltung der Behörden, teils aber auch in der hohen Staatsverschuldung, die noch von den napoleonischen Kriegen herrührte. Aber durch eine entsprechende Gesetzgebung sicherte sich der preußische Staat Aufsichts- und Zugriffsrechte (Eisenbahngesetz von 1838). In anderen deutschen Staaten gab es reine Staatsbahnen.

Ein Netz entsteht

Der Eisenbahnbau vollzog sich in vier Entwicklungsphasen: Die ersten Bahnen entstanden als Verbindung zwischen den bevölkerungsreichsten Städten. Etwa zwischen 1846 und 1853 wuchsen dann die Einzellinien zu einem Netz zusammen, das allmählich auch zweispurig ausgebaut wurde. Nach der Reichsgründung bis etwa 1880 wurde dieses Netz flächendeckend verdichtet. In den Neunzigerjahren ergänzten dann – v. a. im Osten – zahlreiche Kleinbahnen die Vollspurstrecken.
Das preußische Mischsystem privater und staatlicher Linien veränderte sich in zwei Schritten. Nach dem Preußisch-Österreichischen Krieg von 1866 wurden die Bahnen der annektierten Länder – an erster Stelle das Königreich Hannover – Staatsbesitz, der Staat dadurch zum größten Eigner. Nach 1879 verstaatlichte Preußen dann gegen Entschädigung alle Privatbahnen. Dabei spielten auch militärische Gesichtspunkte eine Rolle. Vor allem aber waren die Eisenbahnen für den Staat ein gutes Geschäft: Die „Königlich Preußische Eisenbahn-Verwaltung“ war die größte Eisenbahngesellschaft und sogar das größte Unternehmen der Welt, und sie sorgte jährlich für mehr als 10 Prozent der staatlichen Einnahmen.

Führungssektor Eisenbahn

Der Eisenbahnboom stimulierte die industrielle Entwicklung in Deutschland entscheidend. Zunächst einmal wirkte er sich auf die Eisenindustrie, den Kohlebergbau und den Maschinenbau aus, denn es kam zu einem ungeheuren Bedarf an Eisen für Schienen, Lokomotiven und Wagen sowie an Kohle für die Eisenherstellung und zur Feuerung der Lokomotiven. Die neue Nachfrage kam so überraschend, dass die deutschen Firmen zunächst einmal weder qualitativ noch quantitativ in der Lage waren sie zu befriedigen. Bis in die Fünfzigerjahre musste Eisen aus England bezogen werden, 1854 endete dann der Import von Lokomotiven aus England, Belgien oder den USA. Erst mit diesem Nachfrageschub setzten sich auch moderne Produktionsmethoden wie die Eisenverhüttung mit Kohle statt

13 Eine Lokomotive der Firma Henschel in Kassel wird zum Bahnhof transportiert. Gemälde um 1860 (Ausschnitt).
Erläutern Sie anhand des Bildes Probleme und Verwerfungen beim Beginn des Eisenbahnbaus in Deutschland.

Holzkohle durch und er gab auch den entscheidenden Anstoß für den Aufschwung des Steinkohlebergbaus im Ruhrgebiet seit 1850. Solche Koppelungseffekte ergaben sich unmittelbar, aber zusätzlich auch noch indirekt, denn auch zur Herstellung der neuen Hüttenwerke und Tiefbauanlagen für den Kohleabbau waren Maschinen und Rohmaterial notwendig.

Aber auch als Transportmittel hatte die Eisenbahn geradezu revolutionäre Wirkung. Die Transportkosten sanken, die Schnelligkeit nahm zu. Je mehr sich die Strecken zu einem Netz verdichteten, desto mehr wurde auch das Gebiet des Zollvereins überregional als einheitlicher Markt erschlossen. Die Eisenbahn versorgte die wachsenden Städte und machte die Bevölkerung mobiler. Die Nachfrage nach Transportleistungen war groß und wuchs zugleich mit dem Angebot an, sodass die Strecken binnen kurzer Zeit erhebliche Gewinne abwarfen: Die Berlin-Potsdamer Eisenbahn transportierte im ersten Jahr ihres Bestehens (1838) so viele Passagiere wie die gesamte preußische Postverwaltung mit ihren Kutschenlinien. Und der Eisenbahnbau schuf in großem Stil Arbeitsplätze.

Industrielle Zentren

Neue Zentren industrieller Entwicklung kristallisierten sich heraus: Bei der Schwerindustrie war es vor allem das Ruhrgebiet, das bald den beiden anderen und älteren Schwerindustrieregionen, nämlich Oberschlesien und dem Saarland, den Rang ablief. Dort kam es zu einem ungeheuren Zustrom an Kapital und Arbeitskräften, zur Gründung immer neuer Fabriken und zu sprunghaftem Wachstum der Produktion. Die Zahl der Arbeiter in Bergbau und Industrie stieg zwischen 1845 und 1875 von 200 000 auf 500 000. Als Hütten- und Walzwerke entstanden Firmen wie Thyssen, Krupp, Mannesmann, Haniel, Hoesch und Kloeckner, deren Namen noch heute geläufig sind. Beim Maschinenbau dominierten die Lokomotivfabriken. Schwerpunkte waren Berlin mit der größten deutschen Maschinenfabrik August Borsig (gegründet 1836) und Sachsen. Aber auch in anderen deutschen Ländern entstanden große Maschinenbaufirmen, so Kessler in Karlsruhe, Maffei in München oder die Maschinenfabrik Esslingen.

Banken und Aktiengesellschaften

Die Industrialisierung erforderte Investitionen. Viele der älteren Privatbanken, die lediglich mit dem Vermögen des Besitzers oder mit Einlagen von Verwandten und Bekannten arbeiteten, waren dafür nicht kapitalkräftig genug. Der neue Typ der Aktienbank entstand. Man sammelte das Kapital vieler Anleger ein; auch Anleger mit geringerem Vermögen konnten sich jetzt auf dem Geldmarkt engagieren. Die ersten neuen Großbanken entstanden in den Fünfzigerjahren, eine zweite Phase von Neugründungen – die zum Teil bis heute Bestand haben – folgte in der „Gründerzeit“: Deutsche Bank (1870), Commerz- und Discontobank (1870), Dresdner Bank (1872). Während sich die führenden Bankhäuser besonders beim Eisenbahnbau engagierten, waren Handwerk und Gewerbe das Tätigkeitsfeld der Sparkassen. Sie betreuten vor allem die Ersparnisse der bürgerlichen Mittel- und Unterschicht. Unternehmen wurden aber nun auch unmittelbar als Aktiengesellschaften gegründet. Sie hatten gleichfalls den Vorteil eines verminderten Risikos: Der Anteilseigner haftete nur noch mit seiner Kapitaleinlage, nicht aber mit seinem privaten Vermögen. Und Aktien konnten jederzeit wieder kapitalisiert werden. Die neue Anlageform machte das Kapital mobil. Die Gewinnaussichten insbesondere im privaten Eisenbahnbau waren glänzend. Deshalb bereitete die Finanzierung der Strecken keinerlei Probleme.

Schnelles Wachstum

Die Eisenbahn war also der entscheidende Führungssektor für den Beginn der Hochindustrialisierung in Deutschland, mit Kohlebergbau, Eisenindustrie und Maschinenbau bildete sie einen „Führungssektorenkomplex“. Dieses plötzliche Einsetzen eines dynamischen Wachstums in der Mitte der Vierziger- und – nach einer zwischenzeitlichen kurzen Krise – dann endgültig in den Fünfzigerjahren zeigt, dass Deutschland zwar im Vergleich zu den westeuropäischen Staaten ein Nachzügler war, aber sehr wohl über wichtige Entwicklungsvoraussetzungen verfügte, die jetzt wirksam wurden: gewerbliche Erfahrung, Arbeitskräfte mit gewerblicher Vorbildung, Investitionskapital. Der Staat spielte nur eine begleitende Rolle, indem er Rahmenbedingungen schuf.

14 Eisenbahnen und Wirtschaftswachstum

a) Die Streckenlänge der Eisenbahnen in Deutschland 1835–1865 (km zum Jahresende)

1835	6
1840	469
1845	2 143
1850	5 856
1855	7 826
1860	11 089
1865	13 900

Nach: B. R. Mitchell, Statistischer Anhang, in: Carlo M. Cipolla/Knut Borckardt, Die Entwicklung der industriellen Gesellschaften, Bd. 4, Stuttgart/New York 1985, S. 515 f.

b) Die Transportleistung der Eisenbahnen in Deutschland 1840–1865 (in Mio. Personen- bzw. Tonnenkilometern)

Jahr	Personenverkehr	Güterverkehr
1840	62,3	3,2
1845	308,5	50,8
1850	782,7	302,7
1855	1090,4	1094,9
1860	1732,9	1675,2
1865	2676,0	3671,8

Rainer Fremdling, Eisenbahnen und deutsches Wirtschaftswachstum 1840–1879. Ein Beitrag zur Entwicklungstheorie und zur Theorie der Infrastruktur, Dortmund 1975, S. 17

c) Statistik: Der durchschnittliche Transportpreis pro Tonnenkilometer auf deutschen Eisenbahnen, 1840–1865 (in Pfennig)

1840	16,9
1845	13,6
1850	10,1
1855	8,2
1860	7,9
1865	6,0
1870	5,6

d) Investitionen in den Eisenbahnbau im Verhältnis zur Gesamtwirtschaft, 1851–1879 (jährliche Durchschnittswerte in Mio. Mark)

Jahr	Eisenbahn	Gesamtwirtschaft
1851/54	88	738
1855/59	134	678
1860/64	142	1204
1865/69	201	1148
1870/74	425	2282
1875/79	503	1946

c) und d) nach: Rainer Fremdling, Industrialisierung und Eisenbahn. Der Anstoß zur Entwicklung der deutschen Schwerindustrie, in: Zug der Zeit – Zeit der Züge. Deutsche Eisenbahn 1835–1985, Bd. 1, Berlin 1985, S. 132

e) Roheisenverbrauch im Zollverein 1835–1863. Gesamtverbrauch und Verbrauch für Eisenbahnen (in 1000 Zentnern)

Zeitraum	Gesamtverbrauch	Verbrauch für Eisenbahnen
1833–1835	7 385	6
1839–1841	16 402	1 606
1845–1847	20 379	7 013
1851–1853	21 066	9 340
1859–1863	76 414	30 920

Nach: Horst Wagenblaß, Der Eisenbahnbau und das Wachstum der deutschen Eisen- und Maschinenbauindustrie 1835–1860. Ein Beitrag zur Geschichte der Industrialisierung Deutschlands, Stuttgart 1973

a) Fassen Sie anhand der Statistiken die Rolle der Eisenbahn als Führungssektor zusammen. Erläutern Sie die Koppelungseffekte, die anhand der Materialien zu erkennen sind.

b) Berechnen Sie für die Auswertung in M 14 d) und M 14 e) den Prozentanteil des Eisenbahnverbrauchs.

c) Ziehen Sie einen Vergleich mit der Bedeutung, die die Eisenbahn heute für Verkehr und Wirtschaft hat.

15 Die Produktion verändert sich. Maffei und Krauss waren im 19. Jahrhundert die beiden größten Maschinenfabriken in Bayern

a) Die Münchener Lokomotivfabrik Maffei, Stahlstich, um 1855

b) Die Münchener Lokomotivfabrik Krauss, Gemälde, um 1890

a) Erläutern Sie jeweils die Tätigkeiten, die auf den Bildern zu erkennen sind. Beschreiben Sie die Lage und Funktion der Baulichkeiten. Finden Sie technische, verkehrstechnische und architektonische Neuerungen auf dem Bild von 1890 heraus (zum Vergleich auch M 13). Stellen Sie Ihre Einzelbeobachtungen in einer Liste einander gegenüber und charakterisieren Sie zusammenfassend die jeweils dargestellte Produktionsweise.

b) Vergleichen Sie auch die Art der künstlerischen Darbietung, insbesondere die Perspektive. Stellen Sie sich vor, Sie hätten jeweils als Firmenchef die Bilder bei dem Maler bestellt. Formulieren Sie schriftlich Ihren Auftrag und skizzieren Sie, was das Bild zeigen soll.

16 Industrialisierung in Deutschland und Mitteleuropa 1830–1910 *Erarbeiten Sie anhand der Karten die industriellen Profile der verschiedenen Entwicklungszentren und -räume. Untersuchen Sie, welche Standortfaktoren dabei jeweils eine Rolle spielen. Berücksichtigen Sie dabei auch die Lage innerhalb Deutschlands und die Verbindung zu außerdeutschen Industriegebieten.*

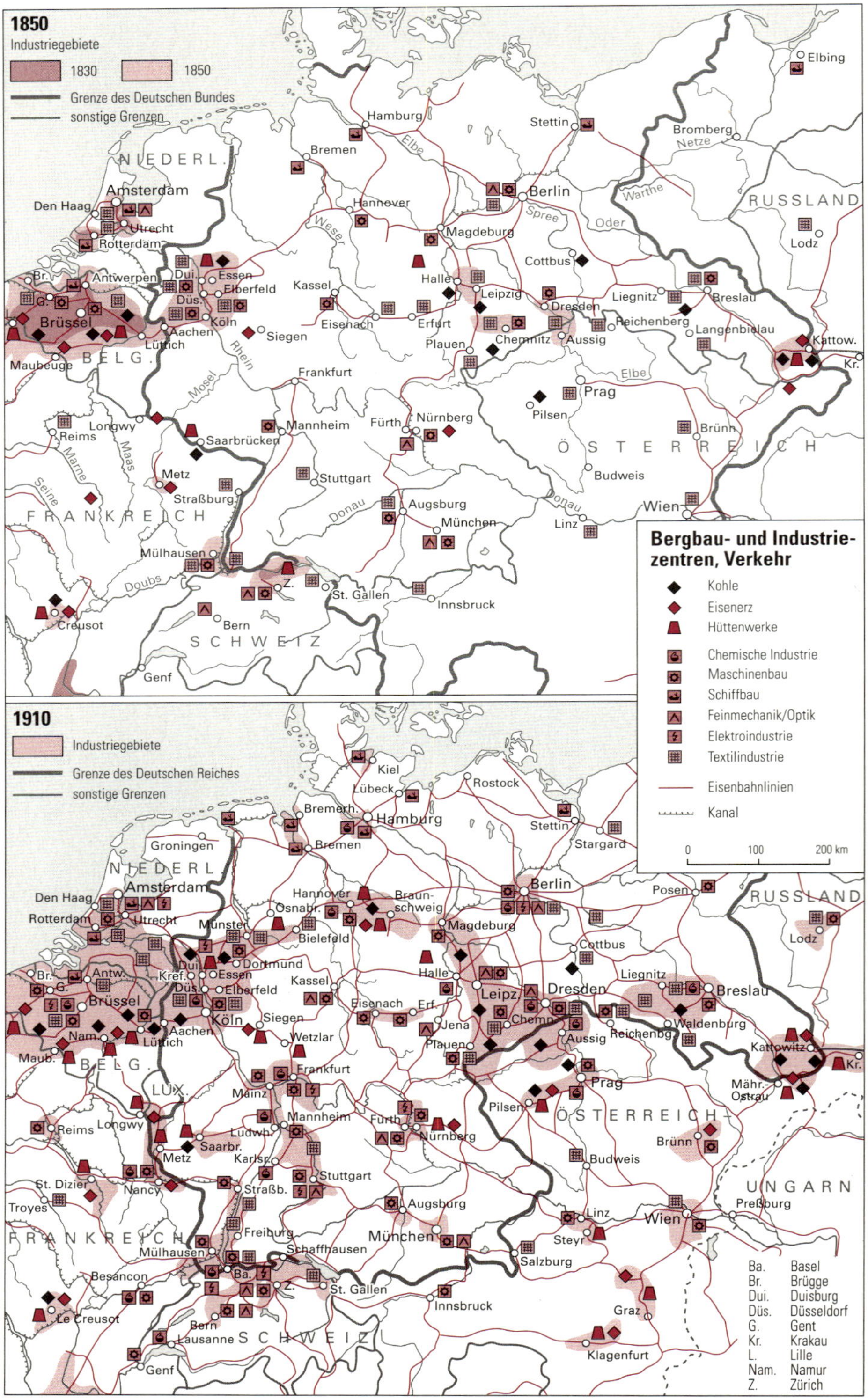

17 Das Ruhrgebiet – ein industrielles Zentrum entsteht

a) Die Steinkohleförderung 1820–1910

Jahr	Zahl der Schachtanlagen	Steinkohleförderung im Ruhrgebiet (in Mio. t)	Steinkohleförderung in ganz Deutschland (in Mio. t)	Beschäftigte
1820	161	0,4	1,3	3556
1830	172	0,5	1,8	4457
1840	221	1,0	3,2	8945
1850	198	2,0	5,1	12741
1860	277	4,3	12,3	28657
1870	215	11,6	26,4	50749
1880	193	22,4	47,0	80309
1890	175	35,5	70,2	127794
1900	170	60,0	109,3	228693
1910	174	89,1	152,8	353347

Nach: Wilhelm Treue/Herbert Pönicke/Karl-Heinz Mangold, Quellen zur Geschichte der industriellen Revolution, Göttingen u. a. 1966, S. 99. Wolfgang Köllmann, Die industrielle Revolution. Bevölkerung – Technik, Wirtschaft, Industrie – Unternehmer, Arbeiterschaft – Sozialreform, Sozialpolitik, Stuttgart 1987, S. 51

b) Der ehemalige Bergarbeiter Georg Werner beschreibt die Entwicklung der Zeche Neumühl, 1929:

Die Zeche Neumühl liegt in Hamborn, einem Orte an der Mündung der Emscher in den Rhein. Hamborn setzt sich aus einigen Bauernschaften zusammen, deren eine, die an die Orte Sterkrade, Oberhausen und Meiderich grenzt, Neumühl hieß. Hamborn hatte im Jahre 1890 zirka 8000 Einwohner. Zu dieser Zeit begann der Großindustrielle August Thyssen in der Gemeinde die Schächte Deutscher Kaiser abzuteufen und erbaute das Hüttenwerk gleichen Namens. Die Familie Haniel errichtete von 1893 an die Schachtanlage Neumühl. Diese Bauten zogen riesige Arbeitermengen heran. Im Jahre 1900 war die Einwohnerzahl bereits auf 33 000 gestiegen, dann aber nahm sie jedes Jahr um zirka 10 000 zu, bis mit der Erreichung der 150 000 diese wilde Entwicklung abschloss.

Ein Muster dieser amerikanischen Entwicklung war die Zeche Neumühl. Im Jahre 1893 begann mit 28 Arbeitern das Abteufen. Die Zeche hatte 1895 69, 1900 1872, 1902 3520 und 1904 schon 4895 Mann Belegschaft. Mit zirka 5500 Mann war sie dann auf dem Höhepunkt. War Stock und Scherenberg mit zirka 400 Arbeitern ziemlich die kleinste Zeche im Ruhrrevier, so war Neumühl die größte. Eine solche Mammutanlage wie Neumühl ist in Deutschland wahrscheinlich nur einmal errichtet worden. Auf nur einer Doppelschachtanlage mit zwei Doppelschächten wurden zirka 5500 Menschen beschäftigt.

Die Zeche stand außerhalb des Syndikats [Rheinisch-Westfälisches Kohlesyndikat, 1893], konnte daher ungehindert durch die Quotenbeschränkung fördern und stellte jeden ein, der Arbeit haben wollte. Die Anlage förderte 1903/04 im Durchschnitt pro Jahr 9100 bis 9200 Förderwagen zu je 12 Zentner. Die Förderziffern betrugen pro Jahr:

1897	19 854 t
1898	57 081 t
1899	221 483 t
1900	477 514 t
1901	787 910 t
1902	1 070 792 t
1903	1 476 063 t
1904	1 641 470 t

Der Betrieb raste!

Aber auch die Belegschaft zeigte deutlich den Stempel der hypertrophischen [überzogenen] Entwicklung. Als im Jahre 1904 an einem Tage die Zusammensetzung der Belegschaft festgestellt wurde, setzte sie sich aus 3108 Deutschen, von denen 1340 aus den östlichen Provinzen stammten und polnisch als Muttersprache redeten, ferner aus 1095 Österreichern aus Krain und Steiermark, Slovener oder Cuditsche genannt, aus 240 Holländern, 156 Italienern, 53 Russen, 33 Belgiern und 4 sonstigen Ausländern zusammen. Aber diese Zahlen sind noch nicht das Entscheidende für die Beurteilung des Geistes der Belegschaft. Wenn solche Menschenmengen in kurzer Zeit zusammenkommen, drängen sich auch alle jene nach dieser Stelle hin, die aus irgendeinem Grunde untertauchen wollen, und Neumühl gab jedem Arbeit. So beschäftigte die Zeche mehr ehemalige Zuchthäusler als in einem großen Zuchthause untergebracht sind.

Der Schnapsausschank in der an der Zeche gelegenen Wirtschaft Ostrop betrug monatlich zirka 300 hl [Hektoliter]. Neumühl war „Wild-West“. Allmonatlich wurde mindestens ein Mensch totgeschlagen. Die Steiger hatten jeder einen Waffenschein und trugen Revolver bei sich.

Georg Werner, Ein Kumpel. Erzählung aus dem Leben der Bergarbeiter, Berlin 1929, zit. nach: Gerhard A. Ritter/Jürgen Kocka (Hrsg.), Deutsche Sozialgeschichte. Dokumente und Skizzen, Bd. II: 1870–1914, München 1974, S. 26 f.

c) Industrialisierung im Ruhrgebiet

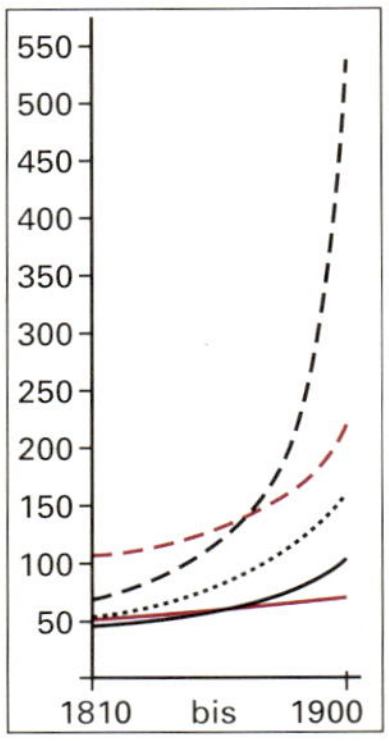

18 (oben:) Bevölkerungsdichte (Einwohner/km²):
— Frankreich,
— Deutsches Reich,
····· Großbritannien,
--- Belgien,
--- Ruhrgebiet

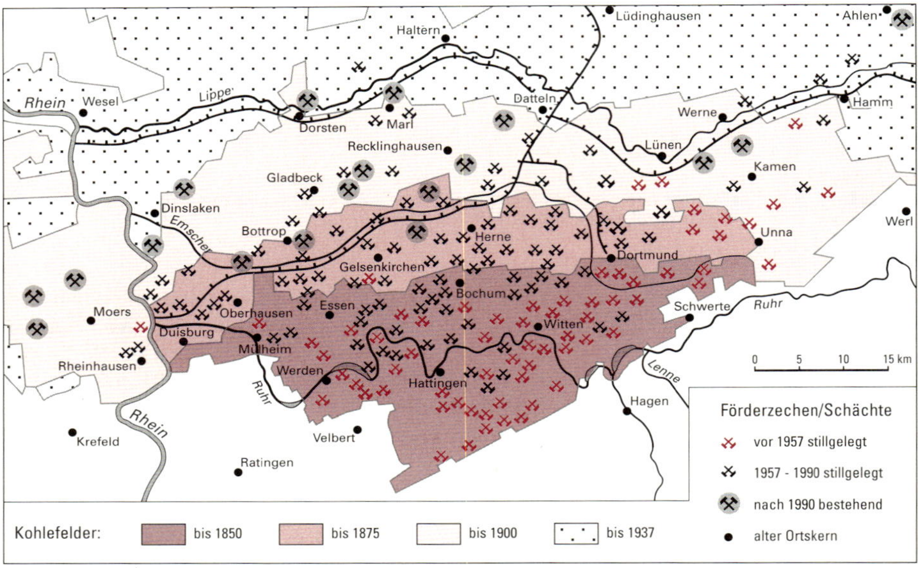

a) Berechnen Sie anhand von M 17a) die Zahl der Beschäftigten pro Schachtanlage, die Fördermenge pro Schachtanlage und pro Beschäftigtem, schließlich den Anteil des Ruhrgebiets an der Gesamtfördermenge Deutschlands. Entwerfen Sie anhand Ihrer Berechnungen ein Bild von der Entwicklung des Kohlebergbaus im Ruhrgebiet (u. a. mit den Begriffen Wachstum, Produktion, Konzentration). Erläutern Sie die verschiedenen Faktoren, die diese Entwicklung im Ruhrgebiet möglich gemacht haben. Ziehen Sie dabei auch die Karte und das Diagramm M 18 hinzu.

b) Vergleichen Sie die Gesamtfördermenge und die Fördermenge pro Arbeiter im Text 17b) mit den Durchschnittswerten in 17a).

c) Beschreiben und erklären Sie die Zusammensetzung der Belegschaft. Der Verfasser des Textes nimmt gleich zweimal einen Vergleich mit den USA vor: „Amerikanische Entwicklung“, „Wild-West“. Erläutern Sie, welche Aspekte der Entwicklung des Ruhrgebiets damit gemeint sein könnten.

2.4 Deutschland wird Industriestaat

Der „Gründerboom"

Der Beginn der Hochindustrialisierung setzte sich in einer langen Phase rascher und fast ungebrochener industrieller Entwicklung fort. Die Hochkonjunktur hielt bis zum Beginn der Siebzigerjahre an. Die Entwicklung kulminierte in den so genannten „Gründerjahren" von 1871 bis 1873. Vorübergehend gestaut durch den deutsch-französischen Krieg, brach sich nach der Gründung des Deutschen Reiches (Januar 1871) ein überhitzter Boom Bahn. Die Reichsgründung beflügelte die ökonomische Fantasie. Mit jeder Art von Geschäft schien man jetzt Gewinn machen zu können, die Spekulation blühte: Von 1871 bis 1873 wurde mehr Kapital investiert als in den zwei Jahrzehnten von 1850 bis 1870. Die hohen Reparationszahlungen, die der unterlegene Kriegsgegner Frankreich leisten musste, waren dafür nicht ausschlaggebend, unterstützten aber den Trend.

Die „Gründerkrise"

Die „Gründerkrise" 1873 beendete den Boom. Sie war der erste massive Wirtschaftseinbruch in Deutschland seit Beginn der Fünfzigerjahre und der schwerste bis zur Weltwirtschaftskrise von 1929. Weltweit fielen die Börsenkurse; amerikanische, dann auch englische und deutsche Banken brachen zusammen: Von 107 zwischen 1870 und 1872 gegründeten deutschen Banken mussten 73 wieder schließen. Auslöser waren nur z. T. die Spekulationsgeschäfte; eher ausschlaggebend war der Aufbau von Überkapazitäten in der Schwerindustrie, der nun schlagartig zu Absatzproblemen und zum Verfall von Preisen und Profiten führte.

„Große Depression"?

Als „Große Depression" haben schon Zeitgenossen den folgenden Zeitraum bis 1895 bezeichnet; dieser Begriff wurde von Wirtschaftshistorikern aufgegriffen und dominierte lange. Allerdings wird er der tatsächlichen wirtschaftlichen Entwicklung nicht gerecht. Das niedrige Preisniveau hielt an, aber die Produktion belebte sich 1879 wieder und wuchs, wenngleich in geringeren Raten als vor Beginn der Krise. Bis 1895 bestimmten Schwankungen den Konjunkturverlauf. Insgesamt lässt sich der Zeitraum von 1879 bis 1895 eher als Phase der Stagnation beschreiben. Die zeitgenössische Wahrnehmung war jedoch bestimmt durch den Hintergrund einer fast 25-jährigen Hochkonjunktur vor der Krise 1873. Im Vergleich dazu wurde auch eine Stagnation als Depression empfunden – der Begriff beschreibt also eher die sozialpsychologische Wirkung als die ökonomische Realität.

Neue Führungssektoren

Mitte der Neunzigerjahre setzte dann in allen europäischen Industriestaaten eine wirtschaftliche Hochkonjunktur ein, die bis zum Beginn des Ersten Weltkrieges anhielt. Das industrielle Wachstum in Deutschland erhielt Schwung durch neue Führungssektoren, in erster Linie die Elektro- und Chemieindustrie; hinzu kam der Wohnungsbau in den schnell anwachsenden Städten. Eisen- und Stahlindustrie, Kohlebergbau und Maschinenbau spielten nach wie vor eine wichtige Rolle.

Phasen der Konjunktur: Boom und Depression: Schon im 19. Jahrhundert haben Wirtschaftswissenschaftler und -historiker versucht, im Auf und Ab der wirtschaftlichen Entwicklung bestimmte Regelhaftigkeiten, Stufen oder Zyklen zu entdecken. Sie wollten daraus zugleich allgemeine Gesetzmäßigkeiten über die Konjunkturverläufe in der kapitalistischen Wirtschaft gewinnen und sie sogar vorhersagbar machen. Am meisten durchgesetzt hat sich das Zyklusmodell des Österreichers Joseph A. Schumpeter. Er unterschied vier Phasen, die man heute zumeist anders benennt: In der Erholungsphase (Aufschwung) steigen Produktion und Auslastung der Herstellungskapazität; in der Prosperität (Boom, Hochkonjunktur) ist die volle Auslastung der Kapazitäten erreicht, es droht bereits eine Überproduktion; die Rezession (Abschwung) führt mit abnehmender Produktion in die Depression mit Unterauslastung der Herstellungskapazität und Arbeitslosigkeit. Die „Gründerkrise" des Deutschen Reiches war ein schneller Übergang von hoher Prosperität in eine Phase der Depression.

Maschinenbau

Der Maschinenbau war sogar zum größten deutschen Industriezweig aufgestiegen. Ein wichtiger Faktor dabei war die Standardisierung: Es wurden jetzt weniger spezielle Einzelanfertigungen, stattdessen möglichst große Serien produziert. Zum neuen universellen Werkstoff war Stahl anstelle von Eisen geworden, das erweiterte die Möglichkeiten der Produktgestaltung erheblich. Ein ganz neuer Bereich des Maschinenbaus war die Herstellung von Automobilen und Verbrennungsmotoren, wenngleich sich dessen spätere Dimensionen vor dem Ersten Weltkrieg noch nicht annähernd abzeichneten. Jedenfalls war die deutsche Maschinenbauindustrie – wie noch heute – im Export weltweit führend: Mit 30% Weltmarktanteil lag sie weit vor ihren Konkurrenten.

Elektrotechnik

Das schnellste Wachstum hatte im letzten Drittel des Jahrhunderts die elektrotechnische Industrie aufzuweisen. An deren Spitze stand die Berliner Firma Siemens, erst 1883 erhielt sie Konkurrenz mit der „Allgemeinen Elektrizitäts-Gesellschaft" (AEG, zunächst gegründet als „Deutsche Edison-Gesellschaft"), ebenfalls in Berlin. An der gesamten deutschen Produktion hatten diese beiden Firmen gemeinsam vor dem Ersten Weltkrieg einen Anteil von 75% , und auch auf dem Weltmarkt waren sie führend. Die Nachfrage nach elektrotechnischen Produkten stieg mit dem Anwachsen der Städte. Die neuen städtischen Massenverkehrsmittel, die Straßenbahnen, dann auch U-Bahnen und zum Teil Busse, wurden mit Strom betrieben. Die Städte erhielten Elektrizitätswerke und Stromnetze; Teile der öffentlichen und im Anschluss daran auch die private Beleuchtung wurden – nach dem Übergangsstadium der Gaslampen – elektrifiziert. Seit 1891 machte die Drehstromtechnik die Fernübertragung von elektrischer Energie (mit Hochspannung) möglich. Der Elektromotor fand seit der Jahrhundertwende auch in die industrielle Produktion Eingang und die neue Antriebsmaschine eignete sich ideal für den Einsatz in Handwerk und Hausindustrie. Deutschland war in der Elektrifizierung Vorreiter in Europa: Es verbrauchte 1913 mehr Strom als England, Frankreich und Italien zusammen.

Chemie

Fast genauso schnell vollzog sich der Aufstieg der Chemieindustrie. Sie begann ihre Entwicklung erst in den Sechziger- und Siebzigerjahren und profitierte dann von den Vorteilen des Nachzüglers: Ohne Rücksicht auf bestehende Anlagen und darin gebundene Investitionen konnte sie die modernsten Produktionsverfahren nutzen; angesichts des schnellen technologischen Wandels in dieser Branche führte das zu deutlichen Wettbewerbsvorteilen. Außerdem kam den deutschen Firmen zugute, dass sie frühzeitig wissenschaftliche Grundlagenforschung und Kontrolle der Produktion ausbauten. Wo in anderen Ländern oft noch Praktiker mit ihrem Erfahrungswissen arbeiteten, waren in Deutschland wissenschaftlich ausgebildete Chemiker, Absolventen der Universitäten oder der neuen Technischen Hochschulen, tätig. Überhaupt trat in Deutschland weitaus stärker als in anderen Ländern Wissenschaft als Produktivfaktor in Erscheinung. Dadurch gewann die deutsche Chemieindustrie auf dem Weltmarkt eine beherrschende Stellung. Führend waren – wie noch heute – die Firmen Bayer, Hoechst und die BASF, andere wie Merck oder Schering spezialisierten sich auf die beginnende Medikamentenherstellung.

Konzerne und Kartelle

In beiden neuen Führungssektoren lässt sich auch sehr deutlich der Trend zur Konzentration ablesen: Die Betriebe wurden größer und der Marktanteil der großen Betriebe wuchs. Expansion unter Konkurrenz- und Gewinndruck führte zur Bildung von Konzernen und Kartellen. Das mächtigste Kartell war das Rheinisch-westfälische Kohlesyndikat, das bei der Gründung 98 Unternehmen mit einem Markanteil von mehr als 80% umfasste, was nahezu einem Monopol gleichkam. Je nach Branche war allerdings der Grad der Kartellbildung sehr unterschiedlich.

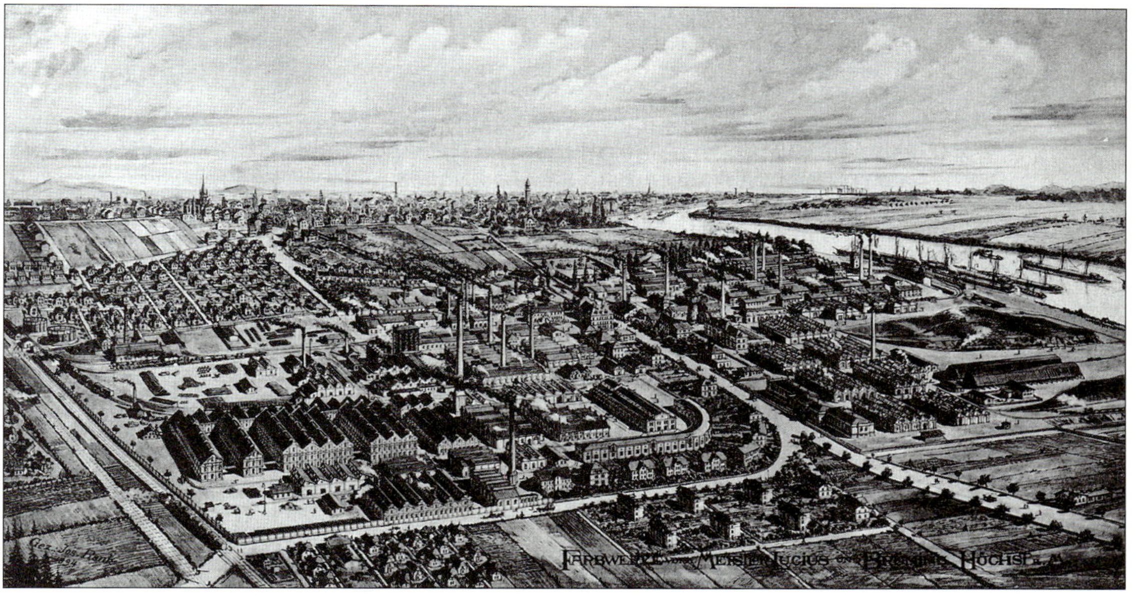

19 Farbwerke Hoechst, Stich, 1894. In der zweiten Phase der Hochindustrialisierung wird die Chemieindustrie zu einem der Führungssektoren.

Deutschlands „Wirtschaftswunder“

Zwischen 1895 und 1914 wurde Deutschland endgültig zum Industriestaat. Im Vergleich der Wirtschaftssektoren stand nun die Industrie unter allen ökonomischen Kriterien – Investitionen, Gewinne, Beschäftigte – an der Spitze. Und Deutschland erlebte jetzt auch im internationalen Vergleich sein „Wirtschaftswunder“: In praktisch jedem Bereich industrieller Produktion nahm es – zusammen mit England, und dem anderen großen Aufsteiger, den USA – einen der vorderen Plätze ein.

Umwelt und Gesundheit

Mit der Industrialisierung entstand eine Belastung der Umwelt, die in dieser Intensität neu war. Rückstände und Emissionen der Fabriken belasteten Wasser, Boden und Luft. Hinzu kamen die Entsorgungsprobleme der Städte, in denen sich nun weitaus größere Menschenmengen als zuvor zusammenballten. Hatte man zu Beginn die Veränderung der Landschaft durch die Industrie noch als einschneidend und erschreckend wahrgenommen, so gewöhnte man sich allmählich daran. Der Gefahr, die von industriellen Verschmutzungen ausging, waren sich die Zeitgenossen kaum bewusst. Eindeutige medizinische Erkenntnisse über den Zusammenhang von Verschmutzung und Krankheiten gab es erst am Ende des Jahrhunderts. Die Natur galt als nahezu unbegrenzt belastbar und regenerationsfähig.

Kartell/Syndikat/Monopol: Die Hochindustrialisierung führte in allen sich industrialisierenden Staaten, besonders aber in den USA, zu einer Konzentration der Betriebe. Firmen schlossen sich zusammen (Konzern) oder stimmten sich untereinander ab um eine möglichst günstige Marktposition zu gewinnen. Ein Betrieb oder Konzern konnte seine Tätigkeit auf eine gesamte Produktreihe von der Rohstoffförderung bis zum Vertrieb eines Fertigprodukts ausdehnen, also etwa vom Kohlebergbau über die Eisen-Stahl-Industrie bis zum Maschinenbau. Dies bezeichnet man als „vertikale Konzentration“. Es konnten aber auch selbstständige Firmen der gleichen Branche Absprachen über Preise und Produktionsmengen treffen. Diese Form der „horizontalen Konzentration“ nennt man Kartell oder (gleichbedeutend) Syndikat. Eine besonders starke Konzentration kann zur Verdrängung aller anderen Anbieter und damit zur vollständigen Beherrschung des Marktes, zum Monopol, führen.

Vorrang für die Ökonomie

Natur war kein Wert an sich, galt nicht um ihrer selbst willen als schützenswert. Debatten über die Verschmutzung, die von den Fabriken ausging, entstanden dort, wo sich Anlieger materiell – weniger gesundheitlich – geschädigt fühlten, wo also etwa die Existenz von Bauern oder Fischern durch Industrieemissionen gefährdet wurde. Juristische Handhaben dagegen gab es jedoch kaum, und die Behörden nahmen im Laufe der Zeit eine immer industriefreundlichere Haltung ein. Emissionen galten als unvermeidbarer Bestandteil industrieller Produktion, allenfalls extreme Belästigungen sollten vermieden werden. Das Verursacherprinzip spielte keine Rolle. Die Interessenabwägung wurde in der Regel nach ökonomischen Kriterien vorgenommen, und die größere volkswirtschaftliche Bedeutung sprach dann für die Betriebe. Die Drohung, eine Reduzierung der Produktion oder teure Emissionsschutzmaßnahmen würden zur Entlassung von Arbeitskräften oder gar zur Stilllegung des Betriebs führen, tat ein Übriges. Die gängigste Emissionsschutzmaßnahme war die Errichtung hoher Schornsteine. Dass sie keine wirkliche Entlastung brachten, sondern nur die Schadstoffe breiter verteilten, war schon damals den Fachleuten deutlich.

20 **Gründerboom und Gründerkrise.** Die Berliner Kaufmannschaft fasst 1875 die wirtschaftliche Entwicklung des vergangenen Jahres zusammen:

Das Facit des Jahres 1874 ist nach allen Richtungen hin ein ungünstiges: die Buße für die Sünden der vorhergegangenen beiden Jahre hat sich wie ein Naturgesetz mit unerbittlicher Strenge vollzogen; Handel und Verkehr stocken; die Industrie hat einen Teil ihres früheren Absatzgebietes verloren, weil die übermäßig gesteigerten Arbeitslöhne bei wesentlich verminderter Arbeitsleistung und das Wirthschaften aus dem Vollen die Concurrenzfähigkeit deutscher Erzeugnisse auf dem Weltmarkte bedeutend vermindert hat. Ausserdem war auch der Bedarf des Auslandes, namentlich Amerika, ein schwächerer, die Produktion Deutschlands eine grössere geworden. Der ungewöhnliche wirthschaftliche Aufschwung nach dem glücklich beendeten Kriege mit Frankreich hatte zu dem Glauben geführt, dass die Prosperität nicht nur eine dauernde, sondern eine weitersteigende sein würde und somit die inländische Verbrauchsfähigkeit zunehmen müsse. Vergrösserung und Neubegründung einer Menge industrieller Etablissements, und als Schlussresultat Ueberproduktion waren die Folge. Grosse Kapitalien sind in Unternehmungen theils vergeudet, theils vorläufig unrentabel angelegt, fast alle Dividentenpapiere, wie Eisenbahnen, Banken etc. gewähren geringere Rente, auch ist die Zahl der nothleidenden Werthpapiere gestiegen. […] Ohne die Mitwirkung des Publikums wäre der Absatz so grosser Massen neucreirter Papiere unmöglich gewesen; die Börse ist nur Vermittlerin und doch hört man heut zu Tage oft selbst aus dem Munde verständiger Menschen sie allein verantwortlich machen für das tolle Treiben der letzten Jahre. Gewiss hat die Börse gesündigt, aber das ausserhalb derselben stehende Publikum hat sich nicht blos reichlich an den Sünden beteiligt, sondern sie kräftigst gefördert. Der Drang, ohne oder mit möglichst wenig Arbeit reich zu werden, war in den aussergeschäftlichen Kreisen ein ebenso fieberhafter, wie in geschäftlichen. Er hatte alle Gesellschaftsklassen ergriffen. So lange verdient wurde, pries man die Begründer der neuen Unternehmungen als Förderer des Nationalwohlstandes, nach dem Rückschlag will man sie allein für diesen verantwortlich machen […].

Beirat der Berliner Kaufmannschaft für das Jahr 1874, Berlin 1875, zit. nach: Richard H. Tilly, Vom Zollverein zum Industriestaat, München 1990, S. 169–171

Analysieren Sie die hier erkennbaren Ursachen der Wirtschaftskrise. Stellen Sie fest, wie weit bei ihrer Entstehung auch die allgemeine Zeitstimmung (Sieg im Deutsch-Französischen Krieg, Reichsgründung) eine Rolle spielte.

21 Die industrielle Entwicklung Deutschlands im internationalen Vergleich

a) Die industrielle Produktion 1780–1896 (in Mio. £)

	GB	Frankreich	Belgien	Deutschland	Russland	USA	Welt
1800	230	190	–	60	15	25	650
1820	290	220	–	85	20	55	865
1840	387	264	60	150	40	96	1314
1860	577	380	90	310	155	392	2404
1888	820	485	102	583	363	1443	4618
1896	876	596	118	690	380	1980	5710

M. G. Mulhall, The Dictionary of Statistics, London 1899, S. 365, S. 765, nach: Jürgen Sandweg/Michael Stürmer, Industrialisierung und soziale Frage in Deutschland im 19. Jahrhundert. Arbeitsmaterialien für den Geschichtsunterricht in der Kollegstufe, München 1979, S. 99

b) Die Stein- und Braunkohlenproduktion (Jahresdurchschnitte in Mio. Tonnen)

	GB	Frankreich	Belgien	Deutschland	Russland
1811	–	0,8	–		–
1820–24	17,7	1,1	–	1,2	–
1830–34	22,8	2,0	2,4	1,9	–
1840–44	34,2	3,5	4,1	4,4	–
1850–54	50,2	5,3	6,8	9,2	–
1860–64	86,3	10,0	10,2	20,8	0,4
1870–74	132,2	15,4	14,7	41,4	1,0
1880–84	158,9	20,2	17,5	65,7	3,7
1890–94	183,2	26,3	19,9	94,0	7,1
1900–04	230,4	33,0	23,3	157,3	17,3
1910–13	275,4	39,9	24,8	247,5	30,2

c) Die Roheisenproduktion (Jahresdurchschnitte, in tausend Tonnen)

	GB	Frankreich	Belgien	Deutschland	Russland
1800–14	248	200	–	–	200
1820–24	418	150	–	75	–
1830–34	700	244	95	111	167
1840–44	1465	395	97	160	184
1850–54	2716	561	201	245	231
1860–64	4219	1065	366	613	297
1870–74	6480	1211	594	1 579	375
1880–84	8295	1918	699	2 893	477
1890–94	7402	1998	758	4 335	1096
1900–04	8778	2665	1070	7 925	2773
1910–13	9792	4664	2171	14 836	3870

d) Streckenlänge der Eisenbahnen (in km, Grenzen von 1914)

	GB	Frankreich	Deutschland	Russland
1830	157	31	–	–
1840	2 390	410	469	–
1850	9 797	2915	5 856	501
1860	14 603	9167	11 089	1 626
1870	19 837	15 544	18 876	10 731
1880	25 060	23 089	33 838	22 865
1890	27 827	33 280	42 869	30 596
1900	30 079	38 109	51 678	53 234
1910	32 184	40 484	61 209	66 581

b) – d): B. R. Mitchell, Statistischer Anhang, in: Carlo M. Cipolla/Knut Borchardt, Die Entwicklung der industriellen Gesellschaften, Bd. 4, Stuttgart/New York 1985, S. 503/ S. 504 f./ S. 515–517

e) Der Export 1870–1910 (in Mrd. DM)

	1870	1880	1890	1900	1910
Großbritannien	9,2	12,0	14,0	16,6	20,5
Brit. Kolonien	4,8	7,2	6,5	10,7	15,2
Frankreich	4,5	7,4	6,6	7,1	10,7
Deutschland	4,2	6,0	7,5	10,4	16,4
USA	3,4	6,2	7,0	8,6	13,7

Geschichte in Quellen, Bd. 5: Das bürgerliche Zeitalter 1815–1914, bearb. v. Günter Schönbrunn, München 1980, S. 890

f) Beschäftigte in verschiedenen Wirtschaftsbereichen um 1850/1910 (Prozentanteile)

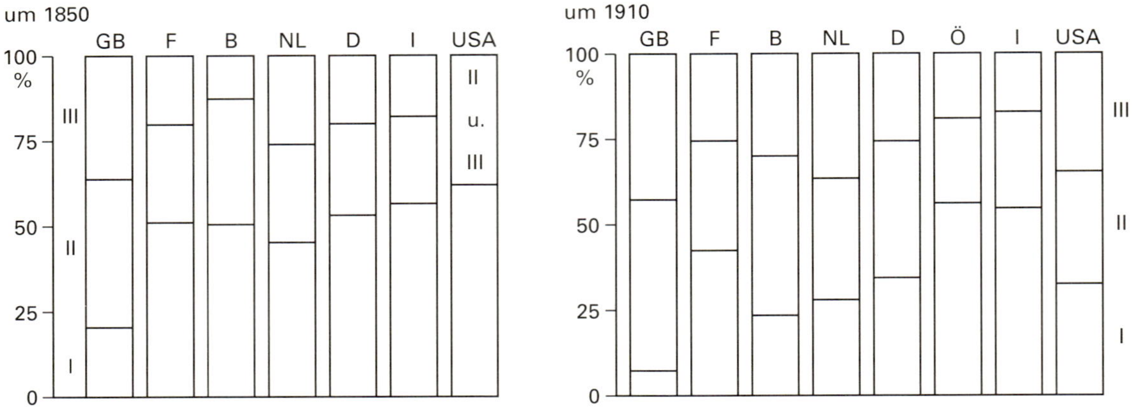

Sektor I: Landwirtschaft, Fischerei, Forstwirtschaft
Sektor II: Industrie und Bergbau
Sektor III: Dienstleistungen

Hermann Aubin/Wolfgang Zorn (Hrsg.), Handbuch der deutschen Wirtschafts- und Sozialgeschichte, Bd. 2, Stuttgart 1976, S. 215

a) Vergleichen Sie die industrielle Entwicklung von Großbritannien und Deutschland. Sie können dazu die Tabellen in Kurvendiagramme übertragen. Stellen Sie Zeiträume besonders beschleunigter oder verlangsamter Entwicklung fest und erläutern Sie diesen Befund.

b) Vergleichen und charakterisieren Sie den Verlauf der industriellen Entwicklung in allen genannten Ländern. Erörtern und begründen Sie, welcher Staat zu welchem Zeitpunkt als Industrieland bezeichnet werden könnte. Bewerten Sie Deutschlands wirtschaftliche Position in der Welt vor dem Ersten Weltkrieg.

22 Die Wasserverschmutzung

a) Der Stadtplaner Prof. Baumeister über die Nutzung von Gewässern durch die Industrie, 1877:

Die Flüsse und Seen sind die natürlichen Wege zur Beseitigung allen Unrates, aufgelöst oder mit fortgeschwemmt. Es liegt nichts näher, als sich dieser Gewässer zur Entfernung von Schmutzwasser zu bedienen, wie denn von diesem natürlichen Rechte überall Gebrauch gemacht worden ist, solange die Welt besteht. Ein solches Recht darf nicht auf einmal meines Erachtens in das vollständige Gegenteil verkehrt werden; denn eine Umkehr, eine vollständige Aufhebung der Gewohnheit der Bevölkerung, sich des natürlichen Abflusses aller Schmutzwasser zu bedienen, würde, abgesehen von der Undurchführbarkeit, eine so große Menge von Verlegenheiten, Kosten und Übelständen erzeugen, dass unsere ganze Lebensweise auf den Kopf gestellt würde.

Prof. Baumeister auf der fünften Versammlung des Deutschen Vereins für öffentliche Gesundheitspflege, zit. nach: Franz-Josef Brüggemeier/Michael Toyka-Seid (Hrsg.), Industrie-Natur. Lesebuch zur Geschichte der Umwelt im 19. Jahrhundert, Frankfurt/New York 1995, S. 110 f.

b) Der Chemiker Konrad Jurisch vergleicht den Nutzen von Fischerei und chemischer Industrie, 1890:

Wieweit hat die Fischerei eine Berechtigung gegenüber den Interessen der chemischen Industrie in der Abwässerfrage?

Es hat sich herausgestellt, dass für ganz Deutschland der wirtschaftliche Wert der Industrien, welche Abwässer liefern, ca. 1000-mal größer ist, als der Wert der Binnenfischerei in Seen und Flüssen, also sicher mehr als tausendmal größer als der Wert der Flussfischerei [...]

Haben sich an einem kleinen Flusse, wie z. B. Wupper, Emscher, Bode und anderen, so viele Fabriken angesiedelt, dass die Fischzucht in denselben gestört wird, so muss man dieselbe preisgeben. Die Flüsse dienen dann als die wohltätigen, natürlichen Ableiter der Industriewässer nach dem Meere. [...]

In solchen Fällen muss das geringfügige Interesse der Fischzucht dem überwältigenden Interesse der Industrie weichen. [...]

Dieser Grundsatz entspricht nicht nur den Anforderungen des Nationalwohlstandes, sondern auch den wirtschaftlichen Interessen der örtlichen Bevölkerung.

Der Chemiker Konrad Jurisch, zit. nach: Franz-Josef Brüggemeier/Michael Toyka-Seid (Hrsg.), a. a. O., S. 145

c) Die Chemiefirma Cassella reagiert auf den Vorwurf der Verschmutzung des Mainwassers, 1908:

Zunächst ist zu beachten, dass die Fabrikläufe möglichst gleichmäßig, über 24 Stunden verteilt, dem Main zufließen, dass somit der vorbeitreibenden – mehrere 100 Kubikmeter in der Sekunde betragenden – Wassermasse des Flusses, eine verschwindend kleine Abwassermenge sich vermischt. [...] Es sei niemals gelungen, auch den Sachverständigen der Behörde nicht, in nächster Umgebung des Einlaufs der Abwässer in den Main eine Säure oder alkalische Reaktion nachzuweisen. [...] müssen wir uns aufs Äußerste gegen eine solche Auflage verwahren, die unser Werk im chemischen und technischen Betrieb in ganz erheblicher Weise behindern und schädigen würde. [...] Werden die verschärften Bestimmungen bezüglich der Abwässer uns auferlegt, so müssen wir die Zwischenproduktionsfabrikation einschränken bzw. teilweise in ganzem Umfang unseren Filialfabriken im Ausland überlassen.

Es bedeutet dies für unsere Fabrik als Weltgeschäft keinerlei Opfer, da die Vorteile der hier konzentrierten Fabrikation, durch Ersparnisse an Frachten, Zöllen und niedrigeren Arbeitslöhnen ausgeglichen werden.

Für die hiesige Gegend aber und im besonderen den Landkreis Hanau bedeutet die Verlegung eines großen Teils unserer Fabrikation ins Ausland, mit welchem im Lauf weniger Jahre die Reduktion der Arbeiterschaft um ca. 1000 Mann verbunden sein würde, einen erheblichen Schaden.

Schreiben der Firma Cassella & Co. an den Preußischen Minister für Handel und Gewerbe, S. 7, 1908. Hessisches Hauptstaatsarchiv Wiesbaden, Abt. 405/3951, Akte Cassella, zit. nach: Rolf Engelke, „Flussverunreinigung". Problemwahrnehmung, Erklärungsversuche und Lösungsansätze am Beispiel der Mainverschmutzung, in: Geschichte lernen H. 47 (1995), S. 48

a) Charakterisieren und beurteilen Sie die Argumente, die für ein „Recht auf Umweltverschmutzung" vorgebracht werden.
b) Welche Argumente könnten Vertreter der Binnenfischerei dagegen ins Feld führen? Verfassen Sie einen Beschwerdebrief an eine Chemiefirma.
c) Stellen Sie Vermutungen darüber an, wie die Position der in M 22 b) angeführten „örtlichen Bevölkerung" aussehen würde.
d) Listen Sie in Stichworten auf, welche Argumente und Drohungen die Firma Cassella in ihrem Schreiben verwendet. Sind Ihnen ähnliche Argumente aus der Gegenwart geläufig? Beschreiben und erörtern Sie Beispiele.
e) Entscheiden Sie: Wo sind die Positionen nur vordergründige Interessenvertretung, wo entsprechen sie dem Wissensstand und der allgemeinen Überzeugung der Zeit?
f) Diskutieren Sie: Ökonomie und Ökologie – ein Grundwiderspruch der Industrialisierung?

23 „Wasserfreuden" – Karikatur auf die Folgen der Frankfurter Kanalisation für Main-Anlieger, 1872

Formulieren Sie das Problem, das diese Karikatur behandelt. Inszenieren Sie eine Auseinandersetzung: Die Bewohnerschaft der betroffenen Mainorte schreibt einen Beschwerdebrief an den Frankfurter Magistrat, dieser antwortet aus seiner Perspektive. Verfassen Sie arbeitsteilig jeweils einen dieser Briefe.
Finden und diskutieren Sie aktuelle Beispiele von „Müllexport".

Der Text der Karikatur (von unten im Uhrzeigersinn):

Englisches Patent für Capitän Liernurs Abfallsystem [Abfuhr in Tonnen]
„Schwanheim kann's nicht mehr aushalten!"
„Kelsterbach wirds schwach".
„Raunheim nimmt's von der praktischen Seite".
„Wir danken für das Anlaufen, das goldne Mainz".
„Hochheim hilft sich".
„Zeugniss: Noch 200 Flaschen Königstrank täglich zu schicken. Wirkung gut. Der alte Vater".
„Eddernheim zieht aus".
„Höchst desinficirt".
„Das Baden braucht nicht verboten zu werden".

2.5 Handwerk und Landwirtschaft

Keine Zukunft für das Handwerk?

In den Vierzigerjahren war das Handwerk vom Pauperismus besonders betroffen. Überbesetzung und Auftragsmangel führten zu Unterbeschäftigung und minderten den Verdienst. Man schätzt, dass ein Viertel oder gar die Hälfte der Handwerker in dieser Zeit kaum ihr Existenzminimum sichern konnten. Mit dem Aufschwung der Industrie kam es zu einer Besserung, denn viele Handwerker verdingten sich jetzt in den Fabriken, wo sie als Fachkräfte häufig deutlich mehr verdienen konnten denn als selbstständige Meister oder Gesellen.
Doch die weit verbreitete Prophezeiung, das Handwerk werde langfristig von der Industrie verdrängt werden, bewahrheitete sich nicht. Das Handwerk behauptete sich, es nahm sogar quantitativ zu. Allerdings verlief die Entwicklung je nach Branche höchst unterschiedlich. Einige Handwerke gingen stark zurück oder starben ganz aus, weil die Produktion ihrer Waren immer mehr von der Industrie übernommen wurde: Glaser, Böttcher, Seiler, Gerber, Kürschner, Drechsler, später die Weber.

Von der Produktion zu Reparatur und Service

Andere Branchen veränderten ihre Funktion: Schuster oder Schneider produzierten immer weniger eigene Ware, sie wurden im Laufe der Zeit zu Reparaturhandwerkern. Einen Aufschwung nahmen die Handwerke, die für den privaten Konsum oder im Baugewerbe tätig waren: Bäcker und Fleischer, Tischler und Schlosser. Auch sie produzierten oft nicht mehr vollständig selbst, sondern verarbeiteten industrielle Halbfabrikate weiter – in der individuellen Versorgung der Kundschaft vor Ort fanden sie ihre Marktlücke. Und schließlich entstanden ganz neue Handwerkszweige, vor allem bei der Installation von Wasser, Gas und Elektrizität.
Zugleich wandelte sich auch die gesellschaftliche Position des Handwerks: Zahlenmäßig spielte es relativ gegenüber der Arbeiterschaft eine immer geringere Rolle und auch sein Ansehen nahm ab. Die Traditionen und Sicherheiten des „Alten Handwerks" verschwanden. Diese Veränderung des Selbstverständnisses war ein schmerzhafter Prozess, begleitet von vielen Klagen und vergeblichen Versuchen den Staat zu einem besonderen Schutz des Handwerks zu bewegen.

Die Industrialisierung der Landwirtschaft

Noch bis ins letzte Drittel des 19. Jahrhunderts blieb die Landwirtschaft insgesamt der nach Produktion und Beschäftigtenzahl wichtigste Sektor der Volkswirtschaft in Deutschland. Und sie verzeichnete erhebliche Wachstumsraten. Schon bis zu den Vierzigerjahren des 19. Jahrhunderts hatte die deutsche Landwirtschaft ihre Erträge stark erhöhen können. Sie stellte damit – von der Ernte- bzw. Hungerkrise von 1846 abgesehen – die Versorgung einer wachsenden Bevölkerung sicher und trug so auch den Beginn der Industrialisierung mit. Vor allem im letzten Drittel des Jahrhunderts machte sie dann selber einen Prozess der Industrialisierung und der Verwissenschaftlichung durch, der abermals zu einer erheblichen Leistungssteigerung führte. Schon kurz nach der Wende zum 19. Jahrhundert hatte die wissenschaftliche Grundlegung der Landwirtschaft begonnen, jetzt etablierten sich die Agrarwissenschaften an den Universitäten. Ackerbauschulen und Landwirtschaftsvereine sollten deren Erkenntnisse popularisieren. Planmäßige Pflanzen- und Tierzüchtung, Stallhaltung und spezielle Futtermittelproduktion waren Ergebnisse der landwirtschaftlichen Forschung. Hinzu kam die allmähliche Mechanisierung mit Dresch-, Drill- und Erntemaschinen.

Chemie steigert die Erträge

Zur Mechanisierung kam der Beginn der Chemisierung. Die Industrie stellte verschiedene Arten von Kunstdünger zur Verfügung (Kali, Phosphate, Stickstoff), deren Verbrauch stark anstieg: Vor dem Ersten Weltkrieg war Deutschland nach den Niederlanden das Land mit dem höchsten Kunstdüngereinsatz pro Fläche weltweit. Während die Produktionssteigerung in der ersten Hälfte des Jahrhunderts im

Wesentlichen auf der Ausweitung der Anbaufläche beruhte, schnellten jetzt die Hektarerträge in die Höhe: Bei Getreide und Kartoffeln stiegen sie zwischen 1880 und dem Ersten Weltkrieg auf etwa das Doppelte. Eine nicht unwichtige Rolle spielten schließlich auch die Nebenindustrien: Holzmärkte, Getreidemühlen, Zuckerfabriken, Schnapsbrennereien und Ziegeleien.

Der Bauer spezialisiert sich

Wie beim Handwerk kam es auch in der Landwirtschaft zu einem Strukturwandel. Früher hatte jeder Hof alles für den eigenen Bedarf und ggf. darüber hinaus für den Markt produziert. Jetzt spezialisierte man sich allmählich auf ein Marktprodukt: Getreide, Kartoffeln, Zuckerrüben, Fleisch- oder Milchwirtschaft. Den Verkauf übernahmen besondere Absatzorganisationen. Neue Produktionsmethoden und veränderte Organisation erforderten größere finanzielle Mittel als bisher. Mit den landwirtschaftlichen Genossenschaften (Raiffeisen) entstanden Hilfsvereine, die ihre Mitglieder mit Krediten, aber auch mit Beratung und Fortbildung unterstützten.

Auch hier entwickelten sich also im Kern jene Strukturen landwirtschaftlicher Erzeugung, wie wir sie heute kennen. Durchschlagende Veränderungen in der Bodennutzung und Mechanisierung fanden dann erst wieder in den Fünfziger- und Sechzigerjahren des 20. Jahrhunderts (Bundesrepublik) mit Flurbereinigung, extensiver Chemisierung und Maschinisierung durch Traktor und Mähdrescher statt.

Existenzangst und Agrarromantik

Auch wenn die Landwirtschaft eine wichtige Position in der Volkswirtschaft behielt, hatte sie doch mit einem Verlust an öffentlicher Bedeutung und an Ansehen zu kämpfen. Außerdem geriet sie seit Mitte der Siebzigerjahre des 19. Jahrhunderts in eine Absatzkrise. Getreideimporte aus Russland, den USA, auch aus Kanada und Argentinien machten den deutschen Produzenten Konkurrenz. Nach einer langen Phase der Prosperität seit den Dreißigerjahren kamen ungewohnte Existenzängste auf. Als sich zu Anfang der Neunzigerjahre die Krise zuspitzte, begann sich die Bauernschaft zu organisieren. Vereine wie der „Bund der Landwirte" (1893) sollten politisch und ökonomisch ihre Interessen vertreten. Je mehr sich die traditionellen Verhältnisse auf dem Land änderten, desto stärker wurden auch ideologische Gegenbewegungen. Vertreter einer Agrarromantik meldeten sich öffentlich zu Wort: Gegenüber dem sittlichen Verfall und den verderblichen Einflüssen der Großstadt propagierten sie das Land als Hort des Gesunden, Unverfälschten und Bewährten, versuchten also einerseits vor vermeintlichen Fehlentwicklungen zu warnen, andererseits das bäuerliche Selbstbewusstsein und die ländliche Identität zu bewahren und zu fördern.

24 Das Handwerk – Untergang oder Wandel?

a) Ein Artikel aus einer schwäbischen Lokalzeitung, 1847:

Wenn man früher durch die Straßen großer und kleiner Städte wanderte, so hörte man raspeln und feilen, dass einem die Ohren brummten. Büchsenmacher, Schwertfeger und Waffenschmiede waren in voller Tätigkeit, jetzt bestehen nur noch die Namen solcher Gewerbe, und ein Schwertfeger zieht höchstens noch einem Studenten einmal eine alte rostige Klinge ins Rappier ein, hämmert die Nieten und Buckel an einem Schläger aus, der schon ganzen Generationen von Studenten Dienste geleistet. Zeigt mir einen Schlosser, der jetzt noch selbst ein Schloss verfertigt, fällt ihm nicht ein, die Fabrik liefert schöne und zierliche Schlösser um den halben Preis, und was den Uhrmacher anbelangt, so weiß dieser längst, wie viel es geschlagen, seine Zeit ist um, er hat nur noch Reparaturarbeiten […]

Viele fragen vielleicht: Ist dies nicht zu verhindern? – Nein! denn die Zeit aufzuhalten ist niemand im Stande. […]

Es erheben sich zwar Stimmen, welche glauben machen wollen, dieses Sinken des Gewerbestandes sei Folge der in mehreren Ländern erfolgten Aufhe-

bung des Zunftzwanges und werde mit der Wiederrichtung des letzten schwinden. Da seid ihr aber auf dem Holzwege, damit ist durchaus nichts gesagt und es ist zehn gegen eins zu wetten, dass, je eher die alte Zunftweise wieder eingeführt wird, ihr desto eher verloren seid. Die Regierungen haben den Zunftzwang nicht aufgehoben, weil sie wollten, sondern weil sie mussten. England, Frankreich und die Niederlande haben uns durch ihr Beispiel gezwungen, und wollen wir nicht ganz verarmen, so müssen wir ihnen alles nachmachen, was nur halbwegs geht, und dies bald. Wollt ihr Zunftzwang, so müsst ihr ihn in der ganzen Welt haben. […]
Ja, es wird eine Zeit kommen, sie ist schon vor der Tür, in welcher von Handwerken nur noch die des Bäckers, Fleischers, Schneiders und Schuhmachers und einige wenige andere noch bestehen. Alle übrigen Gewerbe haben sich mehr oder weniger in Fabriken und Handlungen aufgelöst. […]
Ich habe gezeigt, was gekommen ist, was noch kommt; allein die jetzt lebenden Meister, die mit Klugheit und Betriebsamkeit ihr Geschäft treiben, werden nur langsam die Abnahme ihres Geschäfts erfahren, sie können sich noch helfen, wenn sie nur den gehörigen Scharfblick haben um zu erkennen, was zu ihrem Nutzen dient. […]
Alles dies kann nur durch eine tüchtige Vorbildung in Gewerbsschulen erreicht werden, darum trachtet danach, selbige den Kindern und Pflegbefohlenen angedeihen zu lassen. Nur dann werden sie die Zeit begreifen und zu ihrem Vorteile lenken, werden an das rollende Rad der Zeit auch ihr Gespann befestigen und, mit ihr forteilend, gleichen Schritt halten. Sie werden befähigt werden, nicht dies, das – sondern, nach Fordernis der Zeit, alles zu treiben, was Gewinn abwirft und ihre Familien ernähren kann.

Alb- und Filsthalbote vom 29.5.1847, zit. nach: Wolfram Haderthauer, Aspekte des Zunftwesens – Quellen zum Tuchmacher- und Leinenweberhandwerk aus dem Stadtarchiv Geislingen, in: Geschichte regional. Quellen und Texte aus dem Kreis Göppingen, H. 2, Göppingen 1982, S. 26 f.

b) Der preußische Statistiker Georg von Viebahn gibt einen Überblick über die Entwicklung des Handwerks, 1860:

Die alten Beschränkungen in Bezug auf die Zahl der Meister, auf die Grenzen ihres Geschäfts, die früheren Bestimmungen über die Qualität der Handwerkerzeugnisse, über den Gebrauch der Werkzeuge, über das Wandern der Gesellen, über Herbergswesen und Lehrzeit, die mit dem Heiraten einer Meistertochter oder Meisterwitwe verbundenen Vorrechte, die zahllosen Vorschriften, über deren Beobachtung die innere Polizei des Handwerkertums streng zu wachen hatte, haben auch in Deutschland fast überall der freien Wahl, der persönlichen Selbstbestimmung Platz gemacht, und es sind damit größtenteils die alten endlosen Streitigkeiten und Konflikte in Gewerbssachen glücklich aus dem Wege geräumt, die früheren zahllosen Prozesse, Untersuchungen und Strafen beseitigt, zu denen die Zunftverfassung beständig Anlass gab. […] Die Zahl der Hilfsmaschinen mehrt sich in den Handwerkerstätten von Jahr zu Jahr; die Zirkularsäge, die Nähmaschine, die Vergolderpresse und viele andere mechanische Werkzeuge haben sich in den Schreiner-, Schneider-, Schuster-, Buchbinder- und anderen Werkstätten eingebürgert. Nicht selten macht das Kleingewerbe von der Dampfkraft Gebrauch, welche Wind, Wasser oder Arbeiter ersetzt.
Das Prinzip der Arbeitsteilung gewinnt mit der Anwendung von Hilfsmaschinen mehr und mehr Boden, und der Geist der Assoziation fängt an die Wunden zu heilen, welche dem Kleingewerbe durch die freie Konkurrenz geschlagen worden sind.

Georg von Viebahn (Hrsg.), Statistik des zollvereinten und nördlichen Deutschlands, Bd. III, Berlin 1860, zit. nach: Werner Pöls (Hrsg.), Deutsche Sozialgeschichte. Dokumente und Skizzen, Bd. I: 1815–1870, München 1973, S. 236–238

a) Notieren Sie in Stichworten, welche Probleme und Chancen des Handwerks in den beiden Texten genannt werden.
b) Vergleichen Sie die beiden Texte unter folgenden Gesichtspunkten: Welchen Standpunkt nimmt der Autor gegenüber dem industriellen Umbruch und seinen Auswirkungen auf das Handwerk ein? Wer sind vermutlich die Adressaten der beiden Texte? Wie schreiben und argumentieren die beiden Verfasser?
c) Entwerfen Sie ein kurzes Streitgespräch zwischen zwei Handwerkern unter der Überschrift „Tradition oder Veränderung?“. Wählen Sie für beide Rollen jeweils ein passendes Gewerbe aus.
d) Beschreiben Sie die Situation des Handwerks heute. Welche Handwerke sind untergegangen, welche anderen in jüngerer Zeit neu entstanden? Bilanzieren Sie den Veränderungsprozess seit dem 19. Jahrhundert aus heutiger Perspektive.

25 Die Industrialisierung der Landwirtschaft

a) Der Staats- und Gesellschaftstheoretiker Adam Müller, 1810:

Der zeitliche Besitzer von Grund und Boden ist kein Gewerbsmann, sondern ein Verwalter, ein Meier Gottes, und die Landwirtschaft ist kein Gewerbe, sondern ein Amt; der Grundeigentümer verwaltet und genießt durch Gottes Verordnung im Namen der Gemeinschaft die Güter, die Gott für alle Früchte der Erde festgesetzt hat.

Zit. nach: Wilhelm Treue, Die preußische Agrarreform zwischen Romantik und Rationalismus; in: Rheinische Vierteljahresblätter 20, 1955, S. 350

b) Albrecht Thaer, Wegbereiter einer „wissenschaftlichen" Landwirtschaft, schreibt 1809:

§ 1 Die Landwirtschaft ist ein Gewerbe, welches zum Zweck hat, durch Produktion […] Gewinn zu erzeugen oder Geld zu erwerben.

§ 2 Je höher dieser Gewinn nachhaltig ist, desto vollständiger wird dieser Zweck erfüllt. Die vollkommenste Landwirtschaft ist also die, welche den möglich höchsten, nachhaltigen Gewinn, nach Verhältnis des Vermögens, der Kräfte und der Umstände, aus ihrem Betriebe zieht.

Albrecht Thaer, Grundsätze der rationellen Landwirtschaft, Bd. 1. Berlin 1809, S. 3, zit. nach: Günther Franz (Hrsg.), Quellen zur Geschichte des deutschen Bauernstandes in der Neuzeit, Darmstadt 1976, S. 348

c) Aus einem populären Buch über die Landwirtschaft über die Bedeutung Thaers, 1872:

Seine „Grundsätze der rationellen Landwirtschaft" sind das erste vollständige Lehrbuch der Landwirte gewesen und sind es heute noch. Thaer war es, welcher zuerst zeigte, dass ewige Naturgesetze den Ackerbau leiten, nicht blindes Herkommen und Nachbeten. Er gab der Arbeit die ihr gebührende Stelle in der Reihe der Mittel zur Vermehrung des Ertrags; er lehrte den Boden richtig bestellen und gab selbst verschiedene Geräte zu diesem Zweck an; er führte den Getreidebau auf das richtige Maß, zeigte, wie die Brache durch Hackfruchtbau ersetzt werden könne, und stellte die Regeln des Fruchtwechsels fest; er gab die zweckmäßigste Anleitung zur Gewinnung, Verbesserung und Vermehrung der Düngerarten, zum Betrieb einer ertragreichen Viehzucht, zur Hervorbringung feiner und reicher Wolle. Ihm dankt die Ackerbaugesetzgebung die Anregung zu den Gemeinheitsheilungen, zur Regelung der bäuerlichen Verhältnisse, zur Beseitigung der dinglichen Lasten und freien Bodenbenutzung. Vor allem aber predigte Thaer den deutschen Landwirten, dass die Grundlage allen Erfolgs, jeden Gewinns, des ganzen Glücks ihrer Unternehmungen einzig und allein eine gründliche Bildung sei. […] Dank Thaer, der auch hierin den Anfang gemacht hat, besitzen wir nunmehr eine große Menge recht tüchtiger Bücher über die Landwirtschaft im Allgemeinen und Besonderen, sowie über die Naturwissenschaften, welche erst das Verständnis der Vorgänge in Ackerbau und Viehzucht eröffnen. Es gehört zur Aneignung ihrer Lehren keine andere Vorbildung als diejenige der guten deutschen Volksschulen. Wer später Gelegenheit hat, eine gute Ackerbauschule oder noch besser eine so genannte Mittelschule zu besuchen, wie sie z. B. in Wiesbaden blüht, der fördert natürlich wesentlich seine Kenntnisse. Tritt er dann später in die Praxis über, so darf er nur nicht glauben, jetzt habe er nicht mehr nötig zu lesen und zu lernen […]. Durch das Lesen guter Bücher und Zeitschriften, durch regen Anteil an den landwirtschaftlichen Vereinen, durch Benutzung von Volksbüchersammlungen, Fortbildungsschulen und Wandervorträgen suche sich der ausübende Landwirt stets geistig zu fördern und in seinem Gewerbe auf der Höhe der Zeit zu halten […].

Wilhelm Hamm (Hrsg.), Das Ganze der Landwirtschaft in Bildern. Ein Bilderbuch zur Belehrung und Unterhaltung, Leipzig 2. Aufl. 1872, S. 2

d) Der preußische Statistiker von Viebahn über die beginnende Mechanisierung der Landwirtschaft, 1859:

Während Männer von Fach noch vor wenigen Jahrzehnten einen ernstlichen Streit darüber führen konnten, ob der Gebrauch der Maschine in der deutschen Landwirtschaft eine Zukunft habe, hat derselbe in den letzten Jahren bedeutende und […] erfreuliche Fortschritte gemacht, und gegenwärtig sind die mannigfachsten landwirtschaftlichen Maschinen in den meisten Ländern [des Deutschen Bundes] in Anwendung. […] Die am meisten üblichen Arbeitsmaschinen sind zunächst die Dreschmaschinen […] Sodann kommen Sämaschinen […]; Häcksel- und Rübenschneider, Getreide-Reinigungsmaschinen, Schrotmühlen, Drainröhrenpressen und Buttermaschinen häufig vor […]

Zur Verbesserung des landwirtschaftlichen Maschinenwesens in Deutschland haben die Besuche der großen Weltausstellungen, die Reiseberichte, die illustrierten Beschreibungen und Preiskourante der Gerätefabriken, die Jahresberichte über das Maschinenwesen in den Zeitschriften und Landwirt-

e) Maschineneinsatz. Anonymer zeitgenössischer Stich. Im letzten Drittel des 19. Jahrhunderts setzte sich überall in der deutschen Landwirtschaft der Maschineneinsatz durch. Großgeräte wie diese dampfgetriebene Dreschmaschine oder Dampfpflüge konnten allerdings nur auf sehr großen Gütern wirtschaftlich eingesetzt werden.

schaftskalendern, endlich die Probearbeiten und Prämierungen wesentlich beigetragen [...]

Durch den Gebrauch besserer Pflüge kann ein Drittel der Zugkraft entbehrt, durch die Sämaschine ein Drittel des Samens, durch die Dreschmaschine ein Drittel der Dreschkosten erspart, durch zweckmäßige Futterschneider die Wirksamkeit des Futters bedeutend erhöht werden. Keineswegs aber darf bei diesen vollkommneren Werkzeugen das Verständnis des Landwirts abnehmen: Die Maschinen erfordern nicht bloß besseres und mannigfaltigeres Material in ihrem Bau und bei ihrer Unterhaltung: Auch Sorgfalt, Sachkenntnis und Direktionstalent mussten in gleichem Maße steigen [...]

Auf der Münchener Ausstellung traten 103, auf der Londoner 440, auf der Pariser etwa 500 Aussteller landwirtschaftlicher Geräte und Maschinen auf, und jeder stellte durchschnittlich etwa vier Gegenstände aus. Diese Zusammenstellungen der Ackerwerkzeuge der ganzen Welt zeigten dem aufmerksamen Beobachter den Übergang des früheren landwirtschaftlichen Betriebes zu einem solchen, der neben der Erzeugungskraft des Bodens auch die Macht des Kapitals und der Wissenschaft zur Produktion benutzt, der neben den Kräften der unbelebten und belebten Natur auch die Einwirkung der Maschinen und künstlicher Mittel in immer ausgedehnterer Weise zu Hilfe nimmt [...].

Georg von Viebahn (Hrsg.), Statistik des zollvereinten und nördlichen Deutschlands, Bd. II, Berlin 1859, zit. nach: Werner Pöls (Hrsg.), Deutsche Sozialgeschichte. Dokumente und Skizzen, Bd. I: 1815–1870, München 1973, S. 316–318

a) Erläutern Sie anhand der Texte, wie sich im 19. Jahrhundert das Bild von der Landwirtschaft verändert hat. Erörtern Sie, welche Nachteile und Gefahren ein Anhänger der traditionellen in der neuen Denkweise gesehen haben mag.

b) Erläutern Sie die Bedeutung von Wissen und Wissensvermittlung. Beschreiben Sie die neuen Anforderungen, die auf die Landwirte (und Handwerker, M 24a) zukommen. Wie hat sich das Lernen verändert? Welche Rolle spielt dabei der Staat?

c) Zeigen Sie die Zusammenhänge zwischen verschiedenen Bereichen der industriellen Revolution auf: Landwirtschaft, Maschinenbau, Verkehrswesen, Wissenschaft.

Zur Diskussion

Deutschland und England im Vergleich – wie wird der Spätstarter zum Überholer?

Am Ende des 19. Jahrhunderts hatte Deutschland England in vielen Industriesektoren eingeholt. In den damaligen Zukunftsbranchen, der Elektro- und der Chemieindustrie, hatte es sogar weltweit die Spitzenstellung übernommen. War England, das einstige Vorbild, müde geworden? Hatten sich die Voraussetzungen in Deutschland vorteilhaft verändert oder galten in dieser Phase der Industrialisierung ganz andere Gesetzmäßigkeiten als zu ihrem Beginn?

a) Der Historiker Michael Stürmer über den industriellen Aufstieg Deutschlands, 1983:

Die Gründe für den innerhalb von drei Jahrzehnten ablaufenden Aufstieg der deutschen Großchemie lagen in modernen Fabrikationsanlagen, gezielter Forschung und einer rationellen Organisation der Produktion. [...]

Die deutschen Unternehmer behielten die Initiative und gingen das Wagnis hoher Investitionen ein: Um 1900 lag das Grundkapital der sechs größten deutschen Unternehmen im Chemiebereich bei umgerechnet 2,5 Millionen Pfund Sterling (50 Millionen Mark). In England betrug das gesamte Grundkapital der chemischen Industrie zu dieser Zeit nicht mehr als 0,5 Millionen Pfund. In der deutschen Großchemie waren zu dieser Zeit neben rund 18 000 Arbeitern etwa 1360 Angestellte im Büro, dazu 350 Verfahrenstechniker und rund 500 Chemiker tätig. In England waren es nach Schätzungen zur selben Zeit etwa 30 bis 40.

Zum deutschen Leistungsstand trug nicht nur die Förderung der Naturwissenschaften an Universitäten, Technischen Hochschulen und Staatlichen Forschungsinstituten bei. An der Universität München arbeiteten in den Achtzigerjahren rund fünfzig Forschungsmitarbeiter unter Adolf von Baeyer, einem der Pioniere des synthetischen Indigo. In England gab es bis 1874 keinen Lehrstuhl für anorganische Chemie. Die deutsche Patentgesetzgebung blieb lange Zeit ziemlich unwirksam, sodass es der deutschen Industrie leicht war, Briten und Franzosen über die Schulter zu schauen. Später wurde sie entscheidend verschärft um den eigenen Vorsprung zu sichern. Dazu kam die flexible Rolle der Banken, die in die wissenschaftlich begründeten Zukunftsindustrien mehr Kapital lenkten, als britische Bankiers und Privatanleger für ratsam hielten. Je größer aber die Produktionseinheit, je dichter der Verbund verschiedener Einheiten, desto rationeller konnte produziert werden. Im Bereich technologisch aufwändiger Industrien machte es sich jetzt verstärkt bemerkbar, dass jene Praktiker kurzatmig wurden, die England zu Anfang des neunzehnten Jahrhunderts zur Werkstatt der Welt gemacht hatten.

Michael Stürmer, Das ruhelose Reich. Deutschland 1866–1918, Berlin, durchgesehene Ausgabe 1994, S. 89 f.

b) Der Wirtschaftshistoriker Christoph Buchheim schreibt 1994:

Außerdem zeigte sich bei den zuletzt genannten beiden Branchen [Elektro- und Chemieindustrie], dass Länder, die sich später als andere industrialisierten, wenn die Entwicklung einmal voll in Gang gekommen ist, spezifische Vorteile bei der Aneignung der jeweils neuesten Techniken besitzen. Denn je weiter eine Industrie bereits etabliert ist, je mehr Kapital sie in bestehende Produkte und Produktionsprozesse investiert hat, desto schwerer fällt ihr oft die grundlegende produktmäßige und technische Umstellung, da dann große Teile ihres Kapitals sich auf einen Schlag entwerten. Dementsprechend wird eine solche Industrie versuchen den Strukturwandel hinauszuzögern. In einem jungen Industrieland dagegen, in dem die gleiche Branche zum Zeitpunkt der umwälzenden Innovation überhaupt erst im Aufbau ist, entstehen viel weniger Verluste bei einer Umsetzung der Innovation. So kommt es, dass Industrialisierungsnachzügler die schon länger entwickelten Länder häufig gerade bei den allermodernsten Produkten und Techniken überholen und die neu entstehenden Märkte besetzen. Das war im 19. Jahrhundert eindeutig in Deutschland im Verhältnis zu Großbritannien der Fall in der Elektro- und der chemischen Industrie. Beispielsweise zögerte die britische Chemieindustrie rechtzeitig große Summen in die Herstellung synthetischer Farbstoffe, deren erster sogar in Großbritannien erfunden worden war, zu investieren. Die deutsche Chemieindustrie dagegen tat eben das, mit dem Ergebnis, dass sie

26 „Caught Napping!", britische Karikatur zu Beginn des 20. Jahrhunderts. Unter dem Bild steht: „There was an old lady as I've heard tell,/she went to market her goods for sell,/she went to market on a market day/and she fell asleep on the world's highway./ By came a pedlar – German – and stout,/and he cut her petticoats all round about."
Erläutern Sie die zeitgenössische englische Sichtweise der britisch-deutschen Konkurrenz, wie sie die Karikatur zeigt.

diesen wachstumsträchtigen Sektor bald fast vollständig monopolisierte. Auch setzte sich der moderne Elektromotor im Vergleich zur Dampfmaschine in Deutschland schneller durch als in Großbritannien, zum Teil einfach deshalb, weil es noch viel weniger Dampfmaschinen gab. Etwas Ähnliches galt für die elektrische Straßenbeleuchtung gegenüber der Gasbeleuchtung und für das Telefon im Vergleich zum Telegraf. […]
In der Tat scheint diese viel größere Offenheit gegenüber einem Strukturwandel hin zu den modernsten Produkten und Verfahren entscheidend dafür zu sein, dass nachholende Entwicklung, die in manchen Bereichen eben auch das Überholen der etablierten Industrieländer impliziert, überhaupt möglich ist. In diesem Jahrhundert hat das insbesondere Japan vorexerziert und möglicherweise finden sich die Industrieländer einschließlich Japans bald gegenüber Südkorea wieder in der gleichen Lage wie Großbritannien gegenüber Deutschland im 19. Jahrhundert.

Christoph Buchheim, Industrielle Revolutionen. Langfristige Wirtschaftsentwicklung in Großbritannien, Europa und in Übersee, München 1994, S. 80 f.

a) Erläutern Sie den Charakter der beiden Erklärungsversuche. Auf welcher Ebene setzen sie jeweils an?
b) Erörtern Sie, ob Buchheims Erklärung eine allgemeine Gesetzmäßigkeit darstellt. Welche Ausgangsbedingungen sind erforderlich, damit der beschriebene Prozess eintritt? Begründen Sie, inwieweit die beiden Texte einander ergänzen.

♦

1. Entwerfen Sie eine Schemazeichnung, die den Verlauf und die wichtigsten Faktoren der industriellen Revolution in Deutschland darstellt.
2. Erörtern Sie die Unterschiede, die sich im Verlauf der Industrialisierung zwischen Deutschland und England zeigen.

3. Die soziale Frage

Die Industrialisierung schuf eine neue große soziale Gruppe, die Fabrikarbeiterschaft. Sie arbeitete in der Regel an der Grenze der körperlichen Leistungsfähigkeit und lebte am Rande des Existenzminimums. Diese Zustände wurden von den Zeitgenossen im Laufe des Jahrhunderts immer heftiger diskutiert. Gerade gebildeten Bürgern oder Kirchenleuten erschienen die Lebensverhältnisse der Arbeitnehmer menschenunwürdig und nicht hinnehmbar. Karl Marx sagte die zunehmende „Verelendung des Proletariats“ und die anschließende Revolution vorher. Sollte er mit seiner Prophezeiung Recht behalten oder gab es andere Wege, um die „soziale Frage“ zu lösen oder zu entschärfen?

1839/53	Die Kinderarbeit wird in Preußen eingeschränkt.
1844	Schlesische Weber revoltieren gegen Armut und Elend.
1845/49	Die preußische Gewerbeordnung enthält die ersten gesetzlichen Bestimmungen zum Arbeitsrecht.
1846/47	Missernten führen zu Hungersnöten in Deutschland.
1863	Unter Führung von Ferdinand Lassalle wird der Allgemeine Deutsche Arbeiterverein gegründet.
1865	Der „Allgemeine Deutsche Frauenverein“ wird zur Keimzelle der Frauenbewegung und zum Vorreiter weiterer Vereinsgründungen.
1869	Wilhelm Liebknecht und August Bebel gründen die Sozialdemokratische Arbeiterpartei.
1872	Der „Verein für Sozialpolitik“ fordert soziale Maßnahmen des Staates.
1875	Auf dem Gothaer Vereinigungsparteitag schließen sich Allgemeiner Deutscher Arbeiterverein und Sozialdemokratische Arbeiterpartei zur Sozialistischen Arbeiterpartei zusammen, die sich seit 1890 Sozialdemokratische Partei Deutschlands (SPD) nennt.
1876	Im „Centralverband Deutscher Industrieller“ schließen sich Unternehmer aus dem Bergbau und der Schwerindustrie zusammen.
1878–1890	Das Sozialistengesetz soll die Arbeiterpartei und die Gewerkschaften politisch ausschalten.
1880–1892	Höhepunkt der Auswanderung: Fast 1,8 Millionen Deutsche suchen ihr Glück in den USA.
1883–1889	Die Sozialgesetze zur Kranken-, Unfall-, Alters- und Invaliditätsversicherung treten in Kraft.
1889	Der Streik der Bergarbeiter im Ruhrgebiet ist der größte Arbeitskonflikt des 19. Jahrhunderts in Deutschland.
1893	Im Widerstand gegen die Senkung von Schutzzöllen auf Agrarprodukte wird der „Bund der Landwirte“ gegründet.
1893	Der „Deutschnationale Handlungsgehilfenverband“ als größter Interessenverband von Angestellten entsteht.
1895	Der „Bund der Industriellen“ vertritt vornehmlich die Interessen der verarbeitenden Industrie.
1911	Mit der Reichsversicherungsordnung wird auch für Angestellte eine Sozialversicherung eingeführt.
1918/19	Der „Rat der Volksbeauftragten“ proklamiert 1918 das allgemeine und gleiche Wahlrecht auch für Frauen. Die Weimarer Verfassung von 1919 verankert die Gleichberechtigung der Geschlechter, die den Zugang zu den öffentlichen Ämtern für Frauen einschließt.

3.1 Arbeits- und Lebensverhältnisse der Fabrikarbeiterschaft

Die Arbeitszeit

Fabrikarbeit war anstrengend bis zur völligen Erschöpfung. Das begann bei der Arbeitszeit. Sie war in Deutschland seit Beginn bis zur Mitte des 19. Jahrhunderts von zehn bis zwölf auf oft bis zu siebzehn Stunden täglich (bei sechs Arbeitstagen) angestiegen. Danach nahm sie allmählich wieder ab, vor dem Ersten Weltkrieg lag sie dann bei etwa 9 Stunden pro Tag. Staatliche Begrenzungen der Arbeitszeit wurden erst spät und nur in Teilbereichen eingeführt. Einen Urlaub gab es in der Regel nicht, lediglich Beamte und allmählich auch Angestellte kamen in den Genuss dieser sozialen Neuerung.
Die Fabrik bedeutete die Trennung von Arbeitsstätte und Wohnung, die in der Landwirtschaft und im Hausgewerbe zusammen oder nahe beieinander lagen. Das war eine tief greifende Veränderung der menschlichen Lebensverhältnisse. Zur reinen Arbeitszeit kam jetzt auch noch die Zeit für den Arbeitsweg hinzu.

Gewinn vor Sicherheit

Schwierig waren auch die äußeren Bedingungen der Arbeit: Für Lärm, Staub, Gestank und Hitze gab es keine verbindlichen Grenzwerte. Auch Sicherheitsvorkehrungen existierten kaum – die Betriebsleitungen ersparten sich alles, was die Effektivität hätte beeinträchtigen können. Arbeitsunfälle waren gleichsam Privatsache der Arbeiter. Nur wenn sich schuldhaftes Verhalten des Unternehmers nachweisen ließ, konnte man Entschädigung erhalten – das gelang nur selten. Erst nach Einführung der Unfallversicherung 1884 machte auch die Unfallverhütung Fortschritte, wurden Schutznormen erlassen und kontrolliert.

Ordnung und Disziplin

Fabrikproduktion bedeutete auch eine rigide zeitliche Disziplinierung. Die Arbeitszeit war festgelegt und wurde genau kontrolliert. Das Tempo der Maschine bestimmte den Rhythmus der Arbeit. Dagegen waren in der Landarbeit, im Hausgewerbe und im Handwerk eine offene Zeiteinteilung und manche Freiheiten („blauer Montag") üblich oder möglich gewesen. Aber nicht nur die eigentliche

27 Diese Fotografie von 1910 zeigt das Pförtnerhaus der AEG-Maschinenfabrik Berlin-Wedding. Zu erkennen sind die große Normaluhr, die Stechuhr und die Stechkarten der Arbeiter.

Produktionstätigkeit, das gesamte Verhalten in der Fabrik war in den Fabrikordnungen durch strenge Vorschriften und unter Androhung empfindlicher Strafen geregelt. Als Modell dienten den Unternehmensführungen die paternalistische Grundhaltung von Handwerksmeistern und Gutsherren und die Autoritäts- und Hierarchieverhältnisse von staatlicher Bürokratie und Militär.
Kündigungsfristen und Kündigungsschutz existierten nicht. Formal war das Arbeitsverhältnis ein freier Vertrag zwischen Unternehmer und Arbeiter. Aber tatsächlich war die Position des Unternehmers weitaus stärker, da der einzelne Arbeiter in der Regel leicht ersetzbar war. Nur Spezialisten, handwerklich vorgebildete Fachkräfte, waren besonders zu Beginn der Hochindustrialisierung selten und gesucht.

Kinderarbeit

Fabrikarbeit von Kindern war in den Anfängen der Industrialisierung stark verbreitet. 1846 zählte man in Preußens Fabriken über 30 000 Kinder, das waren knapp 6,5% aller industriellen Arbeitskräfte. Aber zunehmend wurden kritische Stimmen laut: Kinderarbeit wurde als unmoralisch verworfen, Schulbehörden forderten eine konsequente Durchsetzung des Schulbesuchs, Militärbehörden klagten, Kinderarbeit mache zum Wehrdienst untauglich. Bereits 1839 wurde deshalb in Preußen eine erste Verordnung zur Einschränkung der Kinderarbeit erlassen, andere Staaten folgten diesem Beispiel. 1853 verbot Preußen die Beschäftigung von Kindern unter zwölf Jahren und führte um diese Verordnungen besser umsetzen zu können staatliche Fabrikinspektoren ein. Die Gewerbeordnung des Norddeutschen Bundes von 1869 wiederholte dieses Verbot, sie wurde im neu gegründeten Kaiserreich Gesetz für alle deutschen Staaten. Alle diese Regelungen wurden erst mit Verzögerung wirksam und es verblieben Ausnahmen. Aber auch weil die Maschinen immer komplizierter wurden und immer weniger von Kindern bedient werden konnten, nahm die Zahl der Industriekinder schnell ab; um 1890 lag sie in Preußen bei etwa 4500. Zahlenmäßig weitaus bedeutsamer und viel schwerer einzudämmen war die Kinderarbeit in der Landwirtschaft und im Hausgewerbe; sie hatte Tradition und konnte kaum staatlich kontrolliert werden.

Die Löhne

Bei den Löhnen gab es große sektorale und regionale Schwankungen. An der Spitze lagen Branchen wie Druckindustrie und Bergbau, am Ende Papier- und Textilindustrie; das hatte auch mit dem hohen Frauenanteil dort zu tun. Teils wurden Stunden-, teils Akkordlöhne bezahlt, der Anteil der Akkordlöhne nahm im Laufe der Zeit zu. Die Gewerkschaften lehnten sie ab, insbesondere von jüngeren Arbeitern wurden sie dagegen oft befürwortet, weil sie Einkommenssteigerungen nach individuellem Leistungsvermögen eröffneten.
Im Durchschnitt stiegen von 1870 bis 1913 die Industrielöhne um ca. 130%. Obwohl sich in diesem Zeitraum auch die Lebenshaltungskosten erhöhten, verblieb ein deutlicher Reallohnanstieg. Das bedeutet, dass im Durchschnitt das Arbeitseinkommen das Existenzminimum doch allmählich spürbar überstieg; natürlich hing das wesentlich davon ab, wie viele Personen von diesem Einkommen leben mussten. Häufig besserten die Frauen und auch Kinder das Familieneinkommen durch Nebentätigkeiten auf. Je nach Position im Betrieb gab es erhebliche Lohnunterschiede zwischen Ungelernten und Angelernten, Facharbeitern und Vorarbeitern.
Ganz anders als heute und auch im Bürgertum damals verlief für gewöhnliche Arbeiter die Kurve des Lebenseinkommens. Die Löhne richteten sich nach der körperlichen Leistungsfähigkeit. Zwischen 25 und 40 Jahren erreichte ein Arbeiter sein Höchsteinkommen; ließ sein Leistungsvermögen nach, wurde er zurückgestuft. Deshalb blieb Altersarmut verbreitet, auch wenn die Einkommen stiegen. Einen gesetzlich geregelten Ruhestand gab es nicht, auch keine Altersversorgung. Diese wurde erst im Rahmen der Bismarck'schen Sozialgesetze 1889 geschaffen.

Die Wohnsituation

Ein wesentlicher Bestandteil der sozialen Frage war die Wohnsituation der Arbeiterfamilien. Den Zustrom von Arbeitern konnten die Städte kaum verkraften. Der Wohnraum, der vorhanden war oder in schnell errichteten „Mietskasernen" zur Verfügung gestellt wurde, war eng, schlecht und verhältnismäßig teuer. Noch 1880 wohnten fast 10% der Einwohner Hamburgs und Berlins in Kellerwohnungen. Um die Wohnung zu finanzieren vermieteten Familien oft noch einzelne Betten an ledige Arbeiter oder Arbeiterinnen, die so genannten Schlafgänger. Rückzugsmöglichkeiten, Ruheorte, individuelle Räume existierten in diesen Wohnverhältnissen nicht, das gesamte private Leben spielte sich auf engstem Raum ab. Erst nach der Jahrhundertwende begann sich die Wohnsituation generell zu entspannen, wobei nun auch Genossenschaftswohnungen eine immer wichtigere Rolle spielten. Und natürlich gab es immer Unterschiede nach Einkommen, betrieblichem Status und Familiengröße.

28 Fabrikarbeit und Disziplin

a) Die Fabrikordnung der Maschinenbau-Anstalt und Eisengießerei der Seehandlung in Moabit von 1844 enthält folgende Bestimmungen:

§ 1 Die regelmäßige Arbeitszeit beginnt zu jeder Jahreszeit präzise um 6 Uhr morgens, dauert mit Ausnahme der üblichen Frühstückszeit von einer halben Stunde, der Mittagszeit von einer ganzen und der Vesperzeit von wiederum einer halben Stunde ununterbrochen bis 7 Uhr abends und muss strenge eingehalten werden.

Fünf Minuten vor dem Beginn der vorgedachten Arbeitszeiten bis zu der vollen Zeit, wird durch das Läuten der Glocke angedeutet, dass sich jeder in den Werkstätten der Anstalt beschäftigte Arbeiter an seinen Platz zu begeben habe um gleich nach dem Schlusse des Läutens seine Arbeit beginnen zu können.

Punkt 6 Uhr, 8½ Uhr, 1 Uhr & 4½ Uhr wird von dem Portier die Tür verschlossen.

Wer 2 Minuten zu spät kommt, verliert den Lohn einer halben Stunde; wer über 2 Minuten zu spät kommt, darf nicht eher als bei dem Beginne der nächsten Arbeitszeit zu arbeiten anfangen, wenigstens wird ihm für diese ganze Zeit der Lohn abgezogen. Um allen Streitigkeiten in Hinsicht auf die Zeit zu steuern wird eine über dem Hause des Portiers angebrachte Uhr den Ausschlag geben. [...]

§ 3 Keinem Arbeiter, mag er in Lohn oder in Akkord arbeiten, ist es gestattet, sich vor Ablauf der Arbeitszeit zu entfernen, ohne die Erlaubnis seines Vorgesetzten eingeholt und dem Portier seinen Namen angegeben zu haben. Wer diese beiden Meldungen unterlässt, hat zehn Silbergroschen zur Krankenkasse zu zahlen.

§ 4 Öfteres unregelmäßiges Kommen zur Arbeit hat Entlassung zur Folge. Diese trifft auch denjenigen Arbeiter, welcher von einem Beamten oder Werkführer der Anstalt müßig gehend getroffen wird und dessen Anmahnung zur Arbeit nicht Folge leistet.

[...]

§ 7 Jede Unterhaltung mit dem Mitarbeiter ist untersagt; wenn ein Arbeiter Auskunft über seine vorhabende Arbeit bedarf, so hat er sich deshalb an seinen Werkführer oder an den dazu beauftragten Mitarbeiter allein zu wenden. [...]

§ 12 Es versteht sich von selbst, dass den Vorstehern und den Beamten der Anstalt unbedingter Gehorsam geleistet und die schuldige Achtung bewiesen werden muss. Widersetzlichkeit wird mit Entlassung bestraft. [...]

§ 15 Jeder Arbeiter ist verpflichtet, Unehrlichkeit oder Betrügereien von Mitarbeitern den Vorstehern anzuzeigen. Unterlässt er dies und es wird bei späterer Entdeckung eines solchen Frevels erwiesen, dass er darum gewusst hat, so wird seine gerichtliche Bestrafung als Hehler beantragt und sein rückständiger Lohn als Strafe zurückbehalten. Dagegen wird demjenigen, welcher eine Dieberei so vollständig anzeigt, dass die Bestrafung des Diebes erfolgen kann, eine Belohnung von zwei Taler, den Umständen nach, auch mit Verschweigung seines Namens zugesichert. – Übrigens haben der Portier und der Wächter, so wie jeder Beamte das Recht, die Körbe, Pakete, Schürzen [...] der Frauen oder Kinder, welche das Mittagessen bringen, beim Fortgehen zu untersuchen, auch den der Mitnahme von Gegenständen irgend einer Art verdächtigen Arbeiter zu visitieren. [...]

Zit. nach: Walter Steitz (Hrsg.), Quellen zur deutschen Wirtschafts- und Sozialgeschichte im 19. Jahrhundert bis zur Reichsgründung, Darmstadt 1980, S. 187–191

b) Der saarländische Unternehmer Carl Ferdinand Freiherr von Stumm-Halberg zu seinen Arbeitern, 1889:

Überall, wohin wir sehen, wird die Autorität aufrechterhalten, nötigenfalls durch Strafen gegenüber denjenigen, die sich der notwendigen Autorität nicht fügen. Von der Armee will ich hier gar nicht sprechen. Es wird vielfach behauptet, eine Analogie zwischen den Betrieben und der Armee bestehe nicht. Ich behaupte das Gegenteil […]. Wenn ein Fabrikunternehmen gedeihen soll, so muss es militärisch, nicht parlamentarisch organisiert sein […]. Wie der Soldatenstand alle Angehörigen des Heeres vom Feldmarschall bis zum jüngsten Rekruten umfasst, und alle gemeinsam gegen den Feind ziehen, wenn ihr König sie ruft, so stehen die Angehörigen des Neunkircher Werkes wie ein Mann zusammen, wenn es gilt, die Konkurrenz sowohl wie die finsteren Mächte des Umsturzes zu bekämpfen.

Zit. nach Dieter Schneider/Rudolf Kuda, Mitbestimmung. Wege zur industriellen Demokratie, München 1969

a) Stellen Sie zusammen, in welchen Hauptpunkten die Arbeiter durch die Fabrikordnung diszipliniert werden sollen und welche Sanktionen angedroht werden.
b) Vergleichen Sie mit den Arbeitsbedingungen in Landwirtschaft und Handwerk. Nennen Sie Unterschiede.
c) Diskutieren Sie: die Fabrik, eine quasimilitärische Einrichtung?

29 Die Arbeitsbedingungen

a) Der österreichische Arbeiterjournalist Max Winter schildert seinen Besuch in einer Flachsspinnerei, 1899:

Im Maschinenraum, wohin mich auf Geheiß des weißbärtigen Direktors ein Arbeiter führt, beginnt unser Rundgang. Ein 400 Pferde kräftiger Dynamo, ein Maschinenkoloss, geht hier in majestätischer Ruhe seinen Gang. Sie und drei von der Mohra [Fluss im mährisch-schlesischen Gebiet] gespeiste Turbinen, die je 100 Pferdekräfte präsentieren, treiben die 8000 Spindeln in den fünf bis sechs Sälen, sie treiben die große Anzahl von Maschinen, die die Vorarbeit leisten. […]

Als wir, aus der frischen Luft kommend, in den Saal traten, verschlug es mir den Athem, und Hustenreiz stellte sich ein, so dick ist die Luft in diesem Saale mit den unendlich feinen Stäubchen erfüllt. Wenn man eintritt, ist es, als ob der Saal von dichtem Nebel erfüllt wäre.

[…] Was die 500 Menschen erdulden müssen, die dort roboten, davon hat nur der eine Ahnung, der die verkrüppelten, missgestalteten, flachsstaubfarbenen Geschöpfe gesehen hat; das kann nur der richtig ermessen, der durch die stauberfüllten, fast gar nicht ventilierten Säle gewandert ist, da und dort Halt gemacht und der mörderischen Arbeit zugesehen, die mörderische Luft auch nur eine halbe Stunde lang eingesogen hat. Schon im ersten Saale erscheint alles Grau in Grau. Der Fußboden, die waagrechten Maschinenflächen und die Menschen haben eine Farbe. Alles ist mit einer dicken Staubkruste überdeckt. Wie mögen die Lungen aussehen? Lagert auf ihnen und nistet in ihren feinen Gängen nicht auch der athembenehmende Staub? Gewiss, und todgeweiht sind die Menschen, die hier ihre Kraft zu Markte tragen. Den Fußboden kann man fegen, die Maschinenflächen abstauben, den Körper kann man durch Wasser und Seife vom Staub reinigen, die Haare kann man auskämmen… aber wie kann man die Lunge vom Staub befreien? […]

Ein Genosse, der an der Straße wohnt und alle Arbeiter kennt, sagte mir: „Wenn ein Dienstbote vom Land frisch und gesund in die Fabrik kommt, in vierzehn Tagen merkt man den Unterschied. Es geht rapid abwärts mit dem Menschen.“ Er stand auch mit mir beisammen, als Mittags der Schwarm der Sklaven aus der Fabrik kam. Da kamen sie, die hinkenden Gestalten, mit vorhängendem Gang, die Füße eingebunden, mit dem schmutzig grauen Haar, mit den tief liegenden Augen, mit den gelben Gesichtern, die Knieweiten und wieder welche, die einen Fuß nachschleifen. Kurz Missgestalten aller Formen, Höckerweiber, Lahme und Verkrüppelte, fast alle menschliche Skelette: Ein 38-jähriges Weib, das ich auf 60 schätzte, eine Vierzehnjährige mit dem Aussehen eines schon verblühten Wesens von weit mehr als 20 Jahren.

Stefan Riesenfellner (Hrsg.), Arbeitswelt um 1900. Texte zur Alltagsgeschichte von Max Winter, Wien 1988, S. 1 f.

b) Elektrotechnische Produktion – Drehmaschinen bei Siemens & Halske, Fotografie, um 1900

c) Stanzmaschinen bei der AEG, Fotografie, um 1907

d) Aus einer Erhebung der Berliner Kinderschutzkommission, 1910:

„Die Familie, die ich zu kontrollieren hatte", meldete eine Genossin, „besteht aus acht Personen, davon sechs Kinder im Alter bis zu 11 Jahren, abgemagert und bleich aussehend, zwei Kinder im Alter von 9 bis 11 Jahren tragen mit der Mutter Frühstück aus und erhalten dafür monatlich zusammen 9 Mk. Beim Betreten der Wohnung dieser Familie grinst einem das nackte Elend ins Gesicht. Die Mutter erzählt unter Tränen: Zwei Kinder befinden sich im Krankenhaus, eins liegt krank zu Hause. Der Mann mit dem geringen Verdienst von 28 Mk. kann nicht alles erhalten. Die Mutter versichert, dass sie vom 1. Februar ab eine Kontorreinigungsstelle übernimmt und dann die Kinder kein Frühstück mehr austragen sollen."

Eine andere Genossin berichtet: „Die Mutter ist seit vier Jahren Witwe und hat zwei nichtselbstständige Kinder, sie verdient durch Nähen und Waschen wöchentlich 7,50 Mk. und erhält monatlich 8 Mk. Armenunterstützung. Die Mutter möchte ihre Kinder sehr gern nicht beschäftigen, aber sie kann ohne den Verdienst der Kinder nicht leben." […]

Zit. nach: Jens Flemming/Klaus Saul/Peter Christian Witt (Hrsg.), Quellen zur Alltagsgeschichte der Deutschen 1871–1914, Darmstadt 1997, S. 131–133

a) Stellen Sie Vermutungen zu Text M 29 a) an: Warum verweigern sich die Menschen nicht dieser gesundheitsschädlichen Arbeit?

b) Stellen Sie sich vor, der Besucher hätte am Ende seines Rundgangs den „weißbärtigen Direktor" zur Rede gestellt: Wie hätte dieser die Arbeitsverhältnisse in seiner Fabrik vermutlich gerechtfertigt?

c) Beschreiben Sie die jeweilige Arbeitsweise der Maschinen auf den Fotografien M 29 b) und M 29 c). Erläutern Sie besondere Probleme des Transmissionsantriebs. Erklären Sie, warum die Frauen links auf dem Foto M 29 b) Hauben tragen.

d) Vergleichen Sie die Produktionshallen auf den beiden Fotos.

e) Führen Sie alle Punkte auf, in denen Ihnen die zweite Fabrik moderner erscheint. Erläutern Sie: Welche Vorteile für die Produktion und die Arbeitsbedingungen ergeben sich daraus?

f) Simulieren Sie zu Text M 29 d) ein Gespräch zwischen den Eltern und den Vertretern der Kinderschutzkommission: Sollen die Kinder weiter ihre Nebenarbeit ausüben – welche Argumente werden gewechselt?

30 Einkommen und Ausgaben

a) Die Entwicklung des Einkommens (durchschnittliche Jahresverdienste von Arbeitnehmern in Industrie, Handel und Verkehr)

Jahr	Durchschnittlicher Jahresverdienst (nominal) Mark	Index der Lebenshaltungskosten 1895 = 100	Nettosozialprodukt Mio. Mark in laufenden Preisen
1871	493	105,8	14 013
1875	651	112,7	18 242
1880	545	104,0	16 902
1885	581	98,6	18 731
1890	650	102,2	23 676
1895	665	100,0	25 254
1900	784	106,4	32 448
1905	849	112,4	38 878
1910	979	124,2	45 785
1913	1083	129,8	52 440

Nach: Gerd Hohorst/Jürgen Kocka/Gerhard A. Ritter, Sozialgeschichtliches Arbeitsbuch, Bd. II: Materialien zur Statistik des Kaiserreichs 1870–1914, München 2. Aufl. 1978, S. 107 (Spalte 1 u. 2); Walter G. Hoffmann, Das Wachstum der deutschen Wirtschaft seit der Mitte des 19. Jahrhunderts, Berlin/Heidelberg/New York 1965, S. 825 f. (Spalte 3)

▶ a) *Exemplarisches Methodenlernen: Statistik. Tabelle M 30 a) bietet in Spalte 1 und 2 zwei unterschiedliche Zahlenreihen dar, eine absolute und eine indexierte. Die nominale Entwicklung in Spalte 1 ist wenig aussagekräftig, weil sie die Steigerung der Lebenshaltungskosten außer Acht lässt. Um die beiden Zahlenreihen aufeinander beziehen zu können müssen Sie zunächst auch die Angaben zum Jahreseinkommen in Spalte 1 indexieren (Indexjahr 1895 = 100). In einem weiteren Schritt können Sie anhand dieser beiden Indizes den Index des realen Jahreseinkommens berechnen (Index des nominalen Jahreseinkommens: Index der Lebenshaltungskosten x 100). Nehmen Sie diese Operation vor und stellen Sie anschließend die Indizes des realen Jahreseinkommens und der Lebenshaltungskosten als Kurven in einem Diagramm dar. Indexieren Sie gleichfalls die Angaben zum Nettosozialprodukt und ergänzen Sie dazu eine weitere Kurve. Interpretieren Sie Ihre Darstellung.*

b) *Ordnen Sie die einzelnen Ausgaben der vier Familien in M 30 b) übergreifenden Bereichen zu (z. B. Miete, Lebensmittel, sonstige Haushaltsausgaben, Kleidung, Anschaffungen, Versicherungen, Genussmittel). Berechnen Sie für jeden Haushalt den Prozentanteil dieser Bereiche und stellen Sie die unterschiedliche Verteilung in vier Kreisdiagrammen dar. Interpretieren Sie die Unterschiede.*

c) *Versuchen Sie, für den Haushalt Ihrer Familie eine vergleichbare Berechnung vorzunehmen. Vergleichen Sie das Ergebnis mit den historischen Daten.*

b) Einnahmen und Ausgaben von vier Haushalten verschiedener sozialer Schichten, um 1890

1. Höhere Gesellschaft, 3 Kinder	Mark
Einnahmen aus preußischen Staatspapieren	23 165,00
Ausgaben:	
Wohnung (Gesellschaftszimmer, Esszimmer, Zimmer des Herrn, der Frau, der zwei Töchter, zwei Schlafzimmer, Fremdenstube und Nebenraum) mit Abgaben	2460,00
Dienstboten (Köchin 72 Thlr. und 50 Mk. Weihnachtsgeld, Stubenmädchen 60 Thlr. und 40 Mk. Weihnachtsgeld)	486,00
Haushalt (d. h. Nahrung) für den Monat 350 Mk.	4200,00
Im Winter 10 „Abende“, im Durchschnitt zu 60 Mk. (es kommen 15–20 Personen)	600,00
Neuanschaffungen und Verbesserungen (Wäsche, Geschirr usw.) etwa	300,00
Bekleidung und Beschuhung:	
1. für Frau und Töchter (im Durchschnitt von vier Jahren)	542,00
2. für den Hausherrn	186,00
3. für den Sohn	260,00
Sohn: Monatswechsel von 200 Mk. für neun Monate und 150 Mk. für Bücher	1950,00
Töchter: Musik- und Malstunden nebst Noten und Farben	560,00
Bücherrechnung, Zeitungen und Zeitschriften (1888)	412,50
Taschengeld für die Frau	600,00
Taschengeld für jede Tochter 240 Mk.	480,00
Sommerreise für vier Wochen	1120,00
Hausarzt (er ist im Jahr nur zweimal nötig gewesen), fester Betrag	300,00
Zahnarzt	122,00
Apotheke	2,25
Allerlei (Wäsche, Glätten des Parkettbodens, Lohndiener, Trinkgelder, Neujahrsgelder für Briefträger usw., Teppichreinigung)	453,50
Einem gelähmten Jugendfreunde als fester Beitrag zu seinem kleinen Ruhegehalt monatlich 60 Mk.	720,00
Wohltätigkeitskasse, d. h. Ausgaben für Vereine, Sammlungen usw., wird von der Frau verwaltet und erhält jeden 1. Januar den festen Betrag von	1000,00
Weihnachtsgeschenke (außer Dienstboten) im Durchschnitt jährlich	1000,00
Postausgaben (der Hausherr unterhält einen ziemlich großen Briefwechsel mit Sammlern)	62,30
Steuern (Staat, Stadt, Kirchen usw.)	1146,00
Möbel-Feuerversicherung für fünf Jahre im Voraus bezahlt 175 Mk., für das Jahr also	35,00
Ausstattungsversicherung. Seit der Geburt jeder Tochter werden jährlich für jede 500 Mk.	

angelegt. Der Betrag ist für die Aussteuer im Fall einer Heirat bestimmt	1000,00
Heizung. Zentralheizung in der Wohnung und Koks für die Küche	390,00
Beleuchtung: Gas, Petroleum, Kerzen, im Durchschnitt	275,00
Zigarren im Durchschnitt von vier Jahren	325,00
Vergnügungen (Schauspiel und Oper, Konzerte, Nachmittagsausflüge im Sommer) im Durchschnitt	220,00
Gesamtbetrag:	Mk. 21 207,55

2. Beamtenhaushalt mit 3 Kindern	Mark
Einnahme nebst den Zinsen von 9000 Mk.	5450,00
Ausgaben:	
Wohnung (mit Mietsteuer)	1225,00
Heizung	140,00
Beleuchtung	45,00
Essen (170 Mk. monatlich)	2040,00
Wäschereinigung	45,00
Mädchen für alles (monatlich 10 Mk., wird stets in der Provinz gemietet)	120,00
Dienstboten-Krankenversicherung	6,00
Bekleidung und Beschuhung:	
für die Hausfrau	85,50
für den Hausherrn (nur Beschuhung)	17,00
für die Knaben	95,00
Schulgeld für die Knaben	240,00
Schulbücher, Hefte, Federn usw.	24,75
Taschengeld: jedem Knaben monatlich 50 Pf.	12,00
für die Hausfrau monatlich 10 Mk.	120,00
für den Hausherrn monatlich 15 Mk.	180,00
Steuern nebst Witwenkasse	254,00
Neu-Anschaffungen von Geschirr usw.	28,75
Zur Verbesserung von beschädigtem Zimmergerät, verdorbenen Schlössern	116,20
Nähsachen usw.	131,85
Weihnachten und Geburtstage	152,50
Vereine	40,00
Zeitungen	26,00
Postwertzeichen	9,15
Arzt und Apotheke (dabei sechs Flaschen Chinawein mit Eisen)	76,30
Einige juristische Werke	27,00
Wohltätigkeitsausgaben (Vereine, Sammlungen)	46,00
Sparkasse für jedes Kind seit der Geburt vierteljährlich 5 Mk.	60,00
Reserve monatlich 5 Mk. zurückgelegt	60,00
Pferdebahn	82,50
Vergnügungen (einmal nach Potsdam, einmal nach Erkner, zweimal im Zoologischen Garten, Beträge für die Knaben bei Schulausflügen, einmal im Schauspielhause)	62,00
Die Jahresgesellschaft	82,50
Gesamtbetrag:	Mk. 5450,00

3. Facharbeiter, 2 Kinder	Mark
Einnahme	1700,00
Ausgaben:	
Wohnung	259,00
Haushalt	924,00
Steuern	30,00
Krankenkassen- und andere Beiträge	13,00
Heizung, im Mittel	45,00

31 Wiesbadener Bürger- und Arbeiterkinder vor dem Ersten Weltkrieg
Vergleichen Sie die Kleidung/Aufmachung der Kinder auf den beiden Fotografien. Beschreiben Sie die vermutliche Intention und den Charakter beider Aufnahmen (Hintergrund!). Inwieweit lassen sich daraus Rückschlüsse auf das schichtspezifische Selbstverständnis der beiden Familien ziehen?

Winterrock für Mann	30,00
Hut	2,50
Stiefel für Mann	16,00
Stiefel für Frau	11,00
Stiefel für Kinder	10,00
Kleideranschaffungen für Frau und Kinder	23,00
Arzt und Apotheke für Frau	20,00
Zeitung mit einem andern zusammen 6 Mark, also	3,00
Verschiedenes (Flickereien, Wäsche, Vergnügungen)	64,00
Mann (Getränke, Tabak, Groschensammlungen usw.)	162,00
Gesamtbetrag:	Mk. 1612,50

Im Jahre 1889 hat die Ersparnis 82 Mark betragen.

4. Arbeiter, kinderlos	Mark
Einnahme	1250,00
Ausgaben:	
Wohnung	240,00
Essen (für den Tag 1,50 bis 1,75) 1,65 im Mittel	594,00
Abgaben, Krankenkasse, Begräbniskasse	27,50
Kleidung und Schuhe etwa	60,00
Verschiedenes (Heizung, Beleuchtung und Kleinigkeiten)	80,00
Mann: Tabak, 35 Pf. für die Woche	18,20
Mann: Getränke, 15 Pf. für den Tag	52,50
Abzahlung für Möbel 5 Mk. im Monat	60,00
Abzahlung für eine Nähmaschine wöchentlich 75 Pf.	39,00
Gesamtbetrag:	Mk. 1171,20

Otto von Leixner, Soziale Briefe aus Berlin. Mit besonderer Berücksichtigung der sozialdemokratischen Strömungen, Berlin 1894, S. 164–195

32 Die Wohnverhältnisse

a) Der Volkswirtschaftler Werner Sombart beschreibt 1906 die Wohnverhältnisse von Arbeitern in Deutschland:

Wer würde es glauben, dass eine ganze Anzahl Menschen bei uns heutigentags in „Wohnungen" kampiert, die überhaupt kein heizbares Zimmer haben? Und doch belehrt uns die Statistik, dass es deren in Berlin über 15 000, in Barmen über 800 gibt usw. Aber das sind nur Ausnahmen, und es wird sich in der großen Mehrzahl der Fälle um Einzelpersonen handeln. Dagegen schwillt die Zahl derjenigen Personen, die in Wohnungen mit 1 Zimmer wohnen, sofort unheimlich an. Ja, in den meisten deutschen Großstädten wohnt, wie ich schon sagte, die Hälfte oder annähernd die Hälfte aller Menschen in Wohnungen, die nicht mehr als ein Zimmer umfassen. Von tausend Bewohnern nämlich in Barmen 490, in Berlin 430, in Breslau 409, in Chemnitz 551, in Dresden 374, in Görlitz 462, in Halle a. d. S. 429, in Königsberg i. Pr. 505, in Magdeburg 454, in Plauen i. V. 641. Mehr als 2 Zimmer, darf man annehmen, bewohnt nur ein verschwindend geringer Prozentsatz der arbeitenden Bevölkerung.

„Übervölkert" nennt die Statistik eine Wohnung, wenn 6 Personen und mehr in 1 Zimmer, 11 Personen und mehr in 2 Zimmern hausen. Und selbst davon gibt es eine recht erkleckliche Anzahl: in Berlin nahezu 30 000, in Breslau 7000, in Chemnitz 5000, in Plauen i. V. 3000 usw. Man denke: 6 Personen und mehr in 1 Raume, 11 und mehr in 2 Räumen! Was nun aber das Wohnungselend der ärmeren Bevölkerung, wenigstens in den Großstädten, auf das Höchste steigert, ist der Umstand, dass selbst in den engen Behausungen, die nicht mehr den Namen Wohnung verdienen, noch nicht einmal immer die Familie allein lebt, sondern noch fremde Personen, die Schlafgänger, dazwischen kampieren. Dieser jammervolle Zustand findet sich beispielsweise in Berlin bis 391 von 1000 einzimmrigen Wohnungen, in Breslau bei 370, in Plauen i. V. bei 596, in München bei 572 aller ein- und zweizimmrigen Wohnungen usw. In München, über das wir durch eine Studie des Dr. Cahn besonders gut unterrichtet sind, beherbergen etwa 12 000 oder 15 % aller Wohnungen Schlafgänger, von denen über ein Viertel Weiber sind. Von diesen 12 000 Wohnungen waren 3918 überfüllt im offiziellen Sinne und hatten nur 858 mehr als ein heizbares Zimmer.

Werner Sombart, Das Proletariat, Frankfurt a. M. 1906, S. 23 f., zit. nach: Wolfgang Köllmann, Die industrielle Revolution. Bevölkerung – Technik, Wirtschaft, Industrie – Unternehmer, Arbeiterschaft – Sozialreform, Sozialpolitik, Stuttgart 1987, S. 77–79

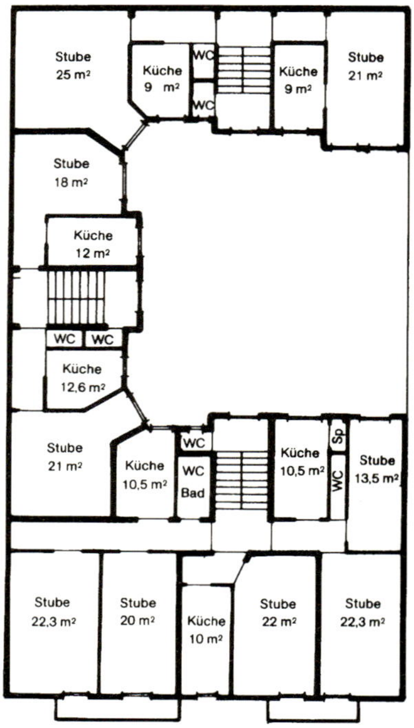

b) Grundriss einer Berliner Mietskaserne, 1905

c) Kellerstube in Berlin, Schlafraum für 7 Personen, Fotografie, 1905

d) Die Vossische Zeitung berichtet 1893 von einem Besuch in einer Berliner Kellerwohnung:

Die Küche ist ein enger Gang, der von der Treppe ausgeht und in dessen Hintergrund sich ein abgenutzter Herd befindet. Von dem Hahn der Wasserleitung tropft das Wasser auf den Boden, in dem ein großes Loch sichtbar ist. Im ganzen Boden scheint Schwammfäule zu sein, denn bei stärkerem Auftreten gerät er in Schwankung. An den nackten, kalten Mauerflächen bemerkt man in beiden Zimmern feuchte Flecke. In der Stube sind die beiden Fenster wie zum Hohn auf frische Luft und helles Sonnenlicht angebracht, die in diese Tiefe niemals eindringen. Das eine Fenster darf des nahen Hofklosetts wegen überhaupt nicht geöffnet werden. Drei Betten, ein kleiner Tisch und eine Kommode beengen den Raum so sehr, dass man kaum begreift, wie vier Menschen darin Platz finden können. Natürlich herrscht die blühendste Unordnung und Unsauberkeit in dem Gemach. Die Frau macht bei ihren vierzig Jahren den Eindruck einer Sechzigjährigen, und sie klagt darüber, dass ihre Hände rheumatisch gelähmt sind. [...]

Die Kinder, die in diesen Kellerlöchern aufwachsen, bieten einen traurigen Anblick. Kümmerliche Ernährung, ungesunde, muffige Luft und mangelhafte Kleidung müssen ihre körperliche Gesundheit früh zerstören. Ordnung und Sauberkeit können sie in diesen Wohnungen nicht lernen.

Vossische Zeitung, 27. Mai 1893, zit. nach: Ruth Glazer (Hrsg.), Berlin wird Kaiserstadt. Panorama einer Metropole 1871–1890, Berlin 1993, S. 313 f.

a) Berechnen Sie anhand der Angaben in Text M 32 a), wie viele Personen in einer Etage des Wohnblocks (Grundriss M 32 b) etwa leben könnten. Berechnen Sie auch die Zahl der Quadratmeter, die jeder Person zur Verfügung steht. Vergleichen Sie mit der Zahl der Quadratmeter, die bei Ihnen zu Hause auf eine Person kommt.

b) Beschreiben Sie die Einrichtung des Zimmers (Fotografie M 32 c) und erläutern Sie ihre Funktion.

c) Sind solche Wohnverhältnisse (c und d) unvermeidliche Begleiterscheinungen der Industrialisierung? Inszenieren Sie ein Streitgespräch zwischen einem Betroffenen, einem Sozialdemokraten, einem Bürgermeister und einem Hausbesitzer.

3.2 Die Arbeiterbewegung

Die „Arbeiterverbrüderung"

Seit den Dreißigerjahren gab es die ersten Streiks und Proteste, in denen es um die spezifischen Bedingungen der neuen Fabrikarbeit ging. In den Revolutionsjahren 1848/49 begannen dann die Arbeiter, sich in „Arbeiterverbrüderungen" zusammenzuschließen. Ihr Name erinnerte an die alten Gesellenbruderschaften, in denen sich schon seit dem ausgehenden Mittelalter die Handwerksgesellen zusammengetan hatten um einander zu unterstützen und die eigenen Interessen gegenüber den Meistern besser vertreten zu können. Unter staatlichem Druck lösten sich die Arbeitsverbrüderungen – bis auf die Organisation der Buchdrucker und Zigarrenhersteller – mit dem Ende der Revolutionszeit wieder auf.

Von der Obrigkeit wurden Streiks und Zusammenschlüsse zugleich als politischer Protest wahrgenommen. Dahinter stand die schon früh vorhandene Furcht, das wachsende Industrieproletariat könne sozial außer Kontrolle geraten. In den Sechzigerjahren wurde das politische Klima wieder liberaler. Es entstanden neue, vor allem Arbeiterbildungs-, Unterstützungs- und Selbsthilfevereine. Diese fungierten zugleich als Orte der Geselligkeit und Gemeinschaft, hatten aber auch einen politischen Hintergrund.

Die Gründung der Arbeiterparteien

Einen entscheidenden Einschnitt in der Entwicklung der Arbeiterbewegung bildete das Jahr 1863. In Leipzig wurde der „Allgemeine Deutsche Arbeiterverein" (ADAV) gegründet. Sein Präsident wurde der Schriftsteller und Journalist Ferdinand Lassalle (1825–1864), der auch das Programm des ADAV maßgeblich formulierte. Lassalle stellte politische Forderungen in den Mittelpunkt und brach zugleich mit den Liberalen: Die Arbeiter sollten sich in einer eigenen Partei organisieren, das allgemeine Wahlrecht – allerdings nur für Männer – erstreiten und auf parlamentarischem Wege den Staat umgestalten. Damit wurde der ADAV die erste Arbeiterpartei in Deutschland. Ebenfalls 1863 entstand als Organisation von Einzelvereinen der „Vereinstag der Deutschen Arbeitervereine" (VDAV). Er schloss sich 1868 unter dem Einfluss von August Bebel (1840–1913) und Wilhelm Liebknecht (1826–1900) der von Marx ins Leben gerufenen „Internationalen Arbeiter Assoziation" (IAA) an und übernahm damit deren Maxime der internationalen Solidarität des Proletariats. Das bedeutete eine Absage an die bürgerlich-liberale Richtung und zugleich an eine nationale Haltung, wie sie der ADAV einnahm. Ein Jahr später gründeten dann Bebel und Liebknecht in Eisenach die „Sozialdemokratische Arbeiterpartei" (SAP).

Die Gewerkschaften

Seitdem verlief die Entwicklung der Arbeiterbewegung in Deutschland zweigleisig: Auf der einen Seite standen die beiden zunächst miteinander konkurrierenden Parteien – ADAV und SAP – mit ihrer politischen Programmatik, auf der anderen die eher gewerkschaftlich ausgerichteten Arbeitervereine alter Art. Je stärker sich die Industrie in den Gründerjahren von 1866 bis 1873 entwickelte, desto mehr Arbeitervereine entstanden. Es kam zu einer Welle von Arbeitskämpfen – die Arbeiterschaft wollte an der wirtschaftlichen Prosperität ihren Anteil haben. Diese Konflikte machten deutlich, dass man eines festeren Zusammenschlusses bedurfte um den Unternehmern Paroli bieten zu können, und dass Einrichtungen wie Streik- und Unterstützungskassen notwendig waren um einen längeren Arbeitskampf führen zu können.

Die oftmals spontan und immer lokal entstandenen gewerkschaftlichen Vereine entwickelten sich nach und nach zu Richtungsgewerkschaften, orientiert an den politischen Zielen der beiden Arbeiterparteien. Daneben gab es die liberalen, weniger politisch ausgerichteten Hirsch-Duncker'schen Gewerkvereine – benannt nach zwei Sozialpolitikern der Fortschrittspartei –, später traten die christlichen Gewerkschaften hinzu. Allerdings war am Ende der Sechzigerjahre der Organisationsgrad der Arbeiterschaft noch äußerst gering.

Das Sozialistengesetz

1875 schlossen sich die beiden Arbeiterparteien in Gotha zur „Sozialistischen Arbeiterpartei Deutschlands" zusammen. Die programmatischen Differenzen waren nach der Lösung der nationalen Frage durch die Reichsgründung geringer geworden. Der Zusammenschluss stärkte zunächst auch die Basis für die gewerkschaftliche Organisation und Arbeit. Aber zugleich verhärtete sich seit der Gründerkrise von 1873 die soziale Frontenbildung. Bismarck sah in der Sozialdemokratie nicht nur eine grundsätzliche politische Bedrohung, sondern auch ein Hemmnis für eine freie wirtschaftliche Entwicklung. Deshalb versuchte er sie mit dem Sozialistengesetz zu bekämpfen, das 1878 in Kraft trat. Obwohl die Partei weiterhin zu den Reichs- und Landtagswahlen zugelassen war, wurden aktive Mitglieder verfolgt, Schriften und Gelder beschlagnahmt. Davon waren auch die gewerkschaftlichen Vereine betroffen; sie wurden verboten oder lösten sich selbst auf. Freilich waren diese Maßnahmen weder gegenüber der Partei noch gegenüber

> **Sozialistengesetz:** Weite Kreise der Gesellschaft im Kaiserreich sahen im Sozialismus eine Gefahr und fürchteten einen politischen Umsturz. Bismarck nahm zwei Attentate auf Kaiser Wilhelm I. – mit denen die Sozialisten nichts zu tun hatten – zum Anlass dem Reichstag ein Ausnahmegesetz „gegen die gemeingefährlichen Bestrebungen der Sozialdemokratie" vorzulegen. Es wurde im Oktober 1878 verabschiedet und bis 1890 mehrfach verlängert. Sozialistische Vereine, Versammlungen und Schriften wurden verboten, die Polizei erhielt verschärfte Kontrollbefugnisse. Damit sollte die Organisation der Partei und der Gewerkschaften zerschlagen werden.

den Gewerkschaften letztlich erfolgreich. Sozialpsychologisch wirkten sie sogar ihren Intentionen entgegen, denn in der Bedrohung und Bewährung wuchs der innere Zusammenhalt und festigte sich das Solidaritätsgefühl der Arbeiterschaft: Die Zeit der Verfolgung unter dem Sozialistengesetz (bis 1890) prägte bis zum Ersten Weltkrieg nachhaltig die Mentalität der Sozialdemokraten.

Die marxistische Weltanschauung

Verbot und Verfolgung bewirkten auch eine stärkere Politisierung und ideologische Radikalisierung, die Ausprägung eines politischen Klassenbewusstseins in der Arbeiterschaft. Bislang hatten in den Gewerkschaften, aber auch in der Partei eher sozialreformerische, auf die Tagespolitik bezogene Gedanken vorgeherrscht. Jetzt begann sich der Marxismus als Weltanschauung durchzusetzen. Die eigenen Erfahrungen unter dem Sozialistengesetz schienen dessen Lehren über den Klassenkampf zu bestätigen. Eingehender mit den Schriften von Marx und Engels beschäftigten sich allerdings nur wenige „Partei-Intellektuelle“ . Die normalen Mitglieder lernten die Marx'schen Vorstellungen nur mittelbar und in popularisierter Form kennen: Zentral war der Glaube an einen unaufhaltsamen historischen Entwicklungsprozess, der in die Entstehung einer gerechten, sozialistischen Gesellschaft münden werde. In der Zeit der Bedrängnis konnte diese Vorstellung Hoffnung und Halt vermitteln. Bis zur Jahrhundertwende prägte dieser vereinfachte Marxismus die Sozialdemokratie immer stärker. Allerdings ging mit der ideologischen und rhetorischen Ausrichtung auf den Marxismus stets eine reformerisch ausgerichtete Tagespolitik im Rahmen der Verfassung einher.

Richtungskämpfe

Diese Doppelgleisigkeit blieb auch in den Richtungsstreitigkeiten nach der Jahrhundertwende bestimmend: Die „Reformisten“ verlangten eine noch stärker pragmatische, an den Bedürfnissen des Alltags orientierte Politik, die „Revisionisten“ unter der Führung von Eduard Bernstein hielten die Marx'schen Lehren für teilweise überholt oder widerlegt und wollten sie aktualisieren. Dagegen forderte seit etwa 1910 die Parteilinke – vor allem Rosa Luxemburg und Karl Liebknecht –, die sich 1917 als Spartakusbund konstituierte, Marx stärker beim Wort zu nehmen; sie lehnte die parlamentarische Arbeit ab und setzte auf eine Zuspitzung des Klassengegensatzes als Vorbereitung für die Revolution.

Der Aufstieg der Sozialdemokratie

Das Selbstverständnis als Klassenpartei – nicht Volkspartei – festigte den inneren Zusammenhalt der Sozialdemokratie. Aber es schränkte zugleich ihre Entwicklungsmöglichkeiten innerhalb des parlamentarischen Systems ein: Im Bürgertum, bei den Katholiken und bei den Bauern konnte sie kaum Anhänger gewinnen. Dennoch nahm die „Sozialdemokratische Partei Deutschlands“, wie sie sich seit 1890 nannte, nach dem Ende des Sozialistengesetzes einen rapiden Aufschwung. Die Zahl der Mitglieder stieg von 100 000 (1890) auf knapp 1,5 Mio. (1914). Schon bei den Reichstagswahlen 1890 wurde sie mit 19,7% der Stimmen zur wählerstärksten Partei. Weil der Zuschnitt der Wahlkreise städtische gegenüber ländlichen Stimmen benachteiligte und weil die bürgerlichen Parteien unter Ausnutzung des Mehrheitswahlrechts Wahlbündnisse schlossen, blieb die Mandatsausbeute im Verhältnis zunächst weit dahinter zurück, aber 1912 wurde die SPD-Fraktion dann auch zur stärksten im Reichstag (35% der Wählerstimmen, 110 von 397 Sitzen). Von einer parlamentarischen Mehrheit blieb sie aber deutlich entfernt.
Noch stärker als bei der Sozialdemokratie stiegen die Mitgliederzahlen bei den Gewerkschaften an, wobei die Linken, die so genannten Freien Gewerkschaften, die liberalen und die Christlichen Gewerkschaften weit überflügelten. Diese waren im Wesentlichen erst in den Neunzigerjahren entstanden und vor allem katholisch ausgerichtet. Sie hatten ihre regionalen Zentren – vor allem das Ruhrgebiet –, wo sie um die Jahrhundertwende sogar stärker vertreten waren als die linken Gewerkschaften.

Unternehmer – Staat – Gewerkschaften

Trotz zunehmender Organisation der Arbeiterschaft blieben die Unternehmer lange Zeit die stärkere Seite. Bei lokalen Arbeitskämpfen konnten sie Streikende aussperren oder entlassen, Streikbrecher einstellen, ggf. die Produktion verlagern. Und der Staat, Polizei und Justiz standen in aller Regel auf ihrer Seite. Die Polizei löste Streikversammlungen auf und schützte Streikbrecher, sie beschlagnahmte Streikkassen, brachte Streikende wegen Landfriedensbruchs und Aufhetzung vor Gericht. Entsprechend war das Klima zwischen Gewerkschaften und Unternehmern. Die Gewerkschaften fühlten sich einer Einheitsfront von Kapital und Staat gegenüber. Deshalb hatten alle Streiks auch immer politische Bedeutung: Es ging um den Kampf gegen die politische, soziale und rechtliche Benachteiligung der Arbeiterschaft. Umgekehrt erschienen den Unternehmern die Forderungen der Gewerkschaften nach Form und Inhalt gänzlich unangemessen – beide Seiten standen sich bis zum Ersten Weltkrieg als Gegner, nicht etwa als „Sozialpartner" gegenüber. Auch die Versuche der Hirsch-Duncker'schen und der Christlichen Gewerkschaften, stärker auf Verhandlungen als auf Konfrontation zu setzen, waren kaum erfolgreich.

Die Geschichte der Arbeiterbewegung im Kaiserreich ist deshalb auch vor allem eine Geschichte der Arbeitskämpfe. Die massivsten Streiks spielten sich im Ruhrbergbau ab. Von den großen Streiks der Jahre 1872, 1889, 1905 und 1912 verlief der von 1889 am dramatischsten – es war der größte Streik des 19. Jahrhunderts in Deutschland. Insgesamt spielten die Streiks für die Ausbildung eines Klassenbewusstseins, für das Selbstverständnis als Proletariat eine wichtige Rolle: Die Streikenden politisierten sich im gemeinsamen Interesse, erfuhren gemeinsam die Gegnerschaft von Kapital und „Klassenstaat", übten Solidarität in Erfolg und Niederlage. Ein Blick auf andere Länder zeigt allerdings, dass die Arbeitskonflikte in Deutschland sich in vergleichsweise gemäßigter Form abspielten. Es gab keine nationalen Massenstreiks wie in Frankreich oder Italien, wo sie zu wirtschaftlichen und politischen Krisen führten. Und regelrechte Schlachten zwischen Streikenden, Streikbrechern und Betriebsschutzgruppen, wie sie in den USA stattfanden, waren in Deutschland undenkbar.

33 Die Programme der Arbeiterparteien

a) Ferdinand Lassalle beschreibt in seinem „Offenen Anwortschreiben zur Berufung eines Allgemeinen Deutschen Arbeiterkongresses" (1863) das Programm des anschließend gegründeten „Allgemeinen Deutschen Arbeitervereins":

Die Aufhebung des Unternehmergewinns in der friedlichsten, legalsten und einfachsten Weise, indem sich der Arbeiterstand durch freiwillige Assoziationen als sein eigener Unternehmer organisiert, die hiermit und hiermit allein gegebene Aufhebung jenes Gesetzes, welches unter der heutigen Produktion von dem Produktionsertrag das eben zur Lebensfristung Erforderliche auf die Arbeiter als Lohn und den gesamten Überschuss auf den Unternehmer verteilt, das ist die einzige wahrhafte, die einzig seinen gerechten Ansprüchen entsprechende, die einzige nicht illusionäre Verbesserung der Lage des Arbeiterstandes. [...]

Ebendeshalb ist es Sache und Aufgabe des Staates, Ihnen dies zu ermöglichen, die große Sache der freien individuellen Assoziation des Arbeiterstandes fördernd und entwickelnd in seine Hand zu nehmen und es zu seiner heiligsten Pflicht zu machen, Ihnen die Mittel und Möglichkeiten zu dieser Ihrer Selbstorganisation und Selbstassoziation zu bieten. [...] Wie aber den Staat zu dieser Intervention vermögen?

Und hier wird nun sofort sonnenhell die Antwort vor Ihrer aller Augen stehen: dies wird nur durch das allgemeine und direkte Wahlrecht möglich sein. [...] Das allgemeine und direkte Wahlrecht ist also, wie sich jetzt ergeben hat, nicht nur Ihr politisches, es ist auch Ihr soziales Grundprinzip, die Grundbedingung aller sozialen Hilfe. Es ist das einzige Mittel, um die materielle Lage des Arbeiterstandes zu verbessern.

Zit. nach Helga Grebing, Arbeiterbewegung. Sozialer Protest und Interessenvertretung bis 1914, München 1985, S. 138–140

b) Das Eisenacher Programm der Sozialdemokratischen Arbeiterpartei, 1869:

II. 1. Die heutigen politischen und sozialen Zustände sind im höchsten Grade ungerecht und daher mit der größten Energie zu bekämpfen.
2. Der Kampf der Befreiung der arbeitenden Klassen ist nicht ein Kampf für Klassenprivilegien und Vorrechte, sondern für gleiche Rechte und Pflichten und für die Abschaffung aller Klassenherrschaft.
3. Die ökonomische Abhängigkeit des Arbeiters von dem Kapitalisten bildet die Grundlage der Knechtschaft in jeder Form, und es erstrebt deshalb die Sozialdemokratische Arbeiterpartei unter Abschaffung der jetzigen Produktionsweise (Lohnsystem) durch genossenschaftliche Arbeit den vollen Arbeitsertrag für jeden Arbeiter.
4. Die politische Freiheit ist die unentbehrliche Vorbedingung zur ökonomischen Befreiung der arbeitenden Klassen. Die soziale Frage ist mithin untrennbar von der politischen, ihre Lösung durch diese bedingt und nur möglich im demokratischen Staat. [...]

Zit. nach Ursula Schulz (Hrsg.), Die deutsche Arbeiterbewegung 1848–1919 in Augenzeugenberichten, München 1976, S. 165

c) Das Gothaer Programm der Sozialistischen Arbeiterpartei Deutschlands, 1875:

I. [...] In der heutigen Gesellschaft sind die Arbeitsmittel Monopol der Kapitalistenklasse, die hierdurch bedingte Abhängigkeit der Arbeiterklasse ist die Ursache des Elends und der Knechtschaft in allen Formen.
Die Befreiung der Arbeit erfordert die Verwandlung der Arbeitsmittel in Gemeingut der Gesellschaft und die genossenschaftliche Regelung der Gesamtarbeit mit gemeinnütziger Verwendung und gerechter Verteilung des Arbeitsertrages.
Die Befreiung der Arbeit muss das Werk der Arbeiterklasse sein, der gegenüber alle anderen Klassen nur eine reaktionäre Masse sind.
II. Von diesen Grundsätzen ausgehend, erstrebt die Sozialistische Arbeiterpartei Deutschlands mit allen gesetzlichen Mitteln den freien Staat und die sozialistische Gesellschaft, die Zerbrechung des ehernen Lohngesetzes durch Abschaffung des Systems der Lohnarbeit, die Aufhebung der Ausbeutung in jeder Gestalt, die Beseitigung aller sozialen und politischen Ungleichheit. [...]
Die Sozialistische Arbeiterpartei Deutschlands fordert, um die Lösung der sozialen Frage anzubahnen, die Errichtung von sozialistischen Produktivgenossenschaften mit Staatshilfe unter der demokratischen Kontrolle des arbeitenden Volkes. Die Produktivgenossenschaften sind für Industrie und Ackerbau in solchem Umfange ins Leben zu rufen, dass aus ihnen die sozialistische Organisation der Gesamtarbeit entsteht.

Zit. nach: Hans Fenske (Hrsg.), Im Bismarck'schen Reich. Quellen zum politischen Denken der Deutschen im 19. und 20. Jahrhundert, Bd. VI, Darmstadt 1978, S. 141 f.

d) Das Erfurter Programm der SPD, 1891:

Nur die Verwandlung des kapitalistischen Privateigenthums an Produktionsmitteln – Grund und Boden, Gruben und Bergwerke, Rohstoffe, Werkzeuge, Maschinen, Verkehrsmittel – in gesellschaftliches Eigenthum, und die Umwandlung der Waarenproduktion in sozialistische, für und durch die Gesellschaft betriebene Produktion kann es bewirken, dass der Großbetrieb und die stets wachsende Ertragsfähigkeit der gesellschaftlichen Arbeit für die bisher ausgebeuteten Klassen aus einer Quelle des Elends und der Unterdrückung zu einer Quelle der höchsten Wohlfahrt und allseitiger, harmonischer Vervollkommnung werde. [...]
Der Kampf der Arbeiterklasse gegen die kapitalistische Ausbeutung ist nothwendiger Weise ein politischer Kampf. Die Arbeiterklasse kann ihre ökonomischen Kämpfe nicht führen und ihre ökonomische Organisation nicht entwickeln ohne politische Rechte. Sie kann den Übergang der Produktionsmittel in den Besitz der Gesamtheit nicht bewirken, ohne in den Besitz der politischen Macht gekommen zu sein.
Diesen Kampf der Arbeiterklasse zu einem bewussten und einheitlichen zu gestalten und ihm sein naturnotwendiges Ziel zu weisen – das ist die Aufgabe der Sozialdemokratischen Partei. [...]

Zit. nach: Hans Fenske (Hrsg.), Im Bismarck'schen Reich. Quellen zum politischen Denken der Deutschen im 19. und 20. Jahrhundert, Bd. VI, Darmstadt 1978, S. 32 f.

a) Vergleichen Sie die Parteiprogramme unter folgenden Gesichtspunkten: Welcher Bezug auf Marx und Engels (vgl. S. 21/22) ist jeweils zu erkennen? Wie wird die Rolle des Staates beschrieben? Welche Grundzüge des Lassalle'schen Programms von 1863 bzw. des Eisenacher Programms von 1869 sind in das Programm des Gothaer Vereinigungsparteitags 1875 eingegangen?
b) Charakterisieren Sie die Programme zusammenfassend mithilfe der Begriffe „revolutionär" und „reformerisch".

34 Lied und Bild als Medien der Verbreitung sozialistischer Ideen

a) Georg Herwegh hat dieses Lied 1863 auf Bitten Ferdinand Lassalles als Bundeslied für den „Allgemeinen Deutschen Arbeiterverein" geschrieben. Es gehörte zum Standardrepertoire der Arbeiterliederbücher. Strophe 10 hing in vielen Arbeiterwohnungen als „proletarischer Haussegen" an der Wand:

1. Bet' und arbeit'!, ruft die Welt,
Bete kurz!, denn Zeit ist Geld.
An die Türe pocht die Not –
Bete kurz!, denn Zeit ist Brot.

2. Und du ackerst, und du säst,
Und du nietest, und du nähst,
Und du hämmerst, und du spinnst –
Sag, o Volk, was du gewinnst!

3. Wirkst am Webstuhl Tag und Nacht,
Schürfst im Erz- und Kohlenschacht,
Füllst des Überflusses Horn,
Füllst es hoch mit Wein und Korn –

4. Doch wo ist *dein* Mahl bereit?
Doch wo ist *dein* Feierkleid?
Doch wo ist *dein* warmer Herd?
Doch wo ist *dein* scharfes Schwert?

5. Alles ist dein Werk!, o sprich,
Alles, aber nichts für dich!
Und von allem nur allein,
Die du schmiedst, die Kette, dein?

6. Kette, die den Leib umstrickt,
Die dem Geist die Flügel knickt,
Die am Fuß des Kindes schon
Klirrt – o Volk, das ist dein Lohn.

7. Was ihr hebt ans Sonnenlicht,
Schätze sind es für den Wicht;
Was ihr webt, es ist der Fluch
Für euch selbst – ins bunte Tuch.

8. Was ihr baut, kein schützend Dach
Hat's für euch, und kein Gemach,
Was ihr kleidet und beschuht,
Tritt auf euch voll Übermut.

9. Menschenbienen, die Natur,
Gab sie euch den Honig nur?
Seht die Drohnen um euch her!
Habt ihr keinen Stachel mehr?

10. Mann der Arbeit, aufgewacht!
Und erkenne deine Macht!
Alle Räder stehen still,
Wenn dein starker Arm es will.

11. Deiner Dränger Schar erblasst,
Wenn du, müde deiner Last,
In die Ecke lehnst den Pflug,
Wenn du rufst: Es ist genug!

12. Brecht das Doppeljoch entzwei!
Brecht die Not der Sklaverei!
Brecht die Sklaverei der Not!
Brot ist Freiheit, Freiheit Brot!

Herweghs Werke in einem Band, Berlin/Weimar 1977, S. 232 f.

Diskutieren Sie, ob Herwegh mit diesem Text eher eine reformistische oder eine revolutionäre Position vertritt; stellen Sie einen Vergleich mit dem Programm des „Allgemeinen Arbeitervereins" (M 33a) an.

b) Ansichtskarte zum 1. Mai, um 1900.
Solche bildhaften Darstellungen der Ziele der Arbeiterbewegung waren, insbesondere in Verbindung mit dem 1. Mai, weit verbreitet.
Beschreiben Sie zunächst die einzelnen Bildelemente und deuten Sie dann das Bildprogramm. Diskutieren Sie über die Darstellungsweise, die Botschaft und die Adressaten des Bildes unter der Frage: Die Revolution – ein malerischer Sonntagsspaziergang?
Vergleichen Sie Lied und Bild (M 34a/b) mit den Parteiprogrammen (M 33 a-e): Wie haben die verschiedenen Medien vermutlich auf einfache Arbeiter gewirkt?

35 Die Mitgliederentwicklung der Gewerkschaften und der Sozialdemokratie 1869–1910

Jahr	Beschäftigte in Industrie und Handwerk (in Tausend)	Gewerkschaftsmitglieder			Mitglieder der Sozialdemokratie
		Freie	Christliche	Hirsch-Duncker	
1869		47 192		30 000	
1872	4 762 (1871)	19 695		18 803	
1878	5 300	56 275		16 525	ca. 38 000 (1876)
1885	6 005	85 687		51 000	
1890	7 337	294 551		62 643	
1895	7 524	255 521	5500	66 759	
1900	8 950	680 427	76 744	91 661	
1905	9 572	1 344 803	191 690	116 143	384 327
1910	10 184	2 017 298	316 115	122 571	836 529

Nach: Walther G. Hoffmann, Das Wachstum der deutschen Wirtschaft seit der Mitte des 19. Jahrhunderts, Berlin/Heidelberg/New York 1965, S. 196–198 (Spalte 1); Gerd Hohorst/Jürgen Kocka/Gerhard A. Ritter, Sozialgeschichtliches Arbeitsbuch, Bd. II: Materialien zur Geschichte des Kaiserreichs 1870–1914, München 2. Aufl. 1978, S. 135 f. (Spalte 2–4); Sozialdemokratie im Deutschen Reich 1870–1914, Hamburg 1978, S. 64 (Spalte 5)

a) Fertigen Sie zu dieser Tabelle ein Kurvendiagramm an.
b) Kommentieren Sie anhand des Darstellungstextes die Entwicklung der einzelnen Gewerkschaftsgruppierungen.
c) Errechnen Sie den Organisationsgrad der Arbeiterschaft (Prozentsatz der organisierten Arbeiter) und vergleichen Sie mit dem entsprechenden Wert für die Partei.

36 Fallstudie: Der Streik der Elberfelder Färber 1857

1857 arbeiteten in der preußischen Stadt Elberfeld (heute ein Stadtteil von Wuppertal) etwa 1000 Färber in verschiedenen Fabriken. Elberfeld war ein Zentrum der Textilindustrie und der Färberei, aus der sich später die chemische Industrie (z. B. die Firma Bayer) entwickelte. Schon im Revolutionsjahr 1848 hatten sich die Färber in einer Innung organisiert. 1855 hatten sie für einige Tage die Arbeit niedergelegt, damit die Fabrikanten ihnen höhere Löhne zahlten. Zwei Jahre später traten sie erneut in den Streik.

a) 15. Juni 1857: Telegramm des Elberfelder Polizeidirektors an den Düsseldorfer Regierungspräsidenten:

Soeben haben in einigen Färbereien die Rotfärber wieder Arbeit eingestellt, um höheren Lohn zu erzwingen. Bis jetzt noch keine Gefahr vorhanden.

b) Am 17. Juni berichtet er:

In Verfolg meiner bisherigen ganz gehorsamsten Berichte zeige ich hierdurch pflichtschuldigst an, dass, nachdem in den meisten Färbereien die Arbeiten wieder begonnen hatten, sich heute die Färber mit der ihnen bewilligten Prämie [...] nicht zufrieden erklärt und massenhaft die Arbeit eingestellt haben, sodass fast alle Türkischrot-Färbereien stillstehen, in einigen aber nur wenige Leute vereinzelt arbeiten und diese von den andern bedroht werden. [...]

c) 25. Juni: Der Düsseldorfer Regierungspräsident berichtet dem preußischen Innenminister in Berlin, dass sich der größte Teil der Färber nach und nach zur Arbeit wieder eingefunden hat; er berichtet weiter:

Es ist gut, dass einige der Fabrikanten einzelne wieder eingetretene Arbeiter, die als übel wollende oder unzuverlässige Subjekte bekannt waren, zur Warnung der anderen nicht wieder zugelassen, sondern fortgewiesen haben.

Zwei Momente haben wohl wesentlich zu den baldigen Sinnesänderungen beigetragen, einmal der eingetretene Mangel an barem Gelde zur Bestreitung der täglichen Bedürfnisse, und dann die erfolgte Rückkehr von etwa 16 Färbern, die versuchsweise zur Arbeit an Eisenbahn- und Wegebauten nach Westphalen gegangen waren, sehr bald aber unzufrieden und klagend sich wieder einfanden, indem solche Arbeit seine sehr schwere und wenig lohnende sei. [...]

Straßenexzesse [Ausschreitungen] sind in keiner Weise vorgekommen; im Gegenteile haben die feiernden [streikenden] Arbeiter sich auffallend ruhig verhalten. [...]

Von den in meinem gehorsamsten Bericht vom 20. Juni erwähnten 6 Arrestanten [Inhaftierten] hat der Instructionsrichter [Untersuchungsrichter] 2 wegen mangelnden Beweises wieder entlassen.

d) 27. Juni: Der Elberfelder Polizeidirektor berichtet dem Düsseldorfer Regierungspräsidenten:

[...] Ich habe durch Anwendung einer ansehnlichen Geldsumme sowohl die Namen der bisherigen Sprecher [der Färber] erfahren, als auch zu Wege gebracht, dass ein Teilnehmer der Versammlung ferner ausführlich berichten wird. Auf diese Weise erhalte ich [...] Nachricht von allem, was vorgeht, sowie Angabe der Rädelsführer und Zeugen.

e) Am 29. Juni berichtet er ihm:

Ich habe im Laufe des gestrigen Tages in den Färbereien die Namen und Wohnung aller derer aufzeichnen lassen, welche als die Wortführer in den bisherigen Versammlungen mir bezeichnet worden waren sowie Namen und Wohnung aller hier beschäftigten ausländischen [nicht aus Preußen stammenden] Färbergesellen; die Beamten hatten den Auftrag durchblicken zu lassen, dass im Fall einer allgemeinen Arbeitsniederlegung die Ersteren sofort verhaftet und der gerichtlichen Procedur übergeben, die Letzteren per Zwangspass [Ausweisung] in ihre Heimat dirigiert werden würden. – Dies scheint gewirkt zu haben, denn heute, also zu der Zeit, wo die Arbeitseinstellung erfolgen sollte, arbeiten alle Gesellen regelmäßig. Hinzu kommt, dass einige Färbermeister wirklich eine Lohnerhöhung gewährt, andere dagegen erklärt haben, wer für den bisherigen Lohn nicht arbeiten wolle, könne aufhören, denn es sei dafür gesorgt, dass die nötigen Arbeitskräfte von auswärts verschrieben würden.

f) 3. Juli: Ein Beamter des Berliner Polizeipräsidiums war beauftragt worden, die Lage in Elberfeld auszukundschaften. Er berichtet:

Die Unzufriedenheit mit den derzeitigen Lohnsätzen ist hauptsächlich von den [Wäschern] ausgegangen, indem sie mit dem geringen Lohne bei der dort herrschenden Teuerung aller Lebensbedürfnisse in der Tat mit ihren Familien nicht auskommen können. [...] Ihre Arbeit ist eine beschwerliche und ungesunde, die ununterbrochene Hantierung in warmem und kaltem Wasser, der fortwährende Aufenthalt in einer dampferfüllten und mit den Ausdünstungen der zur Färberei verwendeten chemischen Färbestoffe geschwängerten Luft von nachteiligem Einfluss auf die Gesundheit.

Der größte Teil der Arbeiter macht daher auch in seiner äußeren Erscheinung den Eindruck einer durch Hunger und Entbehrung leidenden und verkümmerten Menschenklasse, man sieht nur abgezehrte blasse Gestalten ohne Lebenskraft und Lebensmut, selten ein freies, frisches und fröhliches Gesicht und gesunde und robuste Gestalten. Bei solchem Druck der äußeren Lebensverhältnisse musste auch dort das von den süddeutschen Arbeitern in jüngster Zeit gegebene Beispiel [auch dort war es zu Streiks gekommen] in den kummervollen Herzen einen mächtigen Widerhall finden, und die Arbeiter anreizen, eine Verbesserung auch ihrer Lage anzustreben und nach Erfordern mit Gewalt durchzusetzen. Sie mussten in diesem Gedanken umso mehr bestärkt werden, als in neuerer Zeit ja auch die reichen Fabrikherren sich nicht mehr scheuten öffentlich in Koalitionen [Zusammenschlüssen] zusammenzutreten, um auf diese Weise mit Ausschluss der

37 Robert Köhler, Der Streik, Gemälde (181,6 x 275,6 cm), 1886

Ob das Gemälde von Robert Köhler eine bestimmte historische Situation zeigt, wissen wir nicht. Aber man kann es als idealtypische Momentaufnahme in einer Konfrontation zwischen Arbeitern und einem Unternehmer betrachten und dabei die allgemeinen sozialen und gesellschaftlichen Bedingungen der Zeit ins Spiel bringen.

a) Fertigen Sie eine Kopie des Bildes an und markieren Sie darauf einzelne Personengruppen. Versuchen Sie sie zu benennen und beschreiben Sie die Haltung, die sie einnehmen.

b) Das Bild zeigt nur einen Augenblick in einem Ereignisablauf. Schreiben Sie eine Vorgeschichte dazu: Wie könnte die im Bild dargestellte Situation entstanden sein? Schreiben Sie in einem zweiten Schritt die Geschichte weiter: Was könnte jetzt geschehen? Nehmen Sie dabei die Kenntnisse zu Hilfe, die Sie bislang über die soziale Frage erworben haben.

c) Gestalten Sie die Szenerie in einer großformatigen Kopie des Bildes aus. Versehen Sie einzelne Personen und Personengruppen mit passenden Äußerungen in Sprechblasen. Berücksichtigen Sie dabei auch die „Randfiguren" (z. B. Frau mit Kindern links).

d) Untersuchen Sie die Gestaltungsmittel des Malers (Darstellung der Industrie, Bauten, Kleidung).

e) Stellen Sie in Ihrer Klasse das Gemälde in einem „lebenden Figurenbild" nach. Sie können dazu auch Spruchbänder oder Transparente mit entsprechenden Forderungen der Arbeiter anfertigen. Schildern Sie Ihre Gefühle in der jeweiligen Rolle, die Sie übernommen haben.

Konkurrenz die Preise ihrer Fabrikate […] nur zum Zweck ihrer Bereicherung um 10 bis 20 % willkürlich höher zu schrauben.

g) 11. Juli: Der Innenminister schickt den vertraulichen Bericht des Polizeibeamten an den Handelsminister. Er geht davon aus, dass der Handelsminister den Koalitionen und Preisabsprachen der Fabrikanten „besonderes Interesse zuwenden werde“; er schreibt weiter:

[Ich mache] darauf aufmerksam […], dass auch die Polizeibehörden sich dem Gesichtspunkt nicht verschlossen haben, bei Beseitigung der Elberfelder Bewegung – welche freilich die Hauptaufgabe der Polizei bleiben muss – doch auch den Interessen der Arbeiter die ihnen gebührende humane [menschliche] Berücksichtigung zuteil werden zu lassen.

Wolfgang Köllmann (Hrsg.), Historische Forschungen, Bd. V: Wuppertaler Färbergeselleninnung und Färbergesellenstreiks 1848–1857, Wiesbaden 1962, S. 70 ff.

a) Beschreiben Sie anhand der Quellen die Ursachen, den Verlauf und die Folgen des Streiks.
b) Die Schreiben geben die Einschätzung der Behörden wieder. Charakterisieren Sie die Position, die diese im Verhältnis zu Unternehmern und Arbeitern einnehmen.
c) Verfassen Sie zwei Schreiben aus unterschiedlicher Perspektive: Ein Unternehmer berichtet einem Freund/ein Arbeiter seinen Eltern über den Streik. Wie haben sie jeweils das Ereignis wahrgenommen? Wie haben die staatlichen Maßnahmen auf sie gewirkt? Fühlen sie sich als Gewinner oder Verlierer?

3.3 Frauenarbeit und Frauenbewegung

Frauen in der Textilindustrie

Die Lebenssituation von Frauen hing stets davon ab, welcher Schicht sie angehörten. In der traditionellen Landwirtschaft hatten Frauen ihre festen Aufgaben. Sie bereiteten das Essen und machten Vorräte haltbar, versorgten Geflügel und Kleinvieh, molken Kühe, fertigten Kleidung und Hausrat an oder beaufsichtigten Mägde bei diesen Arbeiten. Daran änderte sich auch im 19. Jahrhundert zunächst wenig. Allerdings konnten nach den Agrarreformen zu Beginn des Jahrhunderts viele Kleinbauernfamilien ihre Existenz kaum noch oder überhaupt nicht mehr über die Landwirtschaft sichern. Sie suchten deshalb ihr Auskommen verstärkt in der Heimarbeit, die als Haupt- oder Nebengewerbe betrieben wurde. Am weitesten verbreitet war die Textilherstellung; weil es besonders beim Spulen auf Geschicklichkeit ankam, übernahmen häufig Frauen oder sogar Kinder diese Arbeit. Und als im Laufe der Zeit die textile Heimarbeit durch die Fabrikarbeit zurückgedrängt wurde, entwickelte sich die Textilbranche zur Domäne industrieller Frauenarbeit. Nicht nur wegen ihrer Geschicklichkeit wurden Frauen dort gerne eingestellt. Sie erhielten von den Unternehmern weitaus weniger Lohn als die Männer. Die Haltung der männlichen Arbeiter gegenüber den Frauen war zwiespältig: Teils waren sie in der Familie auf deren Verdienst angewiesen, teils galten die Frauen als unliebsame, lohndrückende Konkurrentinnen. Neuen Auftrieb erhielt die weibliche Textil-Heimarbeit dann durch die Erfindung der Nähmaschine: Seit den Sechzigerjahren wurde die Näherin zum typischen Frauenberuf.

Die Doppelbelastung der Arbeiterfrauen

Dass unverheiratete Frauen aus Arbeiterfamilien berufstätig waren, wurde im Laufe der Industrialisierung immer selbstverständlicher. Bei verheirateten Frauen war Fabrikarbeit jedoch trotz aller materiellen Bedürftigkeit nicht die Regel. Die Hausarbeit und die Sorge für die meist zahlreichen Kinder erforderten allzu viel Zeit. Das war mit einer mindestens zehnstündigen Fabrikarbeit kaum zu vereinbaren; industrielle Teilzeitarbeit gab es weder für Männer noch für Frauen und die Männer überließen auch berufstätigen Frauen ganz selbstverständlich die herkömmlichen Haushaltspflichten. Wenn Frauen dennoch beides versuchten, forderte sie diese Doppelbelastung schnell bis zur völligen körperlichen Erschöpfung.

Dienstmädchen

Einen für das Kaiserreich typischen Arbeitsbereich von Frauen bildete das Dienstbotenwesen. 1882 war fast ein Viertel aller erwerbstätigen Frauen dort tätig. War früher die Beschäftigung von Dienstmädchen vornehmlich ein Privileg des Adels gewesen, so wurde sie nun geradezu zum Symbol bürgerlicher Repräsentation: Das Dienstmädchen war – eventuell mit anderem Personal – zuständig für alle unangenehmen und anstrengenden Hausarbeiten. Wer ein Dienstmädchen anstellte, demonstrierte damit, dass er es nicht nötig hatte, bei diesen Arbeiten selbst Hand anzulegen. Dienstmädchen kamen in aller Regel nicht aus Arbeiterfamilien, sondern aus den bäuerlichen und handwerklichen Unterschichten auf dem Lande und in den Kleinstädten, wo die Chancen auf Versorgung und Beruf schlecht waren. Die Arbeit war hart: Es musste seiner Herrschaft zeitlich praktisch unbegrenzt zur Verfügung stehen, hatte kaum Freizeit, erhielt außer der Beköstigung nur einen kargen Lohn und war fast völlig rechtlos. Die Gesindeordnung von 1810, die in Preußen bis zum Ende des Ersten Weltkriegs galt, schrieb ein geradezu feudales Herrschafts- und Abhängigkeitsverhältnis fest.

Frauen im Bürgertum

Ganz anders sah die Situation der Frauen aus den höheren Gesellschaftsschichten aus. In vorindustrieller Zeit war auch hier die Frau für eine Fülle von Haushaltsaufgaben zuständig gewesen. Mit der Zeit aber wurde im Haushalt immer weniger selbst produziert, stattdessen konnte man Fertigwaren kaufen. Die traditionellen Aufgaben der Frauen nahmen ab, auch die Hausarbeit im engeren Sinne und die Kindererziehung lagen zumeist in den Händen von Dienstpersonal. Dennoch blieb die Frau auf den häuslichen Bereich beschränkt: Zum Ideal des bürgerlichen Familienhaushalts wurde es, dass die Hausfrau möglichst wenig körperlich arbeitete, das Personal anleitete und beaufsichtigte und bei den standesüblichen Geselligkeiten den Status ihrer Familie „repräsentierte“. Die einzige öffentliche Betätigung, die Männer den Frauen zugestanden, war das Engagement in Wohlfahrtsvereinen. Berufstätigkeit für verheiratete Frauen dieser Schichten war verpönt.

Arbeit für bürgerliche Frauen

Entsprechend sah auch die Ausbildung der „höheren Töchter“ aus, bei der die musische Erziehung – Literatur, Sprachen, Malen, Musizieren, Sticken – im Vordergrund stand. Blieben sie unverheiratet, gab es nur wenige halbwegs standesgemäße Berufsmöglichkeiten; sie konnten Gouvernante oder Lehrerin (nur für Mädchen) werden. Geriet eine bürgerliche Familie in Not, sodass sie auf einen Zuverdienst der Frau angewiesen war, dann wurde dies meist schamvoll verdeckt; textile Hausarbeit, Nähen und Sticken, war meist die einzige Betätigung, die sich in dieser Situation bot. Deshalb stellten die weiblichen Angestelltenberufe, die zum Ende des Jahrhunderts hin entstanden, für bürgerliche Frauen einen erheblichen Fortschritt dar. Hier bot sich eine ganz neue und zahlenmäßig bedeutende Möglichkeit weiblicher Berufstätigkeit. Zwar waren die Arbeits- und Einkommensverhältnisse nicht gerade glänzend. Aber bürgerliche Frauen erhielten nun grundsätzlich die Chance auf ein eigenes Einkommen und eine berufliche Selbstverwirklichung, die ihnen bislang fast völlig vorenthalten worden waren.

Die bürgerliche Frauenbewegung

Für Frauen aller Gesellschaftsschichten gleichermaßen schlecht war die rechtliche Situation. Frauen durften sich nicht politisch betätigen. Eine verheiratete Frau war gegenüber ihrem Mann rechtlich weit gehend unmündig: Als Familienoberhaupt konnte er über die Lebensverhältnisse, über das Eigentum oder in der Kindererziehung nahezu allein bestimmen. Gegen diese patriarchalische Bevormundung forderten in der Revolution von 1848/49 Frauen die Teilhabe an den neuen Rechten und Freiheiten. Ihre Wortführerin war Louise Otto-Peters, ihr wichtigstes Organ die von dieser ins Leben gerufene und geleitete Frauen-Zeitung. Mit dem Ende der Revolution scheiterten auch diese Versuche; dennoch waren die Jahre 1848/49 die Geburtsstunde der Frauenbewegung in Deutschland. Einen neuen Anlauf zur Durchsetzung von Frauenforderungen bedeutete dann die Gründung des „Allgemeinen Deutschen Frauenvereins“, dessen Vorsitzende Louise Otto-Peters wurde. Dieser Verein wollte vor allem für die Frauen bürgerlicher Schichten bessere Bildungs- und Berufschancen erringen. Radikalere Vertreterinnen der bürgerlichen Frauenbewegung forderten die völlige politische Gleichstellung und damit das Wahlrecht der Frauen.

Die proletarische Frauenbewegung

Um politische Teilhabe und günstigere Bildungsmöglichkeiten ging es auch der proletarischen Frauenbewegung; insbesondere wollte sie die Arbeitsbedingungen von Frauen in der Industrie verbessern. Ihre Vorkämpferin war seit den Neunzigerjahren Clara Zetkin, die u. a. die sozialdemokratische Frauenzeitschrift „Die Gleichheit“ herausgab. Allerdings waren auch innerhalb der SPD Widerstände zu überwinden. Schon auf dem Vereinigungsparteitag 1875 hatte August Bebel die politische Gleichberechtigung der Frauen gefordert, aber erst auf dem Erfurter Parteitag 1891 machte sich die Partei dies in ihrem Programm zu eigen. Auch in Arbeiterkreisen waren die traditionellen patriarchalischen Vorstellungen von der natürlichen Überlegenheit des Mannes und der Unterordnung der Frau tief verwurzelt.

Auf dem Weg zur Gleichberechtigung

Wirkliche Rechte und Verbesserungen wurden den Frauen erst am Ende des Kaiserreichs zugestanden. 1908 erhielten sie das Vereins- und Versammlungsrecht, im gleichen Jahr wurden in Preußen, dem wichtigsten deutschen Teilstaat, Frauen zum Studium zugelassen und die höheren Mädchenschulen den Knabenschulen wenigstens nahezu gleichgestellt. Das allgemeine Wahlrecht folgte allerdings erst nach dem Ende des Kaiserreichs 1918, endgültig verankert in der Weimarer Verfassung 1919. Aber schon vor diesen Erfolgen hat das Engagement von Frauen in Vereinen, in der SPD, in den Gewerkschaften und nicht zuletzt bei Arbeitskämpfen – beim großen Streik in der Crimmitschauer Textilindustrie waren mehr als die Hälfte der Beteiligten Frauen – dazu beigetragen, dass Frauen ein neues Selbstverständnis und Selbstbewusstsein entwickeln konnten.

38 Plakat zum Frauentag 1914. Der Frauentag wurde 1911 zum ersten Mal von Frauen in Deutschland gefeiert. Plakattext: „Heraus mit dem Frauenwahlrecht. Frauentag 8. März 1914. Den Frauen, die als Arbeiterinnen, Mütter und Gemeindebürgerinnen ihre volle Pflicht erfüllen, die im Staat wie in der Gemeinde ihre Steuern entrichten müssen, hat Voreingenommenheit und reaktionäre Gesinnung das volle Staatsbürgerrecht bis jetzt verweigert.
Dieses natürliche Menschenrecht zu erkämpfen muss der unerschütterliche, beste Wille jeder Frau, jeder Arbeiterin sein. Hier darf es kein Ruhen, kein Rasten geben. Kommt daher alle, ihr Frauen und Mädchen in die am Sonntag den 8. März 1914 nachmittags 3 Uhr stattfindenden 9 öffentl. Frauen-Versammlungen.“

39 Frauenarbeit

a) Eine Arbeiterfrau berichtet über ihre Arbeitsbelastung in Fabrik und Haushalt, um 1900:

Meine tägliche Arbeitszeit in Haushalt und Fabrik beträgt 16 bis 18 Stunden. Unsere Familie zählt fünf erwachsene Köpfe im Alter von 15, 17, 19, 42 und 44 Jahren. Frühmorgens 4.30 Uhr ist die Nacht vorbei; dann ist es höchste Zeit, mich anzukleiden, zu waschen und das Frühstück für die anderen zu besorgen und alle zu wecken; denn 5.15 Uhr heißt es nach dem Betrieb gehen, da ich 45 Minuten bestimmt laufen muss. Um 6 Uhr beginnt die Arbeitszeit im Betrieb. Ich arbeite in einer Tuchfabrik und zwar in der Zwirnerei. Zuspätkommen darf im Betriebe nicht vorkommen. Wir arbeiten in Schichten von 6 bis 14 Uhr und von 14 bis 22 Uhr. Arbeite ich in der Vormittagsschicht, so geht von 14 Uhr die häusliche Arbeit an. Ich muss dann auf dem Wege von der Fabrik bis nach Hause die Einkäufe besorgen, sodass es dann meistens schon 16 Uhr ist, ehe ich im Heim bin. Hier angekommen, geht es sofort hurtig weiter. Das Mittagessen ist zu kochen; denn der Ehemann und die Kinder haben auch bald Feierabend. In der Zeit von 18 bis 19 Uhr halten wir unseren Mittagstisch. Nachdem und während der Zeit, wo das Mittagessen kocht, werden andere häusliche Arbeiten verrichtet. Bei der Nachmittagsschicht kommt noch hinzu, dass ich an drei Vormittagen neben der häuslichen Arbeit die Wäsche für die Familie waschen muss. Wir wohnen in einer Siedlung und haben noch zwei Gärten; die erfordern ebenfalls vom Frühjahr bis zum Herbst nicht wenig Arbeit. Von meinem Mann kann ich dabei sehr wenig unterstützt werden. Er verrichtet in einer Hutfabrik schwere Arbeit und ist abends sehr abgespannt.

Zit. nach: Helmut Paul Fielhauer, „Kartoffeln in der Früh, des Mittags in der Brüh'", in: Wolfgang Ruppert (Hrsg.), Die Arbeiter. Lebensformen, Alltag und Kultur, München 1986, S. 168 f.

b) Aus der preußischen Gesindeordnung von 1810, die das Verhältnis zwischen der Herrschaft und ihrem Dienstpersonal regelte und bis zum Ende des Kaiserreiches galt:

§ 73 Allen häuslichen Einrichtungen und Anordnungen der Herrschaft muss das Gesinde sich unterwerfen. […]

§ 76 Die Befehle der Herrschaft und ihre Verweise muss das Gesinde mit Ehrerbietung und Bescheidenheit annehmen.

§ 77 Reizt das Gesinde die Herrschaft durch ungebührliches Betragen zum Zorn und wird in Selbigem von ihr mit Scheltworten oder geringen Tätlichkeiten behandelt, so kann es dafür keine gerichtliche Genugtuung fordern.

§ 78 Auch solche Ausdrücke oder Handlungen, die zwischen anderen Personen als Zeichen der Geringschätzung anerkannt sind, begründen gegen die Herrschaft noch nicht die Vermutung, dass sie die Ehre des Gesindes dadurch habe kränken wollen.

§ 79 Außer dem Falle, wo das Leben oder die Gesundheit des Dienstboten durch Misshandlungen der Herrschaft in gegenwärtige und unvermeidliche Gefahr gerät, darf er sich der Herrschaft nicht tätig widersetzen.

§ 80 Vergehungen des Gesindes gegen die Herrschaft müssen durch Gefängnis oder öffentliche Strafarbeit nach den Grundlagen des Kriminalrechts geahndet werden.

Die preußische Gesindeordnung vom 8. November 1810, nach: Violet Schultz: In Berlin in Stellung. Dienstmädchen im Berlin der Jahrhundertwende, Berlin 1989, S. 20 f.

c) Aufgabenteilung im Büro aus männlicher Sicht, 1907:

Es wird sich sicherlich – von einzelnen Ausnahmen abgesehen – nur die Scheidung fortsetzen, die schon jetzt besteht: Dass die schwierigen Stellungen im Kontor und auf der Reise, ja selbst beim Verkauf und überall da, wo es gilt, kaufmännisch zu wirken, auf das Zustandekommen der Geschäfte hinzuwirken, mehr den Männern, die kleineren Verrichtungen im Kontor und das Verkaufen, wo es weiter nichts ist als ein Verabfolgen von Waren, mehr den Frauen zufallen. Aber diese Konkurrenz zu fürchten wäre unmännlich. Jeder männliche Kollege muss freilich seine Kräfte zusammennehmen und dafür sorgen, dass er bei dieser Arbeitsteilung auf die richtige Seite kommt. […] Dass viele kleine Arbeiten ausgeschieden und von weiblichen Kräften erledigt werden, während Männern die höhere Arbeit bleibt, ist doch auch eine Hebung der Männerarbeit.

J. Reif, Frauenarbeit im Handel. Broschüre des Deutschen Handlungsgehilfenverbandes, 1907, zit. nach: Büro 1880–1930. Frauenarbeit und Rationalisierung, Frankfurt/M. 1984, S. 34

d) Ein typischer Frauenberuf: „Fräuleins vom Amt" in der Vermittlung des Fernsprechamtes Berlin-Moabit, Fotografie, 1906

a) Erörtern Sie anhand von Text M 39 a): Weibliche Doppelbelastung – familiäres Organisationsproblem oder gesellschaftliche Frage?

b) Beschreiben Sie die soziale Position der Dienstmädchen.

c) Beschreiben Sie die Tätigkeiten, die in M 39 c)–d) als Frauenarbeit – im Verhältnis zur Männerarbeit – in Erscheinung treten. Führen Sie die Gründe an, die Frauen aus Männersicht für solche Arbeiten prädestinierten.

d) Erklären Sie, warum und für welche Frauen insbesondere Bürotätigkeiten attraktiv sein konnten.

40 Frauenforderungen

a) Louise Otto-Peters schreibt den Leitartikel in der ersten Nummer ihrer Frauen-Zeitung, 1849:

Die Geschichte aller Zeiten, und die heutige ganz besonders, lehrt, dass diejenigen auch vergessen wurden, welche an sich selbst zu denken vergaßen! – […] Dieser selbe Erfahrungssatz ist es, welcher mich zur Herausgabe einer Frauen-Zeitung veranlasst. Mitten in den großen Umwälzungen, in denen wir uns alle befinden, werden sich die Frauen vergessen sehen, wenn sie selbst an sich zu denken vergessen!

Wohl auf denn, meine Schwestern, vereinigt euch mit mir, damit wir nicht zurückbleiben, wo alle und alles um uns und neben uns vorwärts drängt und kämpft. Wir wollen auch unser Teil fordern und verdienen an der großen Welt-Erlösung, welche der ganzen Menschheit, deren eine Hälfte wir sind, endlich werden muss.

Wir wollen unser Teil fordern: das Recht, das Rein-Menschliche in uns in freier Entwicklung aller unserer Kräfte auszubilden, und das Recht der Mündigkeit und Selbstständigkeit im Staat.

Wir wollen unser Teil verdienen: Wir wollen unsere Kräfte aufbieten, das Werk der Welt-Erlösung zu fördern, zunächst dadurch, dass wir den großen Gedanken der Zukunft: Freiheit und Humanität (was im Grunde zwei gleichbedeutende Worte sind) auszubreiten suchen in allen Kreisen, welche uns zugänglich sind, in den weiteren des größeren Lebens durch die Presse, in den engeren der Familie durch Beispiel, Belehrung und Erziehung. […]

Zit. nach: Ute Gerhard/Elisabeth Hannover-Drück/Romina Schmitter (Hrsg.), „Dem Reich der Freiheit werb' ich Bürgerinnen". Die Frauen-Zeitung von Louise Otto-Peters, Frankfurt a. M. 1980, S. 37, 39

b) Aus dem Programm der sozialdemokratischen Frauenzeitschrift „Die Gleichheit", 1891:

„Die Gleichheit" tritt für die volle gesellschaftliche Befreiung der Frau ein, wie sie einzig und allein in einer im Sinne des Sozialismus umgestalteten Gesellschaft möglich ist, wo mit der ökonomischen Abhängigkeit eines Menschen von einem anderen Menschen die Grundursache jeder sozialen Knechtung und Ächtung fällt. Sie geht von der Überzeugung aus, dass der letzte Grund der Jahrtausende alten niedrigen gesellschaftlichen Stellung des weiblichen Geschlechts nicht in der jeweiligen „von Männern gemachten" Gesetzgebung, sondern in den durch wirtschaftliche Zustände bedingten Eigentumsverhältnissen zu suchen ist. [...]

Die wohlhabende Frau bedarf zu ihrer Emanzipation, ihrer Befreiung bloß der rechtlichen Gleichstellung mit dem Mann. Die Frau des Proletariats dagegen bleibt, auch wenn sie ihre rechtliche Gleichstellung mit dem Manne errungen, noch unfrei, abhängig vom Kapitalisten. Sie muss deshalb alle Bestrebungen unterstützen, welche darauf abzielen, die Macht der Kapitalistenklasse zu beschränken, die Macht der Arbeiterklasse dagegen zu erweitern; sie muss der Bourgeoisie alle die Konzessionen abzuringen suchen, welche geeignet sind, das Proletariat körperlich, geistig und sittlich zu heben. [...]

„Die Gleichheit" vertritt in erster Linie die Interessen der Proletarierinnen, ohne Unterschied, ob dieselben dem Proletariat der Kopfarbeit oder dem der Handarbeit angehören. Zwar sind sich die ersteren ihrer oft in gefälligere Formen gehüllten, aber umso schwerer lastenden Klassenlage vielfach nicht bewusst oder wollen dieselbe nicht eingestehen. Allein wir sind davon überzeugt, dass ihnen allen, den Lehrerinnen, Buchhalterinnen, Schriftstellerinnen, Kontoristinnen etc., durch die Entwicklung der wirtschaftlichen Verhältnisse die Erkenntnis dieser ihrer Zugehörigkeit zum Proletariat, die Erkenntnis der Notwendigkeit in Reih und Glied der kämpfenden Arbeiter zu treten, aufgezwungen wird.

Peter Scherer/Peter Schaaf: Dokumente zur Geschichte der Arbeiterbewegung in Württemberg und Baden 1848–1949. Stuttgart 1984, S. 97 f.

c) Aus dem Programm des „Allgemeinen Deutschen Frauenvereins", 1905:

Die Frauenbewegung setzt sich somit das Ziel: den Kultureinfluss der Frau zu voller innerer Entfaltung und freier sozialer Wirksamkeit zu bringen [...]

I. Bildung: [...] a) obligatorische Fortbildungsschulen [Berufsschulen] für alle aus der Volksschule entlassenen Mädchen; b) eine Reorganisation der höheren Mädchenschule, durch welche diese, unbeschadet ihrer dem Wirkungskreise der Frau entsprechenden Besonderheit, den höheren Knabenschulen gleichwertig wird [...] c) unbeschränkte Zulassung ordnungsgemäß vorgebildeter Frauen zu allen wissenschaftlichen, technischen und künstlerischen Hochschulen.

II. Berufstätigkeit. Die Frauenbewegung betrachtet für die verheiratete Frau den in der Ehe und Mutterschaft beschlossenen Pflichtenkreis als ersten und nächstliegenden Beruf. [...]

In Anbetracht der großen Zahl von Frauen, die unverheiratet bleiben, und der weiteren Zahl derer, die in der Ehe keine ausreichende wirtschaftliche Versorgung finden können, ist die Berufsarbeit der Frau eine wirtschaftliche und sittliche Notwendigkeit [...]

In Bezug auf die wirtschaftliche Bewertung der beruflichen Frauenarbeit vertritt die Frauenbewegung den Grundsatz: Gleichen Lohn für gleiche Leistung [...]

III. Ehe und Familie. Die Frauenbewegung sieht in der Heilighaltung der Ehe die wesentlichste Bürgschaft für das körperliche und geistige Wohl der Nachkommenschaft und die Grundbedingung sozialer Gesundheit [...]

IV. Öffentliches Leben, Gemeinde und Staat [...]

a) Zulassung der Frauen zu verantwortlichen Ämtern in Gemeinde und Staat, vor allem solchen, die zu den Interessen der Frauen in besonders naher Beziehung stehen [...]. b) Zuziehung der Frauen zur Vertretung der Laien bei der Rechtspflege [weibliche Schöffen und Geschworene]. c) Beseitigung der vereinsrechtlichen Beschränkungen der Frau. d) Teilnahme der Frauen am kirchlichen Wahlrecht. e) Teilnahme der Frauen am kommunalen Wahlrecht. f) Teilnahme der Frauen am politischen Wahlrecht.

Gerhard A. Ritter/Jürgen Kocka (Hrsg.), Deutsche Sozialgeschichte. Dokumente und Skizzen, Bd. II: 1870–1914, München 1974, S. 422–424

a) Vergleichen Sie die drei Stellungnahmen und das Plakat M 38 im Hinblick auf ihre Forderungen, die argumentative Begründung und die Sprache.

b) Ordnen Sie sie in den jeweiligen historischen Zusammenhang ein und benennen Sie die verschiedenen Positionen.

c) Diskutieren Sie, inwieweit man von einer einheitlichen Frauenbewegung sprechen kann.

41 Männer über Frauen und deren Forderungen

a) Der Staatsrechtslehrer Carl Welcker zählte in der Revolution von 1848/49 zu den führenden Vertretern der süddeutschen Liberalen. In dem von ihm mit herausgegebenen „Staats-Lexikon" beschreibt er die „Geschlechtsverhältnisse" (1847):

So weist also wirklich schon die ganze physische Natur die beiden Geschlechter darauf hin, sich übereinstimmend mit der bestehenden Einrichtung gegenseitig zu ergänzen. Sie bezeichnete den stärkeren, kühneren, freieren Mann als schaffenden Gründer, Lenker, Ernährer und Schützer der Familie und treibt ihn hinaus ins äußere Leben zum äußeren Wirken und Schaffen, in den Rechts- und Waffenkampf, zu schöpferischen neuen Erzeugungen, zur Erwerbung und Verteidigung. Sie bezeichnete die schwächere, abhängigere, schüchternere Frau zum Schützling des Mannes, wies sie an auf das stillere Haus, auf das Tragen, Gebären, Ernähren und Warten, auf die leibliche und humane Entwicklung und Ausbildung der Kinder, auf die häusliche Bewirtung und Pflege des Mannes und der häuslichen Familie, auf Erhaltung des vom Manne Erworbenen, auf die Führung des Haushaltes, auf die Bewahrung der heiligen Flammen des häuslichen Herdes. […]

Kaum bedarf es nun wohl noch besonderer Beweisführung, dass bei solchen Verschiedenheiten der Geschlechter, bei solcher Natur und Bestimmung ihrer Verbindung, eine völlige Gleichstellung der Frau mit dem Mann in den Familien- und öffentlichen Rechten und Pflichten, in der unmittelbaren Ausübung derselben, der menschlichen Bestimmung und Glückseligkeit widersprechen und würdiges Familienleben zerstören würde.

Carl Welcker, Artikel „Geschlechtsverhältnisse", in: Das Staats-Lexikon. Encyclopädie der sämtlichen Staatswissenschaften für alle Stände, hrsg. von Carl Rotteck und Carl Welcker, Bd. 5, Altona 2. Aufl. 1847, S. 661, 665

b) Karikatur auf die Frauenbildung aus den „Fliegenden Blättern", 1908/09:
„Aber ich bitt' Sie, mit so einem lieben G'sichterl studiert man doch nicht!"

c) Karikatur zum Frauenstimmrecht, um 1900:
„Wenn man eine gute Figur hat, denkt man nicht an Stimmrecht. Und wenn man eine schlechte hat, ist ein Korsett entschieden nützlicher."

d) Ein sozialistischer Autor über weibliche Fabrikarbeit, 1870:

Gibt es aber auch keinen besseren Platz in der menschlichen Gesellschaft für das weibliche Geschlecht, als dass wir sie dazu verdammen, mit in die Reihen der Lohnarbeiter eintreten zu müssen, damit sie von der Gewalt der Maschine überboten werden? Das Einzige, was den Menschen in seinem mühsamen qualvollen Dasein noch aufrechterhält, das ist die Liebe zum häuslichen Herd, zu Weib und Kind. Wenn das Band der Familie zerrissen wird durch Heranziehen der Frau zur Produktion, dann ist der Arbeiter förmlich seiner Heimat beraubt, und die Zustände werden noch trostloser, als sie jetzt sind.

Der Volksstaat Nr. 33, 23. 4. 1870

a) Untersuchen Sie die Argumentationsweise Welckers. Überprüfen Sie, von welchen Voraussetzungen er ausgeht und wie er seine Schlussfolgerungen zieht.
b) Vergleichen Sie mit M 40a) und diskutieren Sie den Charakter der Revolution 1848/49 aus der Perspektive des Geschlechterverhältnisses.
c) Erläutern Sie das Frauenbild, das den beiden Karikaturen zugrunde liegt.
d) Erörtern Sie die Beweggründe, die hinter der Stellungnahme d) stehen: männliches Eigeninteresse, sozialer Schutz für Frauen, Verhinderung weiblicher Gleichberechtigung?

3.4 Sozialpolitik – Unternehmer, Kirche, Staat

Paternalistische Unternehmer

Lange bevor der Staat sich in der sozialen Frage engagierte, versuchten einzelne Unternehmer die soziale Lage der Arbeiter zu verbessern. Der Ruhr-Industrielle Alfred Krupp z. B. gründete für seine Belegschaft Kranken-, Pensions- und Sterbekassen, eine Konsumanstalt, er ließ Fabrikschulen und Arbeiterwohnhäuser errichten – 1900 wohnten 12% aller Essener in Krupp'schen Wohnungen. Dahinter stand ein paternalistisches Selbstverständnis, aber auch ökonomisches Kalkül. Die Unternehmer wollten gute Arbeiter an ihren Betrieb binden, die oft hohe Fluktuation reduzieren und sich eine erfahrene Stammbelegschaft aufbauen. Und sie wollten ihre Arbeiter weniger anfällig für sozialdemokratische Tendenzen machen: Betriebsloyalität sollte vor Klassenbewusstsein gehen.

Die Kirchen

Etwa seit der Mitte des Jahrhunderts nahm die Diskussion über die soziale Frage auch unter Kirchenleuten zu. Zwar wollte man an der Abgrenzung gegenüber Staat und Politik festhalten, aber es wurde immer deutlicher, dass die traditionelle Einzelfallhilfe kein Heilmittel gegen die neuen sozialen Massenprobleme war. Auf katholischer Seite prägten vor allem der Pfarrer Adolph Kolping (1813–1865) und Bischof Wilhelm Emanuel von Ketteler (1811–1877) die sozialen Aktivitäten. Kolping gründete 1849 einen „Katholischen Gesellenverein". Darin wollte er unverheirateten Männern ein Zuhause bieten: Aufenthaltsräume, Geselligkeit, Bildung und religiöse Belehrung. 1864 hatte das „Kolpingwerk", der Zusammenschluss von inzwischen 400 Vereinen, bereits 60 000 Mitglieder. Eine grundsätzlichere Po-

Paternalismus: In der ständischen Welt war das Verhältnis eines Gutsherrn zu seinen erbuntertänigen Bauern oder eines Handwerksmeisters zu seinen Gesellen und Lehrlingen geprägt durch eine Mischung von Befehlsgewalt und Bevormundung, Verantwortung und Sorge. Auch der monarchische Landesherr sah sich gern als „Vater" seiner „Landeskinder". Viele Unternehmer übernahmen ein solches paternalistisches (lat.: pater = Vater) Selbstverständnis: Der Unternehmer fühlte sich für das Wohlergehen seiner Arbeiter verantwortlich. Genau so wie er für sie sorgte, wollte er aber auch über sie bestimmen – im Betrieb und bis ins Private hinein. Soziale Leistungen waren einseitig gewährte Wohltaten, sie hatten nichts mit Partnerschaft oder Mitsprache der Arbeiter zu tun.

sition bezog der Bischof Ketteler: Über die soziale Hilfe hinaus hielt er den sozialen Ausgleich innerhalb der Gesellschaft für notwendig. Das wurde zur Leitlinie der „Christlichen Arbeitervereine“ in der zweiten Jahrhunderthälfte. Auf evangelischer Seite war es vor allem Johann Hinrich Wichern (1808–1881), der das Fundament für ein verbreitertes soziales Engagement der Kirche legte; er rief die Diakonie (1843) und die Innere Mission (1848) der evangelischen Kirche ins Leben.

Der „Verein für Socialpolitik“

Zum Gegenstand allgemeiner politischer Debatte wurde die soziale Frage in den Siebzigerjahren. In der Gründerkrise wurde deutlich, dass industrielles Wachstum und Zunahme der wirtschaftlichen Prosperität keineswegs selbstverständlich waren. Der liberale Glaube an die Selbstregulierung des Marktes wurde erschüttert und das galt auch für den sozialen Bereich. Parallel dazu wuchs aus bürgerlicher Perspektive die Gefahr eines Umsturzes durch die erstarkende Sozialdemokratie. Die Frage nach Sozialreformen wurde im Bürgertum zum Thema, sie bewegte Pfarrer, Hochschullehrer, Lehrer und höhere Beamte. Im Zentrum dieser Bewegung stand der 1872 gegründete „Verein für Socialpolitik“. Er war maßgeblich bestimmt von Professoren der Nationalökonomie, die von ihren Gegnern als „Kathedersozialisten“ geschmäht wurden. Gegen das liberale Modell vom freien Markt, der sich gänzlich selbstständig und ohne Staatseinfluss („Nachtwächterstaat“) reguliere, plädierte der Verein dafür, der Staat solle Rahmenbedingungen setzen, zwischen den verschiedenen Interessen vermitteln und sozial ausgleichen.

Die Sozialgesetzgebung Bismarcks

Für eine aktive staatliche Sozialpolitik gab schließlich Reichskanzler Otto von Bismarck den Ausschlag. Über seine Motive hat man von Anfang an gestritten: Wollte er tatsächlich die Lage der Arbeiter verbessern oder in erster Linie der sozialdemokratischen Agitation den Wind aus den Segeln nehmen? So haben es die Sozialdemokraten gesehen und deshalb die Sozialgesetze im Reichstag abgelehnt, während die Liberalen und ein Teil des Zentrums ihre Abneigung gegen zu viel Staat überwanden.

1881 kündigte Kaiser Wilhelm I. mit seiner „Kaiserlichen Botschaft“ die neue Sozialpolitik an. 1883, 1884 und 1889 wurden dann die Gesetze über die Kranken-, Unfall- sowie die Alters- und Invaliditätsversicherung erlassen. Für den Krankheitsfall hatte es zuvor freiwillige Unterstützungskassen gegeben, in denen sich aber nur ein sehr kleiner Teil der Arbeiterschaft versichert hatte. Unfälle wurden über das Reichshaftpflichtgesetz geregelt. Da aber der verunglückte Arbeiter dem Unternehmer Verschulden nachweisen musste, war es nur selten zu Zahlungen gekommen. Versorgungsregelungen für das Alter waren gänzlich unbekannt gewesen: Einen Ruhestand gab es ohnehin nicht, Altersarmut galt als traditionelles und persönliches Problem und war ein Fall für die Armenfürsorge.

Die Sozialversicherungsgesetze brachten grundsätzliche Neuerungen mit sich: Die Versicherung war obligatorisch, nicht freiwillig; dementsprechend wurde die Versicherungsleistung jetzt zu einem Rechtsanspruch. Die Versicherung war nicht privat, sondern staatlich bzw. öffentlich-rechtlich organisiert. Und die Beiträge wurden nicht alleine von den Versicherten, sondern auch von den Unternehmern getragen bzw. bei der Rentenversicherung durch staatliche Zuschüsse ergänzt.

> **Sozialstaat:** Der moderne Staat als Rechtsstaat setzt den rechtlichen Rahmen für das Zusammenleben seiner Bewohner und sorgt für dessen Einhaltung. Der Sozialstaat strebt darüber hinaus soziale Gerechtigkeit in den gesellschaftlichen Verhältnissen an. In der Bundesrepublik ist dieses Sozialstaatsprinzip im Grundgesetz verankert. Mit den Bismarck'schen Sozialgesetzen wurde im Kaiserreich ein erster Schritt hin zum Sozialstaat getan: Sie gaben Arbeitern Rechtsansprüche auf soziale Leistungen.

Auswirkungen der Sozialgesetzgebung

Die Sozialgesetzgebung hat die soziale Lage der Arbeiterschaft nicht schlagartig verändert, aber doch spürbar verbessert. Am bedeutsamsten war die Krankenversicherung: Krankheiten konnten jetzt tatsächlich auskuriert werden, denn zum ersten Mal konnten es sich Arbeiter leisten, krank zu sein, wenn auch das Krankengeld knapp war. Auch die Familienangehörigen wurden später in die Versicherung einbezogen. Schwieriger war es mit der Unfallversicherung. Die Berufsgenossenschaften der Unternehmer, über die sie organisiert war, versuchten sich mit komplizierten Anerkennungsverfahren den Leistungen zu entziehen. Aber weil sich ihre Beiträge nach dem Unfallrisiko im jeweiligen Betrieb richteten, waren die Unternehmer jetzt selbst daran interessiert, die Arbeitssicherheit zu verbessern. Mit ihrer Zustimmung wurden Sicherheitsnormen eingeführt und wurde die Zahl der technischen Aufsichtsbeamten erhöht; die Menge der schweren Unfälle reduzierte sich (im Verhältnis zur Zahl der Arbeiter) erheblich.
Für die Betroffenen am wenigsten überzeugend war die Altersversicherung. Noch um 1900 erreichte nur etwa ein Viertel der männlichen Arbeiter die Altersgrenze von 70 Jahren. Die Renten waren so niedrig, dass man von ihnen kaum alleine leben konnte. Immerhin verbesserte die Rente aber die Stellung der alten Menschen im Familienverband, weil sie dort zum Haushaltseinkommen beitragen konnten. Eine Arbeitslosenversicherung, wie wir sie heute als wesentlichen Bestandteil des Sozialversicherungssystems kennen, ist im Rahmen dieser Reformen nicht entstanden. Arbeitslosigkeit wurde als individuelles Versagen betrachtet, die Unterstützung von Arbeitslosen war Sache der Armenfürsorge und der Gewerkschaften.

42 Die Sozialpolitik

a) Der Theologe Johann Heinrich Wichern über die Begründung der evangelischen „Inneren Mission", 1849:

Der Abfall der von Glücksgütern mehr begünstigten Familien vom letzten tiefsten Grunde des Lebens, der allein in Jesu Christo ist, ist in den letzten Jahrzehnten offenbar genug geworden; gerade in diesen Kreisen sind die Zeugnisse des Evangeliums am ehesten und entschiedensten abgewiesen und die unchristlichen oder gar antichristlichen Lehren haben hier am weitesten Eingang gefunden und Gestalt gewonnen. […]
Und ist nicht der Missbrauch des irdischen Besitzes in Geiz und Vergeudung, die Hartherzigheit, das Jagen nach Geld und Ehre, der Schwindelgeist im Geschäftsleben, der Geschmack an raffinierten Genüssen aller Art, das Wohlgefallen an einer ungesalzenen, schlechten Literatur, das schwankende oder leichtfertige Urteil über die heiligsten bürgerlichen und christlichsten Lebensverhältnisse […] – ist nicht dies alles ein großer tatsächlicher Beweis, dass bei aller Verschiedenheit der Erscheinungsformen in den obersten und mittleren Schichten der Gesellschaft dieselbe innere Fäulnis grassiert, dieselbe Selbstsucht wie in den untersten Ständen mächtig wirksam? […]
Nur durch eine sittliche Wiedergeburt des Volkes in seinen oberen und unteren Ständen kann eine befriedigende Ausgleichung zwischen den verschiedenen Besitzständen möglich werden, eine Ausgleichung, die wenn sie gründlich und andauernd sein soll, im Innern, in den Gemütern beginnen muss.

Zit. nach Werner Pöls (Hrsg.), Deutsche Sozialgeschichte. Dokumente und Skizzen, Bd. I: 1815–1870, München 1973, S. 284 f.

b) Der katholische Bischof Wilhelm Emanuel von Ketteler über die soziale Gesinnung des Christentums, um 1850:

Damit die Macht des Reichtums nicht die Armen erdrücke, dazu ist notwendig, dass die Reichen sich selbst beschränken und nicht alles, was einer rein egoistischen Ausbeutung aller den Reichen zustehenden Mittel möglich wäre, sich auch erlauben. Ebenso kann aber auch nur dieser Geist der Selbstverleugnung und der Bescheidenheit, den allein das Christentum erzeugt, den aber der moderne Unglaube in sein gerades Gegenteil, in einen Geist der Begierlichkeit und Unzufriedenheit verkehrt, der arbeitenden Klasse jene Sittlichkeit und Mäßigung, jene Arbeitsamkeit, Sparsamkeit und Genügsamkeit verleihen, wovon ihr und ihrer Arbeitgeber wahres Beste abhängt.

Zit. nach ebd., S. 288

c) Der Unternehmer Werner Siemens schreibt 1872 an die Londoner Niederlassung seiner Firma über die Stiftung einer Pensionskasse:

Unsere Absicht war, durch die Stiftung in der Lösung des berechtigten Teiles der sozialen Frage einen entscheidenden Schritt vorwärts zu machen und dieselbe in ihrem unvermeidlichen Fortgange dadurch wenigstens für uns ungefährlich zu machen. Für diesen berechtigten Teil halten wir die den Arbeitern, die nur selten in der Lage sind, sich Kapital zu ersparen, zu gebende Sicherheit einer sorgenfreien Existenz im Alter und der Existenz ihrer Familie bei ihrem frühzeitigen Tode. [...]
Es ist aber – abgesehen selbst von Streiks und anderen Arbeitsstörungen – von höchster Wichtigkeit, einen festen Arbeiterstamm zu schaffen, und zwar umso mehr, je weiter die Arbeitsteilung und die Maschinenarbeit entwickelt wird. Dies soll nun wesentlich durch unsere Pensionskasse bewirkt werden. [...] Steht bei ihnen erst die Überzeugung unwandelbar fest, dass denen, die bei uns bleiben, die Sorge für ihr Alter und ihre Familie genommen ist, so werden sie dadurch fest an das Geschäft geknüpft, sie werden den Umsturztheorien der Sozialisten abhold, werden sich Streiks widersetzen und haben eigenes Interesse am Gedeihen des Geschäftes.

Werner von Siemens, Briefe. Aus einem reichen Leben, Stuttgart 1953, zit. nach: Gerhard A. Ritter/Jürgen Kocka (Hrsg.), Deutsche Sozialgeschichte. Dokumente und Skizzen, Bd. II: 1870–1914, München 1974, S. 147 f.

d) Der Volkswirtschaftler Gustav Schmoller auf der Gründungsversammlung des „Vereins für Socialpolitik", 1872:

Der tiefe Zwiespalt, der durch unsere gesellschaftlichen Zustände geht, der Kampf welcher heute Unternehmer und Arbeiter, besitzende und nicht besitzende Klassen trennt, die mögliche Gefahr einer uns zwar bis jetzt nur von ferne, aber doch deutlich genug drohenden sozialen Revolution, haben seit einer Reihe von Jahren auch in weiteren Kreisen Zweifel erregt, ob die auf dem Markt des Tages unbedingt herrschenden volkswirtschaftlichen Doktrinen [...] immer die Herrschaft behalten werden, ob mit Einführung der Gewerbefreiheit, mit der Beseitigung der ganzen veralteten mittelalterlichen Gewerbegesetzgebung in der Tat die vollkommenen wirtschaftlichen Zustände eintreten werden, welche die Heißsporne jener Richtung prophezeien. [...]
Aufrichtig dem konstitutionellen System ergeben wollen sie [die Mitglieder des Vereins] doch nicht eine wechselnde Klassenherrschaft der verschiedenen einander bekämpfenden wirtschaftlichen Klassen; sie wollen eine starke Staatsgewalt, welche über den egoistischen Klasseninteressen stehend, die Gesetze gebe, mit gerechter Hand die Verwaltung leite, die Schwachen schütze, die untern Klassen hebe [...]
In Beurteilung unserer volkswirtschaftlichen Zustände leugnen sie entfernt nicht die glänzenden unerhörten Fortschritte unserer Zeit in Technik und Produktion, in Handel und Verkehr, aber sie erkennen auch offen die tiefen Missstände an, die steigende Ungleichheit des Einkommens und Vermögens, das unreelle Treiben, die mangelnde Solidität in einzelnen Kreisen des Handels, die Rohheit und Zügellosigkeit, die sich als Folge allgemeiner Ursachen in einem Teil der unteren Klassen in steigendem Maße zeigt. Als Hauptursache davon sehen sie den Umstand an, dass man in letzter Zeit bei allen Fortschritten der Arbeitsteilung, bei allen Neubildungen des Betriebs, der Geschäftseinrichtung, der Arbeitsverträge wie der Gesetzgebung über diese Dinge, stets nur fragte, wird im Augenblicke dadurch die Produktion gesteigert, und nicht die ebenso wichtige Frage stellte, welche Wirkung wird das auf die Menschen haben? [...] Unzufrieden mit unseren bestehenden sozialen Verhältnissen, erfüllt von der Notwendigkeit der Reform predigen wir doch keine Umkehr der Wissenschaft, keinen Umsturz aller bestehenden Verhältnisse, wir protestieren gegen alle sozialistischen Experimente. [...]
Wir wollen keine Aufhebung der Gewerbefreiheit, keine Aufhebung des Lohnverhältnisses, aber wir wollen nicht einem doktrinären Prinzip zuliebe die grellsten Missstände dulden und wachsen lassen; wir treten für eine maßvolle, aber mit fester Hand durchgeführte Fabrikgesetzgebung auf, wir verlangen, dass nicht ein so genannter freier Arbeitsvertrag in Wahrheit zur Ausbeutung des Arbeiters führe, wir verlangen die vollste Freiheit für den Arbeiter, bei Feststellung des Arbeitsvertrags mitzureden, selbst wenn er da Ansprüche erheben sollte, die scheinbar mit dem alten Zunftwesen eine gewisse Analogie haben. [...]
Wir verlangen vom Staate wie von der ganzen Gesellschaft und jedem Einzelnen, der an den Aufgaben der Zeit mitarbeiten will, dass sie von einem großen Ideale getragen seien. Und dieses Ideal darf und soll kein anderes sein, als das, einen immer größeren Teil unseres Volkes zur Teilnahme an allen höheren Gütern der Kultur, an Bildung und Wohlstand zu berufen, das soll und muss die große, im besten Sinn des Wortes demokratische Aufgabe unserer Entwicklung sein, wie sie das große Ziel der Weltgeschichte überhaupt zu sein scheint.

Zit. nach: Hans Fenske (Hrsg.), Im Bismarck'schen Reich (Quellen zum politischen Denken der Deutschen im 19. und 20. Jahrhundert, Bd. VI), Darmstadt 1978, S. 88–93

e) Bismarck über die Ziele der Sozialgesetzgebung im Januar 1881 in vertraulicher Runde:

[Ich will] in der großen Masse der Besitzlosen die konservative Gesinnung […] erzeugen, welche das Gefühl der Pensionsberechtigung mit sich bringt […]. Wer eine Pension hat für sein Alter, der ist viel zufriedener und leichter zu behandeln, als wer darauf keine Aussicht hat.

1884 in einer Reichstagsrede:

Der eigentliche Beschwerdepunkt des Arbeiters ist die Unsicherheit seiner Existenz; er ist nicht sicher, dass er immer Arbeit haben wird, […] dass er immer gesund ist, und er sieht voraus, dass er einmal alt und arbeitsunfähig sein wird. […] Für den Arbeiter ist das immer eine Tatsache, dass der Armut und der Armenpflege in einer großen Stadt zu verfallen gleichbedeutend ist mit Elend, und diese Unsicherheit macht ihn feindlich und misstrauisch gegen die Gesellschaft […] solange ihm der Staat da nicht entgegenkommt […] da wird er […] immer wieder zu dem sozialistischen Wunderdoktor laufen, und ohne großes Nachdenken sich von ihm Dinge versprechen lassen, die nicht gehalten werden.

Zit. nach: Hans-Ulrich Wehler, Deutsche Gesellschaftsgeschichte, Bd. 3: Von der „Deutschen Doppelrevolution" bis zum Beginn des Ersten Weltkrieges 1849–1914, München 1995, S. 910

h) „Kapitalistische Wohltaten", Karikatur von A. Staehle aus „Der wahre Jakob", 1905. Die Unterschrift lautet: „Der Kapitalist: So! Der läuft mir nicht mehr davon!"

f) Sozialversicherung im Deutschen Kaiserreich

Versicherungsart	Beiträge	Leistungen
Krankenversicherung 1883 für gewerbliche Arbeiter und (freiwillig ab 1892) Angehörige	2–3% des Lohns; $^{2}/_{3}$ vom Versicherten, $^{1}/_{3}$ vom Arbeitgeber	ärztliche Behandlung und Medizin, Krankenhauskosten; nach zweitägiger Wartezeit Krankengeld (50% des Durchschnittslohns, max. 2 Mark/Tag)
Unfallversicherung 1884 für gewerbliche Arbeiter	als Haftpflicht vom Arbeitgeber zu zahlen	Heilungskosten; bei Erwerbsunfähigkeit $^{2}/_{3}$ des Einkommens, $^{1}/_{5}$ für Witwen
Invaliditäts- und Altersversicherung 1889 für gewerbliche und Landarbeiter (ab 1911 auch für Familienangehörige)	1% (ab 1900 1,5–3%) des Lohns, je zur Hälfte von Arbeitnehmern und Arbeitgeber	Invalidenrente bei Erwerbsunfähigkeit (1911): 1,1 Mill. Rentenbezieher von durchschnittlich 187 Mark/Jahr; Altersrente ab 70. Lebensjahr und nach 30 Beitragsjahren (ab 1900: 24)

nach: Rainer Bölling/Johann Henseler (Hrsg.), Das deutsche Kaiserreich 1871–1918, Freiburg 1986, S. 47 f.

g) Die Botschaft des Kaisers zur Ankündigung der Sozialgesetzgebung, 1881:

Schon im Februar dieses Jahres haben wir unsere Überzeugung aussprechen lassen, dass die Heilung der sozialen Schäden nicht ausschließlich im Wege der Repression sozialdemokratischer Ausschreitungen, sondern gleichmäßig auf dem der positiven Förderung des Wohles der Arbeiter zu suchen sein werde. Wir halten es für unsere kaiserliche Pflicht, dem Reichstage diese Aufgabe von Neuem ans Herz zu legen, und würden wir mit umso größerer Befriedigung auf alle Erfolge, mit denen Gott unsere Regierung sichtlich gesegnet hat, zurückblicken, wenn es uns gelänge, dereinst das Bewusstsein mitzunehmen, dem Vaterlande neue und dauernde Bürgschaften seines inneren Friedens und den Hilfsbedürftigen größere Sicherheit und Ergiebigkeit des Beistandes, auf den sie Anspruch haben, zu hinterlassen. [...]

Für diese Fürsorge die rechten Mittel und Wege zu finden, ist eine schwierige, aber auch eine der höchsten Aufgaben jedes Gemeinwesens, welches auf den sittlichen Fundamenten des christlichen Volkslebens steht. Der engere Anschluss an die realen Kräfte dieses Volkslebens und das Zusammenfassen der Letzteren in der Form korporativer Genossenschaften unter staatlichem Schutz und staatlicher Förderung werden, wie wir hoffen, die Lösung auch von Aufgaben möglich machen, denen die Staatsgewalt allein in gleichem Umfange nicht gewachsen sein würde.

Zit. nach: Gerhard A. Ritter (Hrsg.), Das deutsche Kaiserreich 1871–1914, Göttingen 3. Aufl. 1977, S. 245 f.

a) Untersuchen Sie, welche Gemeinsamkeiten und Unterschiede es zwischen Wicherns (M 42 a) und Kettelers (M 42 b) christlich-sittlicher Grundlegung und Erneuerung und den Vorstellungen von Schmoller gibt (M 42 d). Stellen Sie Vermutungen über Wicherns und Kettelers Haltung gegenüber der Sozialdemokratie an.

b) Diskutieren Sie die Maßnahmen und Motive von Siemens´ (M 42 c). In welchem Verhältnis stehen soziale Fürsorge und ökonomisches Kalkül zueinander?

c) Unternehmerpatriarch früher und Manager heute – charakterisieren Sie diesen Gegensatz vor dem Hintergrund veränderter Rechts- und Sozialverhältnisse: Diskutieren Sie: Ist „paternalistisches“ Unternehmerdenken überholt?

d) Beschreiben Sie, welche Haltung Schmoller (M 42 d) gegenüber den Lehren von Adam Smith (Manchesterliberale), den Sozialdemokraten und dem Staat einnimmt. Bringen Sie sein Staatsverhältnis auf einen modernen Begriff.

e) Erörtern Sie: Sind alle drei Positionen im Zeitalter der Globalisierung überholt oder könnten sie gerade jetzt von neuem an Aktualität gewinnen?

f) Vergleichen Sie M 42 e) und g) mit M 42 a), b) und d): Welche Gedanken werden hier aufgegriffen?

g) Erläutern Sie anhand der Karikatur M 42 h) die sozialdemokratisch-gewerkschaftliche Sichtweise.

Zur Diskussion

Die Sozialgesetzgebung – politischer Bestechungsversuch oder wegweisende Errungenschaft?

Bismarcks Sozialgesetzgebung war schon unter den Zeitgenossen umstritten. Die Sozialdemokraten standen ihr zunächst ebenso ablehnend gegenüber wie die meisten Unternehmer. Diesen brachte sie zu viele Verpflichtungen und finanzielle Opfer, jene sahen darin nur eine Art flankierender Maßnahme zum Sozialistengesetz. Was war ausschlaggebend für Bismarcks Handeln: vordergründiges politisches Kalkül oder tiefere sozialmoralische Einsicht? Bis in die Gegenwart setzen die Historiker bei der Beurteilung von Bismarcks Motiven und Intentionen die Akzente unterschiedlich.

a) Aus einer offiziellen Darstellung der SED, 1966:

Die Erfolge der deutschen Sozialdemokratie veranlassten die herrschenden Klassen Ende 1881 ihre Unterdrückungsmethoden gegenüber der revolutionären Arbeiterbewegung zu ändern. So wurden dem neu eröffneten Reichstag am 17. November in einer kaiserlichen Botschaft Sozialreformen angekündigt. War der Regierung die Vernichtung der Sozialdemokratie durch Terror nicht gelungen, so versuchte sie jetzt, dieses Ziel zu erreichen, indem sie den Terror – die Peitsche – durch Korruption – das Zuckerbrot – ergänzte. Sie hoffte, die noch nicht zum Klassenbewusstsein erwachten Arbeiter auf

diese Weise vor den Karren der Reaktion spannen zu können, die Sozialdemokratie von der Arbeiterklasse zu isolieren und die Partei selbst möglichst zu spalten. Gleichzeitig wollte Otto von Bismarck mit den Sozialreformen, die er als so genannten Staatssozialismus ausgab, die ökonomische Gegnerschaft zwischen den Demokraten, den Linksliberalen und dem Proletariat verstärken um eine breite antimilitaristische, demokratische Volksbewegung zu verhindern. Er hoffte, damit jene „Ruhe und Sicherheit" im Innern zu schaffen, die er für die geplante Aufrüstung benötigte. […]
Die Resultate der Bismarck'schen Sozialgesetzgebung standen in keinem Verhältnis zu dem gewaltigen Theaterdonner, mit dem die herrschenden Klassen die Reformen einleiteten und begleiteten.

Institut für Marxismus-Leninismus beim Zentralkomitee der SED, Geschichte der deutschen Arbeiterbewegung, Kapitel III: Periode von 1871 bis zum Ausgang des 19. Jahrhunderts, Berlin 1966, S. 73 f.

b) Der Historiker Lothar Gall, 1980:

Zwar gab es für Bismarcks Politik auf diesem Gebiet eine ganze Reihe von sachlichen Beweggründen, auch Antriebe ethisch-moralischer Natur, die den Traditionen einer christlich-konservativen Staatsidee und eines patriarchalisch akzentuierten sozialen Verantwortungsgefühls entstammten. Aber es steht außer Frage, dass das politische Hauptziel der Bismarck'schen Sozialpolitik darin bestand, eine neue und verstärkte Form der direkten Staatsbindung zu erzeugen, dass es ihr darum ging, die Parteien […] ihrer Basis zu entfremden, sie gleichsam zu mediatisieren und dadurch als Konkurrenten um die Macht ins zweite Glied zu drücken.

Lothar Gall, Bismarck. Der weiße Revolutionär, Berlin 1980, S. 604 f.

c) Der Historiker Thomas Nipperdey, 1990:

[Bismarck wollte] durch bestimmte staatliche Maßnahmen, Wohltaten und Leistungen, die Ursachen der sozialen Rebellion entschärfen und eine neue Loyalität der Massen zum monarchischen Staat schaffen und dadurch die Arbeiter von den demagogischen sozialdemokratischen Führern trennen. Erkennbare Vorteile, die staatlich finanzierte Altersrente z. B., sollten die Zufriedenheit von Staatspensionären schaffen, den Staat als „wohltätige" Einrichtung zeigen, sollten in der großen Masse der Besitzlosen die konservative Gesinnung erzeugen, welche das „Gefühl der Pensionsberechtigung" mit sich bringt (1880): Loyalität. Bismarck hat sich oft fast zynisch über seine Spekulation auf die Interessen der Massen geäußert, darum steht das Argument bei Historikern nicht in hohem Ruf. Die Tatsache, dass unsere Demokratien am Ende des 20. Jahrhunderts ihre Legitimität zu einem gut Teil daraus beziehen, dass sie ökonomische Sicherheit und Wohlstand garantieren, sollte uns vorsichtig machen. […]
Bismarck hatte das cäsaristische Ziel, die Arbeiter staatlich zu domestizieren, wie Soldaten oder Beamte in den Staat einzubinden. Und er hatte eine große Perspektive von einem modernen Sozialstaat – im Rahmen der Monarchie natürlich. Beides ist wahr und schließt sich nicht aus.

Thomas Nipperdey, Deutsche Geschichte 1866–1918, Bd. 1: Arbeitswelt und Bürgergeist, München 1990, S. 337 f.

d) Der Historiker Hans-Ulrich Wehler, 1995:

Durch „kollektive Massenbestechung" (H. Rosenberg) ließ sich seiner [Bismarcks] Ansicht nach ein „Anfang" machen „mit der Versöhnung der Arbeiter mit dem Staate". […]
Bismarcks Ziel war es, durch staatliche Leistungen „die staatsfreundliche Gesinnung" von „kleinen Staatsrentnern" zu gewinnen, die durch ihre materielle Sicherstellung auch auf lange Sicht gegen die Sozialdemokratie immunisiert werden sollten. Für die Attraktion der Emanzipationsideen der organisierten Arbeiterschaft, für ihren Kampf um ungeschmälerte Staatsbürgerrechte besaß er kein Sensorium. Bismarck habe, urteilte Theodor Lohmann, anfänglich der engste Mitarbeiter in diesen Fragen, aus langjähriger Erfahrung mit Treffsicherheit, „für die Macht geistiger Strömungen im Guten und Schlechten kein Verständnis. Er operiert mit mechanischen Machtmitteln und setzt auch bei anderen nur die Berechnung auf Gewinn und Verlust voraus".

Hans-Ulrich Wehler, Deutsche Gesellschaftsgeschichte, Bd. 3: Von der „Deutschen Doppelrevolution" bis zum Beginn des Ersten Weltkrieges 1849–1914, München 1995, S. 910

Analysieren und vergleichen Sie, wie in den Texten die Motive und Ziele Bismarcks beschrieben und bewertet werden.

3.5 Die Auswanderung

Verschiedene Motive

Zwischen 1820 und 1914 sind mehr als fünf Millionen Deutsche ausgewandert, etwa 90% von ihnen in die USA. Dabei spielten unterschiedliche, häufig miteinander verknüpfte Motive eine Rolle: religiöse, politische und wirtschaftliche. Politische Motive herrschten vor am Ende der Revolution 1848/49: Die „Forty Eighters“ wurden in den USA zu einem Begriff. Aber insgesamt dominierten doch die wirtschaftlichen Beweggründe. Dabei kann man verschiedene „Push-“ und „Pull-“ Faktoren unterscheiden, also solche, die die Menschen von zu Hause forttrieben, und solche, die sie ins neue Land zogen; diese Faktoren wirkten allerdings fast immer zusammen.

Auswanderungswellen und wirtschaftliche Situation

Grundlegend war zumeist der Mangel an Arbeitsmöglichkeiten und damit an angemessenem Auskommen, verursacht durch den Bevölkerungsanstieg und die Freisetzung ländlicher Arbeitskräfte. Kleinbauern und Landarbeiter wanderten nach Amerika aus um dort eigenes Land zu erwerben und sich niederzulassen. Aber die Auswandererzahlen hingen auch mit der jeweiligen konjunkturellen Situation in Deutschland (im Verhältnis zu der in den USA) zusammen, also mit den Arbeitsmöglichkeiten in der Industrie.
Die erste große Welle der Auswanderung dauerte von 1846 bis 1857, also von der großen Hungerkrise bis zum endgültigen Beginn der Hochindustrialisierung in Deutschland. Eine zweite Welle von 1866 bis 1873 erklärt sich nicht aus der industriellen Entwicklung in Deutschland, sondern aus der Anziehungskraft der amerikanischen Verhältnisse. Sie begann nach dem Ende des amerikanischen Bürgerkriegs und ihr Abschluss ist durch das Einsetzen der wirtschaftlichen Depression in den USA markiert, die die Auswanderung dorthin nicht mehr attraktiv erscheinen ließ.
Eine dritte Welle dauerte dann von 1880 bis 1893: Die amerikanische Wirtschaft belebte sich nach der Krise schneller und nachhaltiger als die deutsche; als auch hier der Boom begann und sich neue Arbeitsplätze und verbesserte Einkommensmöglichkeiten boten, reduzierten sich die Auswandererzahlen wieder. Zugleich ging es mit der Westerschließung in den USA zu Ende, die Chancen auf Landerwerb sanken beträchtlich. Wer jetzt dorthin auswanderte, blieb in den Industriestädten des Ostens – auch vorher war allerdings längst nicht allen, die dies vorhatten, die erhoffte Ansiedlung gelungen. Ohnehin änderte sich die Zusammensetzung der Auswanderer, nicht mehr die Landbevölkerung, sondern die Industriearbeiterschaft bildete seit etwa 1880 den größten Anteil.
Über das, was sie erwartete, wussten die Auswanderer zunächst nur ungenau Bescheid. Man war auf Hinweise von Verwandten und Bekannten angewiesen oder bezog seine Informationen aus der Propaganda von Anwerbern. Hoffnungen überwogen oft genaue Kenntnisse: Amerika war ein Mythos, eine Chiffre für ein besseres, freieres Leben.

Auswanderung – Ventil oder Verlust?

Wie wurde die Auswanderung von den Zeitgenossen wahrgenommen? Die öffentliche Diskussion darüber war lebhaft. Zunächst sah man sie vor allem als eine Entlastung, als Ventil für eine wachsende Bevölkerung, die in der Heimat kein angemessenes Auskommen finden konnte. Seit der Gründung des Kaiserreichs herrschte dann der Gedanke vor, es handele sich um einen Verlust an nationaler Substanz. Tatsächlich hat wohl gerade in wirtschaftlichen Krisenzeiten die Auswanderung innerhalb Deutschlands eine erhebliche Entlastung des Arbeitsmarktes und seit den Achtzigerjahren auch der neuen sozialen Sicherungssysteme bewirkt.

43 Auswandererlieder (Mitte des 19. Jh.)

a) Heil dir Columbus, sei gepriesen

Heil dir Columbus, sei gepriesen,
Sei hochgelobt in Ewigkeit.
Du hast uns einen Weg gewiesen
Der nur aus harter Dienstbarkeit
Erretten kann, wenn man es wagt
Und seinem Vaterland entsagt.

Entledigt euch der Sklavenketten,
Die euch und eure Kinder drückt,
Und wähnet euch der Blumenbetten,
Womit sich unser Boden schmückt.
Ja, er verschafft uns Fröhlichkeit
Nach unsrer harten Dienstbarkeit.

Wir sehn mit wehmutsvollen Blicken
In die Vergangenheit zurück,
Ja, wir verwünschen die Geschicke,
Die euch wie Sklavenketten drücken,
Wo euch beständig bis zum Tod
Die harte Sklavenpeitsche droht.

Habt ihr bei allen euern Sorgen
Auch oftmals nicht das liebe Brot,
Bringt euch ein jeder neuer Morgen
Nur neuen Gram und neue Not,
So tröstet eure Kinder da
Mit diesem Land Amerika.

Ja Freunde, könnt ihr es bezwecken
Reicht euer Vermögen nur so weit,
So lasst die Reise euch nicht schrecken
Und setzet sie in Tätigkeit,
So werdet ihr nach langer Pein
Doch bei uns wieder glücklich sein.

Albin Gladen, Der Kreis Tecklenburg an der Schwelle des Zeitalters der Industrialisierung, Münster 1970, S. 215, zit. nach: Wolfgang Köllmann, Die Industrielle Revolution. Bevölkerung – Technik, Wirtschaft, Industrie – Unternehmer, Arbeiterschaft – Sozialreform, Sozialpolitik, Stuttgart 1987, S. 14 f.

Das Lied wurde in verschiedenen Fassungen gesungen. Zwei andere Strophen lauteten:

Hier ist der Mensch an nichts gebunden,
Was er erwirbt, gehört auch sein,
Die Steuern sind noch nicht erfunden,
Die unser Leben machen zu Pein,
Wer redlich schafft, der hat sein Brot,
Er leid't kein Mangel und kein' Not.

Hier in Amerikas freiem Land,
Da habens wir kein' Adelsstand,
Da ist der Mensch von jedem Stande
Als Mensch auch wahrhaft anerkannt.
Hier gilt der Graf und der Baron
Nicht mehr als wie ein Bauernsohn.

Lutz Röhrich, Das Auswandererschicksal im Lied, in: Peter Assion (Hrsg.), Der große Aufbruch, Marburg 1985, S. 73

b) In Amerika, da ist es fein

In Amerika, da ist es fein,
da fließt der Wein zum Fenster rein.
Da wächst der Klee drei Ellen hoch,
da gibt es Butter und Fleisch genug.

Kartoffeln gibt's wie Marzipan,
an jedem Stock drei Scheffel dran.
Wir ziehen ins Land, wo Immergrün
und selbst im Winter Rosen blühn.

Lutz Röhrich, a. a. O., S. 87

c) … bleibe du im Vaterhaus

Als wir kamen an das Meer,
da waren unsere Säcke leer!
das Geld war mir jetzt aus der Hand
und ich bin in einem fremden Land.
Ach Bruder, es sieht nicht gut aus,
Bleibe du im Vaterhaus.

H. Kohn, Und warum habt ihr denn Deutschland verlassen? 300 Jahre Auswanderung nach Amerika, Bergisch Gladbach 1992, S. 123

Erläutern Sie anhand der Liedtexte die „Push-“ und „Pull-“Faktoren für die Auswanderung: Welche Erfahrungen in Deutschland, welche Hoffnungen auf die USA kommen zur Geltung und wie realistisch sind diese?

♦

1. *Charakterisieren und bewerten Sie zusammenfassend die Lebens- und Arbeitsbedingungen der Industriearbeiterschaft.*
2. *Zwischen Reform und Revolution – bilanzieren Sie die Geschichte der Arbeiterbewegung im Kaiserreich: Was hat sie verändert und bewegt, überwiegen Erfolge oder Misserfolge?*
3. *Weibliche Berufstätigkeit – wirtschaftlicher Zwang oder Weg zur Emanzipation? Diskutieren Sie historische und aktuelle Situationen von Frauenarbeit.*

4. Industrie und Stadtentwicklung

Mit der Industrialisierung wurden die Städte zu Zentren der Produktion. Ein immer größerer Teil der Bevölkerung lebte und arbeitete dort. Dieser Prozess vollzog sich mit zeitlichen Unterschieden in ganz Europa, noch viel rascher aber in den USA. Diese quantitative Entwicklung bezeichnet man als Verstädterung. Die damit verbundenen qualitativen Veränderungen dagegen werden mit dem Begriff Urbanisierung beschrieben: Die Stadt wurde eine neue Lebenswelt. Ihre Bewohner entwickelten moderne Verhaltensweisen und Gewohnheiten, die noch unsere Gegenwart prägen.
Die bislang unbekannte Zusammenballung von Menschen schuf auch neue Probleme: die Versorgung der Bevölkerung mit Nahrungsmitteln und Trinkwasser, dann mit Gas und Strom, die Entsorgung von Fäkalien und Schmutzwasser, die Einrichtung städtischer Verkehrsmittel. Wie wurden die Städte mit diesen Aufgaben fertig? Und welche Folgen hatte die „Vermassung" für die Lebensweise der Menschen?

1825	Hannover führt als erste deutsche Stadt Straßenbeleuchtung mit Gaslaternen ein.
1849	In Hamburg entsteht das erste Wasserwerk Deutschlands.
seit 1850	Deutsche Städte beginnen mit dem Bau von Kanalisationen zur Abwasserentsorgung.
nach 1870	Die massenhafte Bevölkerungswanderung in die Städte beginnt.
1883	In Berlin wird die erste Vermittlungsanlage für Telefongespräche eingerichtet.
1884	Berlin beginnt mit der Einführung elektrischer Straßenbeleuchtung. Die ersten Elektrizitätswerke entstehen.
ab 1890	Schon 1881 war die erste elektrische Straßenbahn der Welt von Siemens in Berlin erprobt worden. In den Neunzigerjahren beginnen sich die Straßenbahnen in den deutschen Großstädten zu verbreiten.
1900	In Berlin wird die erste deutsche U-Bahn gebaut.
1900	Die ersten deutschen Kaufhäuser entstehen.
1910	Fast die Hälfte aller Einwohner Deutschlands lebt in Städten (mit mehr als fünftausend Einwohnern).

4.1 Binnenwanderung und Verstädterung

Die Städte wachsen

Die industrielle Verstädterung vollzog sich vor allem zwischen der Reichsgründung 1871 und dem Ersten Weltkrieg. 1871 lebten noch ca. 64% der deutschen Bevölkerung in Landgemeinden unter 2000 Einwohnern, 1910 waren es nur noch 40%. Der Anteil der Großstädte (über 100 000 Einwohner) stieg von 5 auf 21%, zugleich nahm ihre Anzahl von 8 auf 48 zu. Die Reichsbevölkerung wuchs in diesem Zeitraum von 41 auf 65 Mio. Menschen an (+58%). Die Zunahme bei den Städten lag dagegen bei fast 230%, einzelne Großstädte erreichten noch weitaus höhere Wachstumsraten, so etwa im Ruhrgebiet: Duisburg verzehnfachte seine Bevölkerung von ca. 33 000 auf 331 000 Einwohner, Gelsenkirchen verzwanzigfachte sie von knapp 8000 auf 170 000.

44 Eine Barackenstadt am Kottbuser Tor in Berlin. Zeichnung von L. Loeffler, um 1875.
Die Städte konnten den Zustrom an Menschen oft nicht fassen. Viele Zuwanderer mussten zunächst in provisorischen Unterkünften hausen.

Menschen unterwegs

Ursache dafür war eine Binnenwanderungsbewegung enormen Ausmaßes. Sie wuchs stark an mit dem Rückgang der Überseewanderung in die USA während der Neunzigerjahre. Ein Ergebnis der Volkszählung von 1907 beleuchtet diese neue Mobilität eindrucksvoll: Von gut 60 Mio. Deutschen lebten in diesem Jahr 29 Mio. nicht mehr an ihrem Geburtsort. Die Wanderung bewegte sich hin zu neuen Arbeitsorten. Neben dem Ruhrgebiet war vor allem der Berliner Raum das Ziel. Die Ruhrgebiets-Migranten kamen vorwiegend aus den nordöstlichen Provinzen Preußens, aus Pommern, West- und Ostpreußen; Berlin erhielt den meisten Zuzug aus Schlesien und Sachsen. Von diesen wichtigsten Zielgebieten abgesehen machte die Fernwanderung aber nur den kleineren und späteren Teil der Binnenmigration aus.
Zahlenmäßig wichtiger und früher war die Zuwanderung aus dem unmittelbaren Umland – typisch etwa für das Dienstbotengewerbe. Keineswegs immer handelte es sich um eine gezielte Zuwanderung und Niederlassung. Oft zogen die Migranten auf der Suche nach besserer Arbeit von Stadt zu Stadt. Aber auch innerhalb der Städte blieben sie auf der Suche nach Arbeitsplätzen oder Wohnungen in Bewegung. Die Zuwanderer erhöhten nicht nur direkt die städtische Bevölkerung, sondern auch mittelbar, da es sich in der Regel um junge Leute handelte, deren Zuzug dann auch die Geburtenrate vor Ort ansteigen ließ. So kam es zur „Jugendlichkeit" der Großstädte und zur „Vergreisung" des Landes, die für diese Zeit charakteristisch sind.

Mobilität: Durch die Industrialisierung nahm die Mobilität (lat.: Beweglichkeit) der Menschen in doppelter Hinsicht zu: räumlich und sozial. Räumliche Mobilität meint die Wanderung von einem Wohn- und Arbeitsort zu einem anderen. Soziale Mobilität bedeutet den Auf- oder Abstieg von einer sozialen Schicht in eine andere. Die neue Mobilität konnte gegen den Willen der Menschen durch die Umstände erzwungen sein. Aber es konnte sich auch um eine bislang unbekannte Freizügigkeit mit der Chance zur Verbesserung der Lebensverhältnisse handeln.

45 **Das Bevölkerungswachstum** in den 25 größten deutschen Städten (in 1000, jew. Gebietsstand)

	um 1816/19	um 1850	1870/1871	1910
Berlin	198	412	826	2071
Hamburg	128	175	290	931
München	54	107	169	596
Leipzig	35	63	107	679
Dresden	65	97	177	548
Köln	50	97	129	517
Breslau	75	111	208	512
Frankfurt a.M.	42	65	91	415
Düsseldorf	23	27	69	359
Nürnberg	26	54	83	333
Charlottenburg (heute Berlin-Ch.)	4	9	20	306
Hannover	15	28	88	302
Essen	5	9	52	295
Chemnitz	15	34	68	288
Stuttgart	23	47	92	286
Magdeburg	35	52	84	280
Bremen	38	53	83	247
Königsberg	61	73	112	246
Rixdorf (seit 1912 Neukölln, heute Berlin-N.)	1	3	8	237
Stettin	25	47	76	236
Duisburg	5	9	31	229
Dortmund	4	11	44	214
Kiel	7	16	32	212
Mannheim	19	24	40	194

Nach: Jürgen Reulecke, Geschichte der Urbanisierung in Deutschland, Frankfurt 1985, S. 203

Vergleichen Sie das Wachstum dieser Städte. Wählen Sie zwei Städte mit besonders schneller bzw. relativ langsamer Bevölkerungszunahme aus und versuchen Sie die Unterschiede anhand von Lage und Entwicklungsbedingungen zu begründen.

4.2 Stadtentwicklung und Daseinsfürsorge

Die Städte sprengen ihre Mauern

Die Industrialisierung veränderte den Charakter der Städte. Die Geschlossenheit des Stadtbildes, die Abgrenzung zwischen Stadt und Umland, wie sie noch bis ins frühe 19. Jahrhundert hinein typisch waren, gingen verloren. Die Industriestädte breiteten sich in ungeregeltem Wachstum aus. Dabei gab es verschiedene Entwicklungstypen: Am häufigsten war das Wachstum einer Stadt von einem vorhandenen Kern aus; es konnten aber auch mehrere Orte zu einer regelrechten Stadtlandschaft zusammenwachsen wie in Oberschlesien; und schließlich konnte eine solche Industrieagglomeration gleichsam auf der grünen Wiese neu entstehen – so war es im Ruhrgebiet.

In der Regel legte sich um die vorhandenen Städte mit der Zeit ein Ring von Gewerbeansiedlungen, oft gegliedert nach verschiedenen Branchen. Ihnen folgte dann die Entstehung von eng bebauten Arbeitervorstädten. Diese lagen zumeist deutlich getrennt von den bürgerlichen Vierteln mit Villen oder repräsentativen Mietshäusern und großen Gartenflächen. Für die Erweiterung der Städte mussten bauliche Hindernisse beseitigt werden: Alte Wallanlagen und Mauern wurden geschleift. In größeren Städten wurden nach dem Vorbild von Paris oder Wien Boulevards und Ringstraßen angelegt. Dafür musste alte Bebauung weichen. Auch alte Straßen, oft nur Lehmwege, wurden gepflastert und erhielten Bürgersteige.

Eisenbahn und Stadt

Ganz massiv veränderte die Eisenbahn das Stadtbild. Die Bahnhöfe entstanden üblicherweise am Rande der alten Kernstadt, lagen aber mit der Ausweitung der Städte dann schnell im Zentrumsbereich, ja bildeten selber neue zentrale städtische Orte. Die Bahngleise stellten zunächst Trennlinien dar, sie behinderten den übrigen Verkehr, zwangen ihn zur Benutzung der Bahnübergänge und zu Wartezeiten. Das wurde erst besser, als seit den Achtzigerjahren die Bahnstrecken im Stadtbereich hochgelegt wurden. Die Bahn und der Bahnhof wurden wesentliche Bestandteile der Stadtstruktur, auch der topografischen Orientierung: Es gab die „Bahnhofsviertel" oder die – meist schlechteren – Gegenden „hinter der Bahn".

Eine neue Verwaltung

Die städtischen Verwaltungen sahen sich mit der Expansion der Städte vor völlig neue Aufgaben gestellt. Um sie in den Griff zu bekommen waren Fachleute erforderlich: Eine neue Art von Berufsadministration trat an die Stelle der alten Honoratiorenverwaltung. Es gab aber nicht nur Handlungszwang, sondern auch neue Gestaltungsmöglichkeiten für die Städte, die in Deutschland sehr viel selbständiger agieren konnten als in anderen Ländern. Die kommunalen Selbstverwaltungsgremien – an ihrer Spitze die Bürger- oder Oberbürgermeister – trieben den Ausbau ihrer Stadt oft ehrgeizig voran und wetteiferten miteinander im Bau imposanter Rathäuser oder neuer Wasserwerke als Ausweis eines neuen stadtbürgerlichen Selbstbewusstseins und Modernitätsdenkens.

Hygiene – Kampf gegen die Seuchen

Die Bevölkerungskonzentration in den Städten schuf ganz neue hygienische Probleme: Fäkalien, Abfälle und Schmutzwasser mussten entsorgt, Trinkwasser musste zugeführt werden. Vor allem die Vermischung von Trink- und Abwasser führte zu Infektionskrankheiten, die sich – oft noch durch Mangel an Ernährung begünstigt – rasch zu Seuchen ausweiteten. Früher hatte man die Abwässer in offe-

46 Kahnfahrt des deutschen Kronprinzen durch die Hamburger Sielgewölbe, Holzschnitt, um 1880
Der Kronprinz bei der Kahnfahrt durch Abwasserkanäle – begründen Sie, warum wohl dieses ungewöhnliche Bildmotiv als Holzschnitt weite Verbreitung fand. Vergleichen Sie dazu M 48.

nen Rinnen oder Gräben abgeleitet oder gleich in den Boden entsorgt. Nun versuchte man die Hygieneprobleme mit dem Bau von Kanalisationssystemen zu lösen. Allerdings verlagerten auch die Fließkanalisationen die Probleme nur aus der Stadt. Die Abwässer wurden ungeklärt in die Flüsse eingeleitet, und unter ihnen hatten dann – wie auch unter den Industrieabwässern – die Anrainer flussabwärts zu leiden. Wirkliche Abhilfe brachte erst der Bau von Klärwerken: Sie

47 Der städtische Verkehr

a) Berlin, Pariser Platz und Unter den Linden, Radierung, um 1820

b) Berlin, Potsdamer Platz, Fotografie, 1914

haben sich in Deutschland erst nach dem Zweiten Weltkrieg, seit den Sechzigerjahren, flächendeckend durchgesetzt.
Für die Gewinnung von Trinkwasser reichten die alten städtischen Brunnen nicht mehr aus; es musste durch Leitungssysteme über größere Entfernungen aus Flüssen, Seen oder Stauseen herangeführt werden. Für die zentrale Wasserversorgung entstanden seit den Fünfzigerjahren Wasserwerke, erst teilweise in privater, später in städtischer Hand. Die Einführung von geschlossenen Trinkwasserleitungssystemen und Filteranlagen reduzierte die Ansteckungskrankheiten, insbesondere die Typhussterblichkeit, erheblich.

Gas und Strom

Schon in den Zwanzigerjahren hatten die ersten deutschen Städte begonnen, nach englischem Vorbild Gas für die öffentliche Beleuchtung zu nutzen. Seit Mitte der Fünfzigerjahre gab es geradezu einen Boom im Bau von Gaswerken. Sie wurden

c) Außenansicht des Anhalter Bahnhofs in Berlin, Stich, 1880

d) Die Ankunftshalle des Anhalter Bahnhofs in Berlin, Holzschnitt, 1880 zunächst meist privat, später vorwiegend städtisch betrieben. Das Geschäft war einträglich, denn die Nachfrage stieg schnell. Auch die privaten Haushalte nutzten Gas jetzt zur Beleuchtung, zum Kochen oder zum Heizen. Mit einem Abstand von dreißig Jahren breitete sich dann die Stromversorgung in den Städten aus, die auch für die gewerbliche Nutzung eine wichtige Rolle spielte. Andere öffentliche Einrichtungen ergänzten die städtische Infrastruktur: Schulgebäude und Krankenhäuser, Schlacht- oder Viehhöfe, Friedhöfe, Stadtreinigung und Berufsfeuerwehr. Ihre Einführung vollzog sich in doppeltem Sinne von oben nach unten, in den Großstädten früher als in Mittel- und Kleinstädten, in bürgerlichen eher als in Arbeitergegenden.

e) Eingangshalle des Anhalter Bahnhofs in Berlin, Stich, 1880

Städtische Massenverkehrsmittel

Ein weiterer wichtiger großstädtischer Problembereich waren der Verkehr und der Transport. Die Verbindungen zwischen den Städten verbesserten sich mit dem Ausbau der Eisenbahn erheblich, in den Städten blieb es zunächst bei den traditionellen Fortbewegungsmitteln: Man benutzte Pferde als Zug- und Reittiere oder ging zu Fuß. Ein erster Fortschritt war die Einführung von Pferdebahnen. Sie waren das erste öffentliche Nahverkehrsmittel. Ihnen folgten die elektrischen Straßenbahnen. Der Elektromotor als neue Antriebsmaschine und eine sichere Stromzuführung waren die Voraussetzungen für ihren Betrieb. Die Straßenbahnen verbreiteten sich schnell in den deutschen Städten, sie liefen 1908 in 44% der Großstädte. Dagegen bauten nur zwei deutsche Städte, nämlich Berlin und Hamburg, nach dem Vorbild Londons (1890) U-Bahnen. Automobile spielten bis zum Ersten Weltkrieg im städtischen Verkehr noch keine große Rolle. Die Probleme der „autogerechten Stadt" entstanden erst mit der Massenmotorisierung nach dem Zweiten Weltkrieg.

a) Beschreiben Sie anhand der beiden Bilder M 47 a) und b), wie sich der städtische Straßenverkehr verändert hat. Welche Individual- und Massenverkehrsmittel sind zu sehen? Wie wird jeweils der Straßenraum genutzt und von wem wird er in Anspruch genommen?

b) „Bahnhöfe als Kathedralen des Verkehrs" – erläutern Sie anhand der Abbildungen M 47 c)–e) diese Charakterisierung. Beachten Sie dabei besonders die architektonischen Gestaltungsmittel. Achten Sie auch auf Unterschiede zwischen der „Stadtseite" und der „Streckenseite" des Bahnhofs.

c) Außenansichten großer Bahnhöfe waren beliebte Motive für Ansichtspostkarten. Erläutern Sie, was das über die zeitgenössische Bedeutung des Reisens und der Bahnhöfe aussagt.

48 Wasser und Licht

a) In einem offiziellen Bericht von 1908 werden rückblickend die Abwasserprobleme Berlins zur Jahrhundertmitte geschildert:

Regenwässer und Schmutzwässer der Haushaltungen, teilweise auch Abwässer der Gewerbebetriebe ergossen sich in die zu beiden Seiten des Fahrdammes entlanglaufenden offenen Rinnsteine, in denen sie ihren Weg zu einem der öffentlichen Wasserläufe nahmen. Die Fäkalien wurden in die auf jedem Hofe befindlichen zementierten Senkgruben direkt aus den darüber stehenden Hofabtritten entleert, und in dieselben Senkgruben wurden die etwa an den Häusern aufgestellten Nachtstuhleimer ausgeschüttet. Der Inhalt der meist durchlässigen Gruben wurde nach Bedarf nur zwei- bis dreimal im Jahre abgefahren. Auch Müll, Asche und Scherben lagerten lange in Sammelbehältern auf den Höfen [...] Die Missstände wurden noch dadurch gesteigert, dass man, namentlich in den wohlhabenderen Stadtteilen, das Wasser der im Jahre 1852 hauptsächlich zur Spülung und Reinigung der Straßen eingerichteten ersten Wasserleitungsanlage zur Spülung von Wasserklosetts benutzte, und sich bei dem Fehlen einer geordneten Kanalisation die Klosettwässer in die vorhandenen Kanäle, Tonröhren und offenen Rinnsteine ergossen.

Das Preußische Medizinal- und Gesundheitswesen in den Jahren 1883–1908, Berlin 1908, S. 87 f.

b) Der dänische Schriftsteller Georg Brandes lebte sechs Jahre in Berlin. In seinen Erinnerungen schildert er die Einführung der elektrischen Straßenbeleuchtung 1883:

Während in Paris das Zentrum der Vergnügungen, der Opernplatz, als Erstes elektrisch beleuchtet war, sind es hier die Stationen der Stadtbahn und die ernste, verkehrsreiche Gegend am Potsdamer Platz. Tritt man ein, wo dies Licht herrscht, ist es einem im Grunde, als träte man nicht in einen neuen Stadtteil, sondern in eine völlig neue Epoche, und steht man abends am Potsdamer Platz und lässt den Blick erst an der doppelten Lichtflut der Leipziger Straße entlanggleiten und ihn dann in die lange Potsdamer Straße fallen, die sich heute mit ihren gewöhnlichen, vor zwanzig Jahren noch so grellen Gaslaternen im Vergleich zur Leipziger wie die dunkle Hauptstraße einer Kleinstadt des letzten Jahrhunderts ausnimmt, dann ist dem Betrachter zumute, als sei er aus dunklen vergangenen und vergehenden Zeiten der Barbarei in ein neues Zeitalter eingezogen, dessen Wesen Licht ist und die Freude über das Licht.

Georg Brandes, Berlin als deutsche Reichshauptstadt. Erinnerungen aus den Jahren 1877–1883, Berlin 1889, zit. nach: Ruth Glazer, Berlin wird Kaiserstadt. Panorama einer Metropole 1871–1890, Berlin 1993, S. 280

a) Diskutieren Sie, inwieweit das im zweiten Teil des Textes M 48 a) dargestellte Vorgehen für den Umgang mit Umweltproblemen bezeichnend ist.
b) Erläutern Sie die praktische und übertragene Bedeutung des elektrischen Lichts, die in Text M 48 b) zum Vorschein kommt.

4.3 Urbanisierung, Großstadtfaszination und Großstadtfeindschaft

Individualisierung und Pluralisierung der Lebensstile

Mit der Veränderung des Stadtbildes wandelten sich auch die Lebensweisen der Stadtbewohner. Es entstand ein neuer „urbaner" Lebensstil, der sich zunächst vorwiegend im Bürgertum ausprägte, aber heute längst Allgemeingut geworden ist. In der Anonymität der Großstadt wurde der Lebenskreis weiter, nahm die soziale Kontrolle im unmittelbaren Umfeld ab. Kontakte waren nicht mehr, wie im Dorf oder in der Kleinstadt, durch räumliche Nachbarschaft vorgegeben. Kurz: Großstadt bedeutete Individualisierung und zugleich Pluralisierung der Lebensstile. Anders war es allerdings in den Arbeitervierteln: Hier spielten die Nachbarschaft, das Haus, die Straße, das Milieu sogar eine besondere Rolle.

Massenkonsum, Massenunterhaltung, Massenkultur

Nur scheinbar im Widerspruch zur Individualisierung standen Massenkonsum und Massenunterhaltung. Immer mehr Menschen hatten das Bedürfnis, an Mode, Luxus und Unterhaltung teilzuhaben und verfügten auch über die materiellen Möglichkeiten dazu. Zum Symbol dafür wurde das Warenhaus. Vorbilder waren ab 1850 die Pariser Häuser, das „Bon Marché" oder die „Galerie Lafayette". Um die Jahrhundertwende entstanden die deutschen Firmen Hermann Tietz (Hertie), Leonhard Tietz (heute Kaufhof) oder Rudolph Karstadt. Kinos und Kabaretts, Zoos und Gärten wurden zu neuen Stätten der Unterhaltung. Aber auch die Hochkultur verbürgerlichte und wurde zum Bestandteil des urbanen Lebensstils: Die Städte bauten Museen, Opernhäuser und Bibliotheken, hielten sich Orchester und Schauspielensembles. Am Ende des Kaiserreichs zeichnete sich damit auch in Deutschland das Entstehen einer neuen bürgerlichen Massenkultur ab, wie sie heute unsere Lebensweise prägt.

Die Großstadt – Metropole oder Moloch?

Wie nahmen die Zeitgenossen diese Veränderungen wahr? Die einen sahen sie positiv. Die Großstädte, die Metropolen galten als Knotenpunkte, als „Laboratorien" der Modernität. Von ihnen gingen Veränderung und Dynamik aus; das städtische Leben lief schneller, der Städter war flexibler und verfügte über eine raschere Auffassungsgabe. Die Stadt galt als Maß der neuen Dinge, das Land wurde zur Provinz. Auf der anderen Seite standen die Kritiker. Sie sahen die Stadt als Ort sittlichen Verderbens und kulturellen Verfalls, aber auch politisch-sozialer Gefährdung durch die Sozialdemokratie. Der Großstadtmensch sei entwurzelt, vereinzelt und oberflächlich. In der Großstadtkritik bündelten sich alle Ängste vor dem und Widerstände gegen den Zerfall alter gesellschaftlicher Ordnungen und Lebensverhältnisse im Zuge der Industrialisierung. Als Gegenbild dazu wurden die vermeintlich heile bäuerliche Welt und die Natur beschworen, deren Schlichtheit, Überschaubarkeit und Ruhe gegen die städtische Hektik und Unübersichtlichkeit gestellt. Ablehnung der Stadt, Erfahrung des Ursprünglichen und Natürlichen waren dann auch wichtige Motive der Jugendbewegung.

49 Die Stadt – Verfall oder Blüte der Zivilisation?

a) Der Kulturhistoriker Hans Riehl, 1854:

Diese großen und kleinen Großstädte, in denen jede Eigenart des deutschen Städtewesens abstirbt, sind die Wasserköpfe der modernen Zivilisation. […] Luxusarbeiter, Spekulanten, Lehrlinge, Gehilfen, Dienstleute, Tagelöhner usw. sind es, die den Bevölkerungsziffern jener Städte so viele Nullen ansetzen. Das Proletariat ist es, das von den kleinen Städten in die großen flutet um von dort aus Stadt und Land zu beherrschen. Nicht die notwendigen, den unabweislichen Lebensbedürfnissen dienenden Gewerbe vermehren sich auffallend rasch in den Großstädten, sondern die kurzlebigen Luxusgewerbe […]. Am stärksten aber nehmen zu Tagelöhner und Gesinde. Die ländliche Bevölkerung lebt größtenteils familienweise zusammen, die städtische dagegen zu einem starken Teile vereinzelt. Diese Vereinzelung nimmt zu, je mehr die größeren Städte Großstädte werden. […] Unterlässt der Staatsmann aber die Erwägung des sozialen Moments, dann wird die Zunahme der großstädtischen Volksmasse von einem wahrhaft vernichtenden Gewicht für unsere Zivilisation. […] Die Herrschaft der Großstädte wird zuletzt gleichbedeutend werden mit der Herrschaft des Proletariats. […] Bei den ins Ungeheuerliche und Formlose ausgestreckten Großstädten hört der besondere Charakter der Stadt als eines originellen, gleichsam persönlichen Einzelwesens von selber auf. Jede Großstadt will eine Weltstadt werden, das heißt uniform allen anderen Großstädten, selbst das unterscheidende Gepräge der Nationalität abstreifend.

Wilhelm H. Riehl: Land und Leute, Leipzig 1854, S. 64 f.

b) Der Abenteuerschriftsteller Karl May schreibt 1876 über den Städter:

Die Mannigfaltigkeit der Bilder, wie sie das Stadtleben zeigt, bewirkt größere Erfahrung; die Schnelligkeit, mit der diese Bilder einander folgen und ablösen, schärft den Blick und führt zu Geistesgegenwart. Ein zehnjähriger Berliner Schusterjunge hat bedeutend mehr gesehen als ein neunzigjähriger Greis, der nicht aus Kuhschnappel oder Lämmershausen hinausgekommen ist, und wie sich die Erfahrungen häufen, so auch die Hindernisse, an denen sich der Mut, das Selbstvertrauen und die Unternehmungslust stählt. Wie die Szenerie der Stadt lebhafter ist als des Dorfes, so ist auch der Bewohner der Stadt körperlich und geistig beweglicher als der

Dörfler […]. Die Beweglichkeit […] macht den Städter gescheit, sich in die Verhältnisse zu fügen, von den Sorgen des Schicksals sich schnell zu erholen und erteilt ihm eine Elastizität des Geistes, die alles in ihren Bereich zu ziehen sucht und von nichts Schwierigem zurückbebt, sobald es überhaupt durch Menschenkraft erlangt oder ausgeführt zu werden vermag.

Das bereits Gewonnene und Eroberte wirft er leicht hinter sich und schreitet gern von einem Ziel zum anderen.

Karl May, Schacht und Hütte, 1876, Bamberg 1972, S. 461 f.

c) Der sozialistische Publizist Curt Grottewitz über Stadt und Warenluxus, 1903:

Große Städte hat es schon vor Jahrtausenden gegeben, Babylon, Theben, Rom. Sie alle waren wohl immer Stätten der Überkultur, der Naturwidrigkeit. […] So durchaus der menschlichen Natur zuwider ist dieses Leben, dass es Anpassung hier gar nicht gibt. […] Der moderne Verkehr, diese […] Todeshetze mit ihren röchelnden und stöhnenden Geräuschen, ruiniert die Nerven in wenigen Jahren. […] Die Nervosität führt allmählich zu vollständiger körperlicher und geistiger Erschlaffung, zur Zuckerkrankheit, zu Geisteskrankheiten. […] Was aber die sitzende Lebensweise in der Großstadt heutzutage vollends zum fahrlässigen Selbstmord macht, das ist die ungenügende Atmung, Beleuchtung, Ernährung und Erholung. […] Ist die Arbeit in der Großstadt ungesund, so sind es leider meistens auch die Vergnügungen, die Erholung. […] Aber dieses Gedränge in der Stadt ist doch auch nicht das Wünschenswerte. Es muss jeden Menschen verflachen, ihn dazu verführen, den Schein für das Sein zu nehmen, und ihm das tiefere Nachdenken über das Geschehene unmöglich machen. Das wirre Vorbeijagen immer neuer Bilder ist eine der schlimmsten Ursachen zur Geistes- und Gemütsverarmung. […] Der Warenluxus in den Straßen verführt zu einem ganz verkehrten Ideal. Es ist der stille Wunsch fast eines jeden, der ein Schaufenster betrachtet: Ach, hätte ich doch alle diese schönen Dinge! Aber gesetzt, jeder könnte sie haben, was für ein vom nichtsnutzigsten, widerwärtigsten Luxus zerfressenes Volk wären wir dann! […] Zu diesem gänzlich unmännlichen, ungesunden Luxus, zu dieser Narretei, die den Menschen zum Parasiten und zum Sklaven seiner Kostbarkeiten macht, verlockt, nötigt, erzieht dieses Schaugepräge der Großstadt.

Curt Grottewitz, Freundschaft mit der Natur, in: Socialistische Monatshefte 7 (1903), S. 519–527

d) Das Kaufhaus Wertheim in Berlin, Fotografie, 1906

Der „Konsumtempel": Charakterisieren Sie anhand des Bildes und von Text e) die ökonomische und gesellschaftliche Bedeutung des Kaufhauses zwischen Repräsentation und Massenkonsum.
Worin besteht die „Modernität" des Kaufhauses?

e) Der Publizist Leo Colze über Berliner Warenhäuser, 1908:

Mit der Entwicklung Berlins zur Großstadt, zur internationalen Weltstadt, ist auch die Entstehung moderner Geschäftspaläste eng verknüpft. Wenn heute in den großen Verkehrsadern der Reichshauptstadt Geschäftspalast an Geschäftspalast sich reiht, wenn lichtdurchflutete Schaufenster mit den hervorragendsten Erzeugnissen sämtlicher Industrien der Kulturvölker nicht nur zum Kauf anreizen, sondern auch rein zu unserem ästhetischen Sinn sprechen, wenn heute auch der kleine Mann in der Lage ist sich für Preise in den Besitz von Luxusartikeln zu setzen, für die er sonst kaum brauchbare Bedarfsmasse erhielt, so ist dies einzig und allein das Verdienst des modernen Warenhausorganismus. Ich [...] möchte aber nicht unerwähnt lassen, dass m. E. nach die Großwarenhäuser Berlins ein gut Teil mitbestimmend auf die Entwicklung der Spreemetropole zur Weltstadt gewirkt haben. Überall da, wo Warenhauspaläste entstanden, begann sich bald in naturgemäßer Folge ein überaus reger Verkehr zu entwickeln. [...] Berlin, die jüngste der europäischen Weltstädte, hat ein so rapides Wachstum durchgemacht, dass selbst aufmerksamen Beobachtern manche Symptome und Momente entgangen sind, die gerade als ein für das Aufblühen Berlins besonders markantes Zeichen zu gelten haben. [...] Hier weht Weltstadtluft.

Leo Colze, Berliner Warenhäuser, in: Jürgen Schutte/Peter Sprengel (Hrsg.), Die Berliner Moderne, Stuttgart 1987, S. 104 ff.

f) Gerrit Engelke: Stadt, 1912

Zehntausend starre Blöcke sind im Tal errichtet,
Aus: Stein auf Stein um Holz- und Eisenroste hochgeschichtet;
Und Block an Block zu einem Berg gedrückt,
Von Dampfrohr, Turm und Bahn noch überbrückt,
Von Draht, der Netz an Netze spinnt.
Der Berg, von vielen Furchen tief durchwühlt:
Das ist das große Labyrinth,
Dadurch das Schicksal Mensch um Menschen spült.

Fünfhunderttausend rollt im Kreis das große Leben
Durch alle Rinnen fort und fort in ungeheurem Streben:
In Kaufhaus, Werkstatt, Saal und Bahnhofshalle,
In Schule, Park, am Promenadenwalle,
Im Fahrstuhlschacht, im Bau am Kran,
Treppauf und -ab, durch Straßen über Plätze,
Auf Wagen, Rad und Straßenbahn:
Da schäumt des Menschenstrudels wirre Hetze.

Fünfhunderttausend Menschen rollt das große Leben
Durch alle Rinnen fort und fort in ungeheurem Streben.
Und karrt der Tod auch Hundert täglich fort,
Es braust der Lärm wie sonst an jedem Ort.

Schleppt er vom Hammer-Block den Schmied,
Schleppt er vom Kurven-Gleis den Wagenleiter:
Noch stärker brüllt das Straßenlied:
Der Wagen fährt – der Hammer dröhnt weiter.

Gerrit Engelke, Das Gesamtwerk. Rhythmus des neuen Europa, hrsg. von Hermann Blome, München 1960, S. 47

a) Sammeln Sie in einem Raster die Urteile und Argumente, die in den Texten M 49 a)–c) für oder gegen die Großstadt vorgebracht werden. Untersuchen Sie, aus welcher Perspektive und von welcher Grundhaltung aus die Autoren jeweils urteilen. Versetzen Sie sich in die Lage verschiedener Sozialgruppen (Adel, gehobenes Bürgertum, Kleinbürgertum, Arbeiterschaft, Landbevölkerung) und führen Sie aus, was für jede von ihnen das Phänomen Großstadt bedeutet und wofür es steht.

b) Interpretieren Sie das Gedicht: Welche Elemente von Modernität werden genannt? Wie wird das Verhältnis von Mensch, Technik und Stadt dargestellt?

♦ *Die Industrialisierung hat das Stadtbild, die städtische Infrastruktur und das städtische Leben nachhaltig verändert. Versuchen Sie, diese Veränderungen durch einen Verfremdungseffekt mithilfe einer „Zeitreise" deutlich zu machen: Ein Stadtbürger von 1800 kommt in eine Großstadt von 1900. Schildern Sie seine Erlebnisse und Eindrücke in der Ich-Form.*

5. Gesellschaft und Kultur im Wandel

Seit dem Ende des 18. Jahrhunderts begann sich die Gesellschaft zu verwandeln. Die alten ständischen Gruppen – Adelige, Bürger, Bauern – blieben zwar erhalten, aber sie veränderten und differenzierten sich unter ökonomischen Einflüssen; durch diese entstand auch die neue Schicht der Arbeiterschaft. In der bürgerlichen Gesellschaft sollten die Menschen gleiche staatsbürgerliche Rechte erhalten, der soziale Status sollte nicht mehr länger durch Geburt, sondern durch Leistung bestimmt sein – so lauteten jedenfalls die Vorstellungen derjenigen, bei denen die Ideen der Französischen Revolution fortwirkten und die entsprechende Reformen anstrebten. Aber ließen sich diese Ziele erreichen? Würde es tatsächlich gelingen, die alten Vorrechte des Adels zu beseitigen? Und würde nicht das Bürgertum, auf dem Weg zur Führungsschicht, neue Privilegien für sich selber anstreben?
Die soziale Mobilität innerhalb der Gesellschaft wuchs. Für viele Menschen bedeutete dies allerdings Verunsicherung und sozialen Abstieg. Umgekehrt boten sich aber auch neue Chancen für sozialen Aufstieg. Sollte jetzt auch in Deutschland die später legendäre amerikanische Karriere „vom Tellerwäscher zum Millionär“ möglich werden?

5.1 Das Bürgertum

Die Unternehmer

Der Privatunternehmer verkörperte zu Beginn des Industrialisierungsprozesses eine neue Auffassung vom Bürgertum, bei der der wirtschaftliche Aspekt im Vordergrund stand. Der Unternehmer musste zugleich über Kapital, kaufmännische Erfahrung, technische Kenntnisse, organisatorische Fähigkeiten, über Mut zu Innovationen und Risikobereitschaft verfügen. Je nach Branche konnte er eher aus dem Bereich des Handels oder des Handwerks stammen. Später wurde dann der Typus des privaten, allein verantwortlichen Firmengründers, des „Selfmademan“, immer seltener. Je größer Betriebe wurden, desto stärker differenzierten sich die Unternehmensleitungen mit verschiedenen Direktoraten oder Vorstandsbereichen und mit Aufsichtsräten. Immer häufiger trat in der Industrie, im Handel und bei den Banken an die Stelle des aktiven Inhaber-Unternehmers der „leitende Angestellte“ oder Manager, wie wir es heute nennen würden. Das brachte einen neuen, weniger paternalistischen Führungsstil mit sich. Auch die Ausbildung der Führungskräfte änderte sich. Im letzten Drittel des 19. Jahrhunderts erwarben sie immer öfter eine akademische Ausbildung als Techniker oder Naturwissenschaftler vor allem an den neuen Technischen Hochschulen.

Bürgertum: Die Bedeutung des Begriffs Bürgertum hat sich im Laufe der Jahrhunderte gründlich verändert. Im Mittelalter und in der Frühen Neuzeit bezeichnete er – in Abgrenzung zur ländlichen Bevölkerung – die Stadtbürger. In der Zeit der bürgerlichen Revolutionen seit dem 18. Jahrhundert lud sich der Begriff politisch auf: „Bürgerlich“ bedeutete nun die Absage an geburtsständische Vorrechte und die Forderung nach politischer Teilhabe und elementaren „Bürger-Rechten“. Im Zuge der Industrialisierung begann dann ein ökonomisches Verständnis des Begriffs Bürgertum vorzuherrschen, ohne dass freilich die alten Bedeutungen ganz verloren gegangen wären: Der Wirtschaftsbürger war am ökonomischen Erfolg orientiert, welcher wiederum den sozialen Status begründete und den Anspruch auf politische Mitsprache untermauerte. Nach der wirtschaftlichen Lage lässt sich der Begriff des Bürgers unterteilen: Unternehmer, Bankiers, wohlhabende Kaufleute bildeten das Großbürgertum, kleine Gewerbetreibende, Krämer, Gastwirte und niedrige Beamtenränge das Kleinbürgertum. Neben dem Besitz wurde die Bildung zum zweiten Kriterium, mit dem sich das Bürgertum von anderen Schichten abgrenzte; vor allem die höheren Beamten und die freien Berufe (z. B. Ärzte, Rechtsanwälte, Architekten) stehen für das Bildungsbürgertum.

Die höheren Beamten

Die zweite große Gruppe des neuen Bürgertums waren die freien Berufe, die heutigen „Selbstständigen", Ärzte oder Rechtsanwälte. Die dritte bildeten die höheren Beamten. Die staatliche Bürokratie spielte in Deutschland – vergleicht man es mit den Staaten Westeuropas – eine ganz besondere Rolle: Sie hatte den politischen Modernisierungsprozess zu Beginn des Jahrhunderts eingeleitet, sie hatte auch den Beginn der Industrialisierung – vor allem in Preußen – gefördert und prägte am Ende des Jahrhunderts das Industrieland Deutschland in Richtung auf einen Sozialstaat. Die höhere Bürokratie hatte eigene Vorstellungen von den Aufgaben des Staates und ein besonderes Elitenbewusstsein. Dieses entsprang ihrer akademischen Ausbildung und ihrem besonderen Beamtenstatus, der auf Loyalität zum Dienstherrn beruhte, materielle Sicherheit garantierte, aber auch eine gewisse Selbstständigkeit der Verwaltung nach innen und außen umfasste. Der Aufstieg in diese Gruppe war nicht leicht. Denn die Karrierewege, vor allem die staatlichen Laufbahnen, waren in Deutschland eng an bestimmte Bildungsabschlüsse geknüpft. Ob man diese erreichen konnte, hing in erheblichem Maße vom Status und von den finanziellen Möglichkeiten des Elternhauses ab.

Das Kleinbürgertum

Anders stand es – vor allem am Ende des Jahrhunderts – mit den unteren Beamtenrängen. Hier fällt stärker die bürokratische Verkrustung ins Auge. Die Beamtenschaft verstand sich als Verkörperung der Obrigkeit; wer mit ihr zu tun hatte, wurde zum Bittsteller. Die Beamten unterhalb des akademischen Bereichs zählten schon nicht mehr zum Bürgertum im engeren Sinne. Sie standen als „Kleinbürgertum" an dessen unterem Rand. Dazu gehörten auch das Eisenbahnpersonal, die Volksschullehrer oder mittlere Ränge aus den Betrieben, aber auch die kleinen Selbstständigen, Handwerker, Krämer oder Gastwirte, die früher den Kern des Stadtbürgertums gebildet hatten und nun an dessen Rand geraten waren.

Das „bürgerliche Zeitalter"

Das Bürgertum von Besitz und Bildung umfasste nur einen sehr kleinen Teil der Bevölkerung; er lag vor dem Ersten Weltkrieg bei höchstens 6%. Es bezog ein gesichertes Einkommen aus nicht-körperlicher Arbeit. Statussymbol des Bürgertums war das Dienstmädchen, Ausweis dafür, dass man auch im eigenen Haus körperliche Betätigung nicht nötig hatte (s. S. 77 und 79). Rechnet man zu dieser Gruppe das Kleinbürgertum oder den Mittelstand hinzu, kommt man auf allenfalls 15% der Bevölkerung. Das ist eine völlig andere Verteilung als in unserer heutigen „Mittelstandsgesellschaft". Dennoch spricht man vom „bürgerlichen Zeitalter" Deutschlands, weil das Bürgertum die dynamischste, die gesellschaftsprägende Schicht war: Bürgerliche Lebensformen, Denkweisen und Verhaltensnormen begannen sich allgemein durchzusetzen (Arbeitsmoral, Disziplin, Sparsamkeit, aber auch die bürgerliche Kultur).

Bürgertum und Adel

So sehr das Bürgertum auch die ökonomische und kulturelle Führungsrolle übernahm, die politische Macht verblieb im Wesentlichen beim Adel. Und in vielen Punkten orientierte sich auch gerade das obere Bürgertum an adeligen und – eng damit verbunden – militärischen Lebens- und Repräsentationsformen. Man erwarb Rittergüter als Statussymbole, wollte Reserveoffizier werden, duellierte sich, schickte die Söhne in schlagende Studentenverbindungen, strebte Orden, Titel (speziell für den Wirtschaftsbürger der Kommerzienrat) und am Ende die Erhebung in den Adelsstand an. „General Dr. von Staat" – so hat Thomas Mann ironisch die Kombination von Staatsnähe, Adels- und Militärverherrlichung sowie Bildungsorientierung im höheren Bürgertum auf den Begriff gebracht.

50 Das Wirtschaftsbürgertum. Die Bremer Unternehmerfamilie Lahusen prägte über vier Generationen das ökonomische, soziale und religiöse Leben der Hansestadt. Die 1884 gegründete „Norddeutsche Wollkämmerei und Kammgarnspinnerei" bestimmte wie kein anderes Unternehmen die Geschicke der Stadt und entwickelte sich rasch zu einem der größten Textilproduzenten Europas.

1816:	Christoph Lahusen (1781–1866), der aus einer alten Kaufmannsfamilie stammt, zieht nach Bremen und eröffnet dort mit seinem Schwager ein Handelsgeschäft und eine Bierbrauerei.
1830er-Jahre:	Der älteste Sohn Christian (1820–1898) wird auf der Handelsschule ausgebildet; seine Söhne besuchen dagegen später durchweg das humanistische „Alte Gymnasium".
ab 1842:	Zunehmende Konzentration der Firma auf den Überseehandel.
1846:	Christian Lahusen heiratet die Tochter des Bremer Bürgermeisters Anna Gebecka Meir.
1846:	Christian Lahusen tritt in die väterliche Firma als Teilhaber ein.
1851:	Wahl Christians in den Vorstand der „Norddeutschen Missionsgesellschaft" (bis 1867).
1853:	Beginn der geschäftlichen Aktivitäten in Südamerika (Schafzucht, später Wollexport).
1854:	Übernahme der Firma durch Christian Lahusen.
1855:	Christian Lahusen wird zum Diakon der Stephanigemeinde gewählt und amtiert zwölf Jahre. 1882–1885 folgt eine Amtszeit als Bauherr der Gemeinde. Zahlreiche andere männliche Familienmitglieder folgen dem Beispiel und engagieren sich in der Kirche sowie in kirchlichen Vereinen und Einrichtungen.
1857:	Große Wirtschaftskrise: Die Familie verliert fast das gesamte Vermögen.
1859:	Gründung einer Familienstiftung (Grundkapital 25 000 Taler).
1869:	Beginn des Wollimports durch die Firma C. F. Lahusen.
1873:	Kauf der Wollwäscherei und Kämmerei im böhmischen Neudek.
1875:	Carl Lahusen (1858–1921), Sohn von Christian Lahusen, beginnt als Lehrling in Neudek.
1880:	Carl Lahusen übernimmt die Leitung Neudeks von seinem Bruder Gustav.
1884:	Gründung der Aktiengesellschaft „Norddeutsche Wollkämmerei und Kammgarnspinnerei"; Bau einer Fabrikanlage im oldenburgischen Delmenhorst. Christian wird Aufsichtsratsvorsitzender, Vorstände sind seine Söhne Carl und Gustav, ab 1888 nur noch Carl.
1884 ff.:	Ausbau der Fabrikanlagen in Delmenhorst.
1884 ff.:	Auf- und Ausbau von zahlreichen betrieblichen „Wohlfahrtseinrichtungen" in Delmenhorst einschließlich einer kirchlich-religiösen Infrastruktur mit eigenem Fabrikpastor.
1886:	Das Ehepaar Carl und Armine Lahusen zieht in die neu erbaute Villa auf dem Fabrikgelände in Delmenhorst.
ab 1890er-Jahre:	Ausbau der Nordwolle zum weltumspannenden Konzern.
1898–1919:	Der Theologe Friedrich Lahusen, ältester Bruder von Carl Lahusen, steigt in die höchsten Ämter der preußischen Kirche auf (1918 Geistlicher Vizepräsident des Oberkirchenrats).
1904:	Ernennung Carls zum Kommerzienrat durch den Großherzog von Oldenburg wegen seiner Verdienste um die „Wohlfahrtseinrichtungen" des Unternehmens.
1912:	Ernennung von Carl Lahusen zum Geheimen Kommerzienrat.
1912:	G. Carl Lahusen (1888–1973), Sohn von Carl Lahusen, erhält nach seiner u. a. in den USA durchgeführten Ausbildung Prokura.
1920:	G. Carl Lahusen tritt in den Vorstand ein und übernimmt nach dem Tod seines Vaters 1921 die Leitung; 1922 und 1929 kommen seine Brüder Heinz (Diplom-Ingenieur) und Friedel (Kaufmann) hinzu.
1927:	Eintritt des Juristen Diez Lahusen in den Aufsichtsrat (für seinen verstorbenen Onkel Dr. Diedrich Lahusen).
Januar 1931:	G. Carl Lahusen wird Präses der Handelskammer Bremen (seit 1926 Mitglied, 1930 Vizepräses).
Sommer 1931:	Konkurs und Verhaftung der Brüder Lahusen.
1933:	Prozess gegen G. Carl und Heinz Lahusen endet mit Gefängnis- und Geldstrafen wegen Bilanzverschleierung und Untreue.

(Zusammengestellt von Dietmar von Recken)

51 Die Familie Lahusen, Fotografie, 1909

a) Untersuchen Sie die Geschichte der Familie Lahusen unter folgenden Gesichtspunkten: Zusammenhang mit der allgemeinen Wirtschaftsgeschichte; Organisation der Firma; soziale Einrichtungen; Ausbildung der Familienmitglieder in der Generationenfolge; die Rolle der Familie im gesellschaftlichen Leben der Stadt Bremen.

b) Vergleichen Sie mit dem Darstellungstext in Kap. 5.1 und erläutern Sie, inwiefern diese Familiengeschichte typische Züge aufweist.

Zur Diskussion

„Feudalisierung" des Bürgertums – Anpassung an den Adel und politische Selbstaufgabe?

Schon Zeitgenossen haben dem Großbürgertum des Kaiserreichs vorgeworfen, es habe sich in seiner Lebensweise und in seinen Ansichten dem Adel weit gehend angepasst. Seit den Sechzigerjahren unseres Jahrhunderts haben Historiker diese „Feudalisierungsthese" verstärkt aufgegriffen und mit ihr zu erklären versucht, dass sich in Deutschland nie in dem Maße wie in England oder Frankreich eine demokratische Gesellschaft entwickelt habe. Dies wiederum sei eine der tieferen Voraussetzung für den späteren Aufstieg des Nationalsozialismus gewesen. Hat sich das Bürgertum im Kaiserreich mit seinem sozialen Aufstieg selbst aufgegeben und politisch entmündigt? Stand dahinter gar ein politisches Kalkül der Spitzen des Staates? Oder hat das Bürgertum nur hier und da äußere Formen übernommen, im Kern aber seine besonderen Werte und Interessen gewahrt?

a) Der Historiker Helmut Böhme, 1966:

Bewusst und systematisch betrieb Bismarck die Heranziehung und Assimilierung der Wirtschaftsführer an den preußischen Staat und seine traditionellen Träger, vor allem durch die Nobilitierung so bedeutender Wirtschaftsführer wie Hansemann, Bleichröder (er konnte sogar seinem mosaischen Glauben treu bleiben), Siemens, Schwabach oder später z. B. A. Gwinner. Hinzu kamen Berufungen in das Preußische Herrenhaus (z. B. Mendelssohn-Bartholdy, Vopelius, Lueg, Metzler u. a.), ein reicher Ordenssegen, Ernennungen zu Kommerzienräten und Berufungen in den Staatsrat. Die „Hinaufentwicklung" der Industriellen und Bankführer selbst ging zumeist über die Heirat eines ihrer Kinder mit einem Abkommen einer meist wenig sanierten, jedoch angesehenen Familie des preußischen Adels, so z. B. bei Gutmann, den Mevissens, Siemens, Krupp, Stumm u. a. Neben Ordensauszeichnungen, Heirat mit dem alten Adel und Nobilitierung war es vor allem der große, im Osten angekaufte Landbesitz, der die Berliner Bankgewaltigen ganz zu Vertretern spezifisch preußischer Belange werden ließ.

Helmut Böhme, Deutschlands Weg zur Großmacht, Köln/Berlin 1966, S. 581

b) Der amerikanische Historiker Arno J. Mayer, 1981 (ins Deutsche übersetzt 1984):

Nicht nur in Preußen, sondern in ganz Deutschland unternahmen die führenden Gruppen und Vertreter des außeragrarischen Kapitals und ihre Gefolgsleute im Bildungsbürgertum nie den ernsthaften Versuch, einen autonomen sozialen, kulturellen und politischen Standort zu gewinnen, von dem aus sie die Herrschaft der alten Elite hätten infrage stellen können. Die durch wirtschaftliche oder kulturelle Leistungen zu großem Wohlstand und Ansehen gelangten bürgerlichen Aufsteiger akzeptierten vielmehr bereitwillig das Adelspatent von Kaisers Gnaden, wenn sie sich nicht selbst eifrig darum bemühten. [...]

Mit dem gleichen Erfolg veranlassten die neuen Kapitalisten, nachdem sie sich den Lebensstil der Aristokratie zu eigen gemacht hatten, ihre Söhne dazu, Reserveoffiziere zu werden, schlagenden Verbindungen beizutreten und in die traditionelle Oberschicht einzuheiraten. Dieses Streben nach sozialem Aufstieg durch Anpassung und Eingliederung – auch die Einheirat bürgerlicher Töchter in adlige Familien gehörte dazu – kam im Grunde niemals zum Erliegen. [...]

Dank dieser massiven Anpassungsstrategie öffneten sich dem Besitz- und Bildungsbürgertum Pforten zur politischen Sphäre, in der das feudalistische Element nach wie vor dominierte. Anders gesagt: Die Magnaten des Handels- und Industriekapitals verzichteten zugunsten wirtschaftlicher Vorteile, sozialer Statusattribute und staatsbürgerlicher Privilegien auf ihre politischen Rechte und Ansprüche. Insbesondere von dem Augenblick an, da sie die Sozialdemokraten als eine eindeutig auch gegen sie gerichtete reale Gefahr erkannten, ließen sie auch noch die kümmerlichsten Ansprüche auf eine ihrem wirtschaftlichen Gewicht entsprechende politische Machtbeteiligung fallen. Statt auf eine politische Demokratisierung ihrer Gesellschaft zu drängen, scharte sich die deutsche Bourgeoisie um Parteien, die ihrer eigenen Kuschermentalität entsprachen und die sich im Wesentlichen auf die Verteidigung und Förderung ihrer wirtschaftlichen Interessen beschränkten. Die soziale Feudalisierung des deutschen Bürgertums und seine Selbstverleugnung als Klasse waren Ursache wie Folge seiner politischen Entmündigung.

Arno J. Mayer, Adelsmacht und Bürgertum. Die Krise der europäischen Gesellschaft 1848–1914, München 1984, S. 99 f.

c) Der Historiker Thomas Nipperdey, 1990:

Die lange herrschende Meinung von einer „Feudalisierung" der großen Bourgeoisie in Deutschland, einer Angleichung ihrer Lebensformen, Verhaltensweisen und Wertüberzeugungen hat sich als unhaltbar erwiesen. Und was es an Übernahme adliger Lebensformen gegeben hat, war, wie der Vergleich mit England lehrt, nicht spezifisch deutsch.

Nimmt man zunächst das konkrete Kriterium des großen (Millionen-)Vermögens, so gilt: Eine Symbiose zwischen Adel und reicher Großbourgeoisie, eine Art neuer Plutokratie als Führungsschicht, ist in Deutschland nicht entstanden, die reichen Bürger sind nicht aus dem Bürgertum ausgeschieden. Die deutschen bürgerlichen (Multi-)Millionäre haben weniger, als oft vermutet, Ehen mit dem Adel geschlossen, ihre Kinder sind selten in „feudale" Berufe (Großlandwirtschaft, Offizier) gegangen (seltener als in bildungsbürgerliche) – nur jeder Zehnte aus einer Gruppe der Millionäre. [...]

Nun gibt es, gerade wenn man das kaufmännische Bürgertum, das so bürgerlich blieb wie eh und je, weglässt und zumal das große und das schwerindustrielle Bürgertum ins Auge fasst, dennoch Tendenzen, die im Rufe der Feudalisierung stehen. Die ältere bürgerstolze Abneigung gegen alles adlige, herrschaftlich-militärische, unbürgerliche Wesen geht deutlich zurück. Unternehmersöhne leisten nach der Reichsgründung ihren Militärdienst gern in vornehmen Regimentern, treten, wenn sie studieren, gern in vornehme Korporationen ein, sie übernehmen Stilelemente der alten Herrenschicht und eine hierarchisch-autoritäre, obrigkeitliche Orientierung. Die Nobilitierung, die Alfred Krupp noch abgelehnt hatte – er hielt als großer Bürger Hof –, wurde jetzt auch angenommen (Carl Ferdinand Stumm, Werner Siemens) und ebenso die Ordensauszeichnung. Aber man darf das nicht überinterpretieren. [...]

Auch für die großen Industriellen galt dasselbe wie für die Millionäre: Rittergut oder Villa, Reitpferd oder Jagd – das machte niemanden „feudal". Die Industriellen, im Westen mehr als in Berlin, waren nicht sehr auf den Umgang mit dem Adel erpicht. Die Verhaltensweise und die Wertskala der Unternehmer, nicht nur im Ökonomischen, blieb bürgerlich: Leistung und Können, Fleiß und Sparsamkeit,

Entschlusskraft und Mut zum Risiko, rationale Kalkulation, Ehrbarkeit und Solidität, Wille zur Selbstständigkeit, Lust an der Konkurrenz und daran, andere zu überflügeln. Lust am Geldverdienen und an der Arbeit, Ablehnung der adligen Ehrbegriffe, des Abenteurertums, der Kriegerattitüden, des Müßiggangs beim Adel – das also blieb durchaus bürgerlich. Natürlich fühlten sich diese Unternehmer als neue kapitalistische Elite, als neue Autorität, grenzten sich nach unten ab; während sie in der Frühzeit Ansprüche gegen „oben“ stellten, verteidigten sie nun soziale und ökonomische Macht gegen „unten“. Aber gerade wenn man diesen politischen Zusammenhang ins Auge fasst, so sind sie nicht mit der agrarischen Elite zusammengewachsen, und sie haben sich ihr auch nicht angepasst – sie haben sich mit ihr politisch arrangiert, die Macht geteilt.

Thomas Nipperdey, Deutsche Geschichte 1866–1918, Bd. 1: Arbeitswelt und Bürgergeist, München 1990, S. 391 f.

a) Analysieren Sie die drei Texte im Hinblick auf ihre jeweilige Argumentationsweise. Unterscheiden Sie dazu die Beschreibung einzelner Vorgänge und deren Deutung und Bewertung. Wo werden aus gleichen Beobachtungen gegensätzliche Schlüsse gezogen?

b) Stellen Sie Vermutungen darüber an, inwieweit bei den gegensätzlichen Urteilen von Mayer und Nipperdey deren nationale Herkunft eine Rolle spielen könnte.

5.2 Der neue Mittelstand

Die „Privatbeamten“

Bei Banken und Versicherungen, in größeren Handelsunternehmen, aber mit wachsender Bürokratisierung auch in der Industrie und in den Stadtverwaltungen entstand eine neue Gruppe abhängig Beschäftigter: die Angestellten. Ihr Gebiet waren die Verwaltung (Sekretäre, Buchhalter, Lagerleiter) und der Verkauf (Handlungsgehilfen). Hinzu kam technisches Fachpersonal wie Zeichner und Laborkräfte. Sie leisteten keine körperliche Arbeit, trugen im Dienst Hemd und Kragen: Der „Stehkragen“ symbolisierte die Abgrenzung gegenüber der Arbeiterschaft. Sie erhielten keinen Tages- oder Stundenlohn, sondern ein monatliches Gehalt. Ihr Einkommen war höher und sicherer als das der Arbeiter, es stieg mit dem Alter an, da die Arbeitsleistung nicht von der körperlichen Verfassung abhing. Angestellte hatten Anspruch auf Urlaub und konnten nicht fristlos entlassen werden. Diese bessere Versorgungssituation und ihr besonderes Statusbewusstsein drückten sich in dem zeitgenössischen Begriff „Privatbeamte“ aus, mit dem die Angestellten lange bezeichnet wurden.

Das Büro wird weiblich

Mit wachsender Zahl differenzierte sich die Gruppe. Waren zunächst die Angestellten insgesamt eher für Aufsichts- und Vorgesetztenfunktionen eingesetzt, so wurde dies jetzt Domäne der höheren Angestellten. Die technische Entwicklung (Schreibmaschinen, Buchungsmaschinen, Registrierkassen) dequalifizierte einen großen Teil der Angestelltenarbeit, machte sie zur Routine. Dafür wurden nun auch gerne Frauen eingestellt: Wie etwa in der Textilbranche setzte man auf ihre Geschicklichkeit und man konnte sie wesentlich schlechter bezahlen als die Männer, denen die Leitungs- und Kontrollpositionen vorbehalten blieben. Sekretärin,

Interessenverbände: Mit der Auflösung der ständischen Ordnung differenzierte sich die Gesellschaft immer stärker in einzelne soziale und berufliche Gruppierungen; manche von ihnen wurden durch die Industrialisierung neu geschaffen. Im Kaiserreich begannen sich diese Gruppierungen in unterschiedlicher Weise zu organisieren um ihren Interessen auf dem entstehenden „politischen Markt“ Gehör zu verschaffen. Neben die Organisationen der Arbeiterschaft – Partei, Gewerkschaften und Vereine – traten Interessenverbände wie der „Bund der Landwirte“, die Industriellenverbände oder Angestelltenvereine wie der „Deutschnationale Handlungsgehilfenverband“. Eine wichtige Rolle spielten auch politische, national ausgerichtete Interessenverbände wie der Alldeutsche Verband, Flotten- oder Kriegervereine.

Stenotypistin, Telefonistin und Verkäuferin wurden zu neuen typischen Frauenberufen. Bis heute wirkt sich diese Geschlechterhierarchie aus. Allerdings eröffnete sich damit für Frauen auch das Büro als ein völlig neues Berufsfeld, in dem sogar Mädchen aus dem Bürgertum tätig werden konnten, für die körperliche Arbeit verpönt war.

Angestellte als „Stehkragenproletarier"

Zunehmende Konkurrenz führte im Laufe der Achtzigerjahre zur Einkommensverschlechterung, das Ansehen der Angestellten sank, der Abstand zur Arbeiterschaft wurde geringer: Das spöttische Wort vom „Stehkragenproletarier" beschreibt diesen Prozess (relativen) sozialen Abstiegs in den unteren und mittleren Bereichen der Angestelltenschaft. Ähnlich wie im Handwerk ging mit der ökonomischen Gefährdung eine umso stärkere ideologische Abgrenzung gegenüber der Arbeiterschaft einher. Die Angestellten fühlten sich nicht gemeinsam mit den Arbeitern als abhängig Beschäftigte, sondern im Unterschied zu ihnen als besondere Gruppe innerhalb des Bürgertums.

Ein neuer Typ von Beschäftigten

Die Sonderstellung der Angestellten versuchten auch die entstehenden Angestelltenvereine zu propagieren und zu festigen, von denen der „Deutschnationale Handlungsgehilfenverband" (1893) bei weitem der wichtigste war. Die Interessenvertretung der Angestellten war nicht ohne Erfolg. 1911 erhielten sie ein eigenes Versicherungssystem, dessen Leistungen über die der Arbeiterversicherung hinaus gingen.

Die Angestellten waren ein neuer, moderner Typus von abhängig Beschäftigen außerhalb des Staatssektors, der aus einer zunehmenden Aufgabenverteilung in Verwaltung und Wirtschaft entstand. Und diese Gruppe wuchs besonders rasch an. Zu Beginn der Achtzigerjahre lag ihre Zahl – Wirtschaft und kommunale Verwaltung zusammengenommen – bei etwa $1/2$ Mio., vor dem Ersten Weltkrieg bei 2 Mio., das entsprach einem Siebtel der Arbeiterschaft. Vor etwa fünfzehn Jahren hat in der Bundesrepublik dann die Zahl der Angestellten sogar die der Arbeiter überflügelt. Besonders rasch stieg die Zahl der weiblichen Angestellten: 1880 spielten sie praktisch noch keine Rolle, vor dem Ersten Weltkrieg stellten sie mehr als $1/4$ der Angestellten insgesamt. Dieser Trend setzte sich dann in der Weimarer Zeit fort, 1925 waren $1/3$ aller Angestellten Frauen.

52 Der Mittelstand: Handwerker und Angestellte

a) Handwerksmeister und Fabrikarbeit, 1879:

Nicht unwichtig sind die im geistig-sittlichen Leben der Webermeister wurzelnden Hindernisse des Fabrikbetriebes. Sie […] wollen diese Stellung nicht nach der Richtung eines lediglich höheren Arbeitslohnes (welchen die mechanischen Webereien ja zahlen müssen um überhaupt geübte Arbeiter anzulocken), sondern nach der Richtung des größeren Handwerksmeisters, des sich aufarbeitenden Unternehmers, der über immer mehr Webstühle und „Eigentum" verfügt, verbessern. Daher ihre tiefe Verachtung aller Fabrikarbeiter, ihr Hass gegen die Fabriken, die Zwingburgen der Handwerksehre, -freiheit und -selbstständigkeit. Lieber stirbt der Meister auf dem Brette seines Handstuhls, als in jenen Frohnhof zu wandern, und wenn er mittags den Fabrikarbeiter sein Mahl am Grabenrande einnehmen sieht […] – so gibt es ihm Kraft auf Jahre hinaus, lieber bei kargem Lohne in eigenem Zimmer zu arbeiten, als zu werden, wie jener. […] Allein solche Gefühle, so ehrenwert sie auch sein mögen, halten den Siegeslauf des Dampfes nicht auf, sie könnten vielleicht zu der traurigen Folge führen, dass der rauchende Schlot statt in Krefeld seinen Standort in der Schweiz oder in England findet. Andere Menschen haben dort andere Gefühle, Dampf und Eisen sind unerbittlich gegen Handwerksehre, -selbstständigkeit und -freiheit.

Alphons Thun, Die Industrie am Niederrhein und ihre Arbeiter, Teil 1: Die linksrheinische Textilindustrie, 1879, zit. nach: Gerhard A. Ritter/Jürgen Kocka (Hrsg.), Deutsche Sozialgeschichte. Dokumente und Skizzen, Bd. II: 1870–1914, München 1974, S. 295 f.

b) Der „Deutsche Privat-Beamten-Verein“ über die Position des Angestellten, 1889:

Wer bildet den natürlichen wertvollen Vermittler zwischen dem Arbeitgeber und den murrenden Arbeitermassen? Der Beamte [Angestellte]. [...] Solange diese kleinen Autoritäten den Agitatoren im Wege stehen direkt neben dem Arbeiter, solange hat es gute Wege mit der Furcht vor dem Umsturz.

Privat-Beamten-Zeitung, Bd. 5, 1889, S. 3, zit. nach: Jürgen Kocka, Die Angstellten in der deutschen Geschichte 1850–1980, Göttingen 1981, S. 130

c) Die sozialistische Zeitschrift „Der Handels-Angestellte“ über die Position des Angestellten, 1892:

Nein, die Handels-Angestellten haben andere Interessen wie die Chefs, aber dieselben Interessen wie Arbeiter anderer Berufe. Und deswegen müssen die Handels-Angestellten, besonders die Handlungsgehilfen, lernen sich als Arbeiter zu fühlen, als Arbeiter zu denken.

Der Handels-Angestellte, Bd. 1, 1892, zit. nach: Jürgen Kocka, Die Angestellten in der deutschen Geschichte 1850–1980, Göttingen 1981, S. 132

a) Beschreiben und begründen Sie das Selbstverständnis der Handwerkermeister (Text M 52 a). Wie könnte ein Sozialdemokrat diese Haltung beurteilen?

b) Vergleichen Sie die beiden Positionen in M 52 b) und c). Ziehen Sie die Bedeutung der ökonomischen Situation der Angestellten aus dem Darstellungstext (S. 108 f.) heran und entscheiden Sie, welche Positionsbeschreibung für Sie realistischer ist.

5.3 Die Arbeiterklasse

Das proletarische Milieu

Erst im letzten Drittel des Jahrhunderts wurde die Industriearbeiterschaft in Deutschland allmählich zu einer weit gehend einheitlichen Klasse, die geprägt war durch gleiche Arbeits- und Lebensbedingungen und ein übereinstimmendes soziales und politisches Bewusstsein. Der Begriff „Arbeiter“ bezeichnete nun nicht mehr nur eine vielleicht vorübergehende berufliche Tätigkeit, sondern eine Existenzform, die man nicht einfach ändern konnte und die sich in der Familie weitervererbte. Diese Arbeiterklasse lebte in einem eigenen, weit gehend sozialdemokratisch geprägten Sozialmilieu. Es wirkte nach innen integrierend, nach außen grenzte es sich deutlich ab. Das war die Antwort darauf, dass die höheren Gesellschaftsklassen den Arbeitern soziale Anerkennung und politische Gleichberechtigung verweigerten. Bei ihnen galten die sozialdemokratischen Arbeiter zumeist als Staatsfeinde und Vaterlandsverräter. Umgekehrt war die Obrigkeit den sozialdemokratischen Arbeitern verhasst, wenngleich sie sich im Laufe der Zeit doch zunehmend mit dem deutschen Nationalstaat identifizierten.

Die Arbeits- und Wohnverhältnisse in der Stadt waren die Basis dieses Milieus. Man arbeitete miteinander, man wohnte gedrängt beieinander, es gab notgedrungen einen hohen Grad von Öffentlichkeit in allen Lebensverrichtungen. Und dieses proletarische Milieu machte den überwiegenden Teil der städtischen Bevölkerung aus: In Berlin waren es schon 1861 über 80% aller Erwerbstätigen. Daraus erklären sich die bürgerlichen Ängste vor der „proletarischen Gefahr“.

Milieu: Die Arbeiterschaft hatte im Kaiserreich – und auch noch in der Weimarer Republik – ihre eigene, abgesonderte Lebenswelt. Geprägt wurde diese durch die gemeinsamen Lebensumstände, durch ein gemeinsames politisches Bewusstsein und die gemeinsame Organisation in der sozialdemokratischen Partei, den Gewerkschaften und den entsprechenden Vereinen. Vergleichbar ausgebildet, nur unter anderen ideologischen Vorzeichen, war das katholische Milieu.

Die Sozialdemokratie als geistige und organisatorische Heimat

Die Sozialdemokratische Partei bildete den politischen Kern des proletarischen Milieus. Sie war für ihre Mitglieder mehr als nur eine Organisation, sie war eine geistige Heimat. Neben der Partei gab es eine Fülle von Vereinen, die das organisatorische Rückgrat des sozialdemokratischen Milieus bildeten. Die Angebote reichten „von der Wiege bis zur Bahre": Jugend- und Frauen-, Wander-, Sport- und Gesangsvereine, Lesezirkel und Leihbibliotheken, Konsum- und Versicherungsvereine sorgten für politische Information, Bildung, Sport, Unterhaltung, Geselligkeit und Unterstützung in den unterschiedlichsten Lebenslagen. Diese Vereine bildeten eine Art Gegenwelt zu den entsprechenden bürgerlichen Institutionen. Hinzu kam die sozialdemokratische Presse. Außer dem „Vorwärts" (seit 1891) gab es eine Fülle von regionalen Blättern, die 1914 auf eine Auflage von 1,5 Mio. kamen. Auch sie dienten keineswegs nur der politischen Information und Propaganda, sondern auch der Unterhaltung und Belehrung.

Zusammenhalt durch politische Symbolik

Für den Zusammenhalt des Milieus spielten schließlich auch Feste und Feiern, Rhetorik, Riten und Symbole eine wichtige Rolle. Arbeiter feierten den 1. Mai, den 18. März als Gedenktag für die 1848 gefallenen Berliner Revolutionäre, den 31. August als Todestag von Ferdinand Lassalle oder sie gedachten des Todes anderer Genossen. Die rote Fahne und die rote Nelke waren die wichtigsten Symbole bei Versammlungen und Umzügen. Lieder wie Georg Herweghs „Bet' und arbeit'" (s. S. 72) oder Jacob Audorfs „Arbeitermarseillaise" wurden gemeinsam gesungen.

53 Postkarte des 1908 gegründeten Arbeitersängerbundes, dem im Vergleich mit den bürgerlichen Gesangvereinen auch viele Frauen angehörten.

54 Das Sozialdemokratische Milieu

a) Ein Sozialdemokrat erinnert sich an die Arbeit in einem Leipziger Arbeiterverein nach Aufhebung des Sozialistengesetzes 1890:

Zusammenkünfte im Verein mussten mindestens 24 Stunden vorher mit Angabe der Zeit, des Ortes und des Zweckes der Polizei gemeldet werden, die über die erfolgte Anmeldung eine Bescheinigung ausstellte. [...] Die Polizei war auch befugt in jede Versammlung einen oder mehrere Beauftragte zur Überwachung zu senden; diese Überwachenden waren berechtigt einem Redner das Wort zu entziehen, falls es der Vorstand oder Leiter nicht tat, wenn Äußerungen gemacht wurden, die nach seiner Auffassung dem Strafgesetz widersprachen, zu Gesetzesübertretungen oder unsittlichen Handlungen anregten; gegebenenfalls konnte er auch die Versammlung auflösen. Versammlungen oder auch Redner, von denen anzunehmen war, dass sie wie gesagt handeln würden, konnten im Voraus verboten werden. [...] Nach den neu beratenen Statuten war der Zweck des Vereins: die Wohlfahrt seiner Mitglieder nach jeder Richtung zu fördern. Diesen Zweck suchte der Verein zu erreichen:

a) durch Abhaltung von Vorträgen, Unterrichtsstunden, Versammlungen zu gemeinschaftlichen Besprechungen, Pflege des Gesanges und des Turnens;
b) durch Einrichtung und Unterhaltung von Lesezimmern und Bibliotheken;
c) durch Einrichtung von Abteilungen zu besonderer Pflege menschlichen Wissens;
d) durch Einrichtung von Auskunftsstellen über alles für den Arbeiter Wissenswerte;
e) durch Pflege von volkstümlichen Festen und Unterhaltungen;
f) durch Gründung und Unterhaltung von Vereinslokalen, welche so weit als irgend möglich in allen Stadtteilen verbreitet sein sollen, und durch gemeinschaftliche Beschaffung von Speisen und Getränken, soweit solche in denselben verzehrt werden.

Im Geschäftsjahr 1891/92 bestanden bereits neun Vereinslokale [...]. In diesen Lokalen, die zum Teil noch nicht ein volles Jahr bestanden, waren bereits 181 Vorträge gehalten und 161 Diskussionsabende veranstaltet worden. Unterricht wurde erteilt in Buchführung, Schreiben, Rechnen, deutsche Sprache, englische Sprache, französische Sprache, Zeichnen, Stenografie, Volkswirtschaft und Geschichte.
Der Gesang wurde in neun Männerchören und sechs gemischten Chören gepflegt. Dramatische Abteilungen bestanden in acht Vereinslokalen, Turnerabteilungen übten in allen neun Lokalen. Die Bibliothek war auf 2084 Bände gebracht. [...] alle diese Vereinsarbeit [wurde] sozusagen nach Feierabend geleistet [...] ohne eine Entschädigung. [...] Auch die Lokalfrage machte uns viel zu schaffen. Die meisten Wirte sahen uns bei Vergnügungen recht gern. Aber beim Unterricht und an Vortragsabenden wurde nur wenig oder nichts verzehrt; da kam der Wirt, wenn er das Lokal mit Heizung und Beleuchtung stellte, nicht auf seine Kosten; zudem blieben auch wohl einige Stammgäste fort, wenn es bekannt wurde, dass in dem Lokal die Arbeiter verkehrten. Nicht selten wurde auch unsern Lokalen das Militärverbot angedroht, oder es wurde gar ausgesprochen.

Heinrich Lange, Aus einer alten Handwerksburschen-Mappe, 1925, zit. nach: Gerhard A. Richter/Jürgen Kocka (Hrsg.), Deutsche Sozialgeschichte. Dokumente und Skizzen, Bd. II: 1870–1914, München 1974, S. 403–405

b) Der Sozialdemokrat Franz Rehbein erzählt von seiner Mutter, 1911:

Als 14-jähriger Junge war ich fortgemacht, als verheirateter Mann von 34 Jahren kam ich wieder. Freilich trauerte sie [die Mutter] um den Verlust meines Armes, doch da es mir sonst leidlich gut ging, nahm sie den Unfall als „Gottes Fügung" hin. Aber einen Stich gab's ihr, als ich ihr bekannte, dass ich Sozialdemokrat sei. [...] Hier machten sich die Folgen der hinterpommerschen Pfaffenmeinung über die Sozialdemokratie in unverkennbarer Weise bemerkbar. Als ich wieder abfuhr, gab sie mir einen ganzen Haufen Sonntagsblätter und sonstiges Zeugs mit, die mit dem gewöhnlichen Blödsinn über die Sozialdemokratie angefüllt waren. Ihr zu Gefallen nahm ich den Kram auch wirklich bis nach dem Bahnhof mit.
Ein paar Jahre später besuchte sie mich in Berlin. Wie erstaunt war sie nun, dass ein „richtiger" Sozialdemokrat eine „richtige" Frau und „richtige" Kinder hatte. Der Haushalt und das Zusammenleben bei uns waren so „nett", wie sie das von einem Sozialdemokraten niemals erwartet hatte. Sie war immer der Meinung gewesen, bei Sozialdemokraten müsse es in der Familie einfach drunter und drüber gehen, etwa so wie bei Zigeunern. Es gefiel ihr sogar bei mir. Doch als ich ihr den Vorschlag machte ihren Hausrat in N. zu verkaufen und für immer zu mir zu ziehen, da lehnte sie entschieden ab. Sie sei das Leben „da hinten" nun einmal gewöhnt. In der Großstadt sei es ihr zu unruhig. Sie müsse ihre Kirche sehen und die Glocken läuten hören, dann fühle sie sich wohl trotz aller Arbeit in der Woche. So wie sie gelebt, so wolle sie auch sterben. Auf ihre alten Tage könne sie sich an andere Verhältnisse nicht mehr gewöhnen.

c) „Evangelium der armen Leute", Ölgemälde (141 x 181 cm) von Jens Birkholm, 1900.
Benennen Sie die Personen (Gruppen) auf dem Gemälde (einschließlich Büste). Beschreiben Sie die Haltung des Redners und seiner Zuhörer. An welche Art von Darstellungen erinnert der Gestus des Redners? Versuchen Sie zu erklären, welches Verständnis der sozialdemokratischen Lehre und Bewegung hinter dieser Bilddarstellung steht. Sie können dazu auch die Situation aus der Perspektive der verschiedenen Beteiligten (Redner, ein Zuhörer, ein Polizist, die Büste) kommentieren.

Es nützte auch nichts, dass ich ihr versprach, sie jeden Sonntag nach der Kirche zu begleiten und wieder abholen zu wollen. Nein, meinte sie, nun sei sie bald 25 Jahre auf einer Stelle als Waschfrau tätig; sie werde also demnächst ihr Jubiläum feiern können. Und dann bekäme sie von einer hohen Amtsperson eine Medaille an solcher hübschen Schleife; wie schön das dann wäre, wenn sie als alte greise Waschfrau mit der Medaille auf der Brust in der Kirche sitzen würde, aller Blicke auf sich gerichtet, allseitig gegrüßt und geachtet als Mutter Rehbein.
Nun, ich konnte es nicht ändern, so Leid es mir tat. Wo ich sechs Kinder ernährte, hätte ich auch sicher meine alte Mutter noch mit durchgebracht. Doch sie wünschte mir viel Glück und Segen und fuhr wieder heim.
Ihre Medaille hat sie nicht mehr bekommen und ihre Altersrente auch nicht. Denn kurz vor ihrem Jubiläum starb sie. Damit hatte ein Leben geendet, von dem im vollsten Sinne des Wortes gesagt werden konnte: Es war reich an Arbeit und Entbehrung. Wie ein Hohn erklang mir deshalb auch die Salbaderei des Pastors in der Grabrede: Und wenn es köstlich gewesen ist, dann ist es Mühe und Arbeit gewesen.

Franz Rehbein, Das Leben eines Landarbeiters, hrsg. von Urs J. Diederichs und Holger Reidel, Hamburg 5. Aufl. 1995, S. 297 f.

a) Listen Sie die Behinderungen auf, mit denen der Arbeiterverein zu kämpfen hat (Text M 54 a). Stellen Sie Vermutungen darüber an, wie die Vereinsmitglieder diese Behinderungen empfunden und wie sie darauf reagiert haben.
b) Ordnen Sie die Aktivitäten des Vereins bestimmten Bereichen zu (etwa Bildung, Lebenshilfe, Unterhaltung). Wie lässt sich das inhaltliche Profil dieses Vereins beschreiben und auf welche Weise konnte er einen Beitrag zur Ausbildung von Klassenbewusstsein leisten?
c) Entnehmen Sie dem Text M 54 b), welche Vorurteile die Mutter des Verfassers gegenüber Sozialdemokraten hat. Können Sie auch Vorurteile aufseiten des Verfassers erkennen?
d) Nehmen Sie aus verschiedenen Perspektiven Stellung: Warum klingt für Rehbein die Grabrede des Pastors wie Hohn? Wie hätte seine Mutter das Bibelzitat im letzten Satz (Psalm 90, 10) wahrgenommen? Wie erklärt Rehbein die Einstellung seiner Mutter?

5.4 Zeitgefühl und Wahrnehmungsweisen

Zeit und Raum schrumpfen

Zum gesellschaftlichen und kulturellen Wandel, der durch die Industrialisierung ausgelöst wurde, gehörte auch ein neuer Umgang mit und eine veränderte Wahrnehmung von Zeit und Raum. Das hatte in erster Linie mit der „Verkehrsrevolution" durch die Eisenbahn zu tun. Die Entfernungen schrumpften: Schon die ersten Eisenbahnen verkürzten die Reisezeiten gegenüber den Kutschen auf etwa ein Drittel. Nicht nur die Verbindungen zwischen den Städten wurden schneller: Die Eisenbahn, später ergänzt durch die innerstädtischen Massenverkehrsmittel, machte auch das städtische Umland erreichbar. Und sie veränderte tief greifend das Bild der Landschaft. Die alten Straßen hatten sich der Geländegestalt eingefügt. Die Eisenbahn benötigte eine glatte Strecke mit solidem Unterbau und möglichst wenig Steigung und Gefälle. Dazu waren Dämme, Einschnitte und Rampen, Brücken und Tunnel erforderlich: Die Natur wurde der Eisenbahn angepasst.

Das „Eisenbahnzeitalter"

Die Erfahrung der Eisenbahngeschwindigkeit war für die Zeitgenossen zu Beginn etwas ganz Neues und Überwältigendes: Die einen beklagten die Vernichtung von Raum und Zeit und fühlten sich durch die schnelle Folge von Reizen und Eindrücken überfordert. Die anderen waren fasziniert von den neuen Möglichkeiten

55 Adolph von Menzel, Die Berlin-Potsdamer Eisenbahn, Ölgemälde (42x52 cm), 1847 (Staatliche Museen zu Berlin)

des „Eisenbahnzeitalters". Mithilfe der Technik konnte der Mensch jetzt zuvor als naturgegeben angesehene Grenzen und Behinderungen überwinden. An die Stelle der intensiven, aufs Detail gerichteten Sehweise trat der weitere, gleichsam panoramahafte Blick. Für Gegner wie Befürworter war die Bahn Symbol, hier für den Zerfall der herkömmlichen und bewährten Lebensweise, dort für den Fortschritt der neuen, industriellen Zeit.
Die Beschleunigung von Raum und Zeiterfahrung, die Verdichtung der Sinnesreize, vor allem in der ersten Jahrhunderthälfte mit der Eisenbahn verbunden, wurde dann am Ende des Jahrhunderts zum Kennzeichen der Epoche überhaupt, gebündelt im städtischen Leben. Tempo und Hektik der Stadt wurden der Ruhe und Beschaulichkeit des Landes gegenübergestellt, mal positiv, mal negativ. Nicht zufällig entstand in dieser Zeit auch der Krankheitsbegriff der Nervosität.

Zeitliche Normierung und Disziplinierung

Zeit war aber nicht nur eine Frage der subjektiven Wahrnehmung, sondern auch der exakten Bestimmung, Vorschrift und Kontrolle. Auch hier war die Bahn Schrittmacher: Geregelter Bahnverkehr verlangte zeitliche Disziplinierung durch Fahrplan und Normalzeit. Vor dem Eisenbahnzeitalter hatte jeder Ort seine eigene Lokalzeit. Damit man überregionale Verbindungen einheitlich in einem Fahrplan festhalten konnte, war jedoch eine Angleichung der Zeit erforderlich. Einzelne englische Eisenbahngesellschaften legten – jeweils unterschiedlich – bereits in den Vierzigerjahren solche Bahnzeiten für ihre Strecken fest. Mit der Entstehung eines Netzes musste man sich auf eine gemeinsame Normalzeit einigen: Man entschied sich für die Greenwich-Zeit, die sich dann auch als Standardzeit in ganz England durchsetzte. Ähnlich verlief der Prozess mit einiger Verspätung in Deutschland. Neben die Kirchen-, dann die Rathausuhren, die der Bevölkerung die Zeit vorgaben, trat jetzt die Bahnhofsuhr, an der sich nicht nur der Zug- und Passagierverkehr orientierte, sondern die symbolisch zum Taktgeber städtischen Lebens wurde.

„Mythos Dampf" in der Literatur

Die Industrialisierung und ihre technischen Erscheinungsformen sind früh zum Thema in der darstellenden Kunst und der Literatur geworden. Wiederum war es vor allem die Eisenbahn, der Mythos des Dampfes, der die literarische Fantasie beflügelte. Dem unerhört Neuen versuchte man durch metaphorische Sprache beizukommen: Die Lokomotive wurde zum Projektil, zum Dampfross, zur Windsbraut oder zum schnaubenden Stier.

Industrie im Spiegel der Malerei

Schon Mitte des 18. Jahrhunderts erregten die ersten Anfänge der Industrialisierung in England die Aufmerksamkeit der Landschaftsmaler. Coalbrookdale in Shropshire war das Zentrum der Eisenindustrie: Hier gelang zum ersten Mal die Verhüttung von Eisenerz mit Koks statt mit Holzkohle. Und Coalbrookdale lag in einer sonst unberührten, romantischen Landschaft. Dieser Kontrast war für die Maler besonders reizvoll. Hier ließen sich die Auswirkungen eines neuen Verhältnisses von Mensch, Natur und Technik eingehend studieren. War die neue Industrie zunächst noch weit gehend eingebettet in die Natur, so entstanden bald ganze industrielle Landschaften. Um sie darzustellen mussten die Landschaftsmaler zu einer neuen Farbgestaltung greifen: Gegenüber den traditionellen Landschaftsfarben wie grün und blau wurden rot, gelb und schwarz in ihrem Kontrast zu den neuen „Industriefarben".
Bis zum Aufkommen der Fotografie und teilweise darüber hinaus hat die Malerei den Industrialisierungsprozess begleitet. In den Bildern spiegeln sich die unterschiedlichsten Wahrnehmungen, Beurteilungen und Deutungen der Industrialisierung wider. Am Anfang stand die Fabrik als technisches Detail in einer noch natürlichen Landschaft. In der romantischen Fabrikruine – nach dem Vorbild der Burgruine – war die Industrie selber dem natürlichen (oder vorgeblich natürlichen)

Verfall ausgesetzt. Dann wurde die wachsende Industrie immer stärker als Bedrohung für Mensch und Natur interpretiert: Industrielandschaften wurden als Apokalypse, Hölle und Inferno gemalt. Umgekehrt ließen sich solche Landschaften oder einzelne Fabriken aber auch positiv als sauberes, geordnetes, rational gestaltetes Ensemble darstellen; das gilt vor allem für die gleichsam porträtistischen Darstellungen von Industriebetrieben im späteren 19. Jahrhundert. Bilder von einzelnen Maschinen oder von Arbeitsprozessen wurden oft zu einer Verherrlichung der Technik: Demonstriert wurden Größe, Fortschritt, Modernität. Auf solchen Bildern treten die Menschen als Handlanger oder Sklaven der Maschinen in Erscheinung. Aber es gibt auch Darstellungen, die den arbeitenden Menschen, den Typus des Handwerkers, in den Mittelpunkt rücken.

Eisenbahnbilder zeigen wiederum vor allem die Schnelligkeit, die Auflösung der Zeit. Der Bahnhof tritt als „Kathedrale einer neuen Zeit" in Erscheinung: Größe und architektonische Kühnheit werden beschworen. Häufig findet sich auch die Darstellung von Eisenbahnunglücken, von Technikkatastrophen überhaupt. Sie stehen für das Unberechenbare und Unbeherrschbare – bei allem technischen Fortschritt gibt es Ereignisse und Elemente, die sich der menschlichen Kontrolle (noch) entziehen; das ist auch Thema von Theodor Fontanes Ballade „Die Brück' am Tay", die auf einer Zeitungsmeldung beruht. Und schließlich werden, vor allem am Ende des 19. Jahrhunderts, technische Neuerungen als Verkörperungen von allgemeinem menschlichen Fortschritt allegorisch überhöht. Das gilt vor allem für die Elektrizität, die zum neuen Mythos wurde – mit Vorliebe stellte man sie im Bilde antiker Götter und Helden dar.

56 Die Eisenbahn verändert Zeit und Raum

a) Der Dichter Heinrich Heine schreibt über die neuen Pariser Eisenbahnen, 1843:

Die Eisenbahnen sind wieder ein solches providencielles Ereignis, das der Menschheit einen neuen Umschwung gibt, das die Farbe und Gestalt des Lebens verändert; es beginnt ein neuer Abschnitt in der Weltgeschichte, und unsre Generation darf sich rühmen, dass sie dabei gewesen. Welche Veränderungen müssen jetzt eintreten in unsrer Anschauungsweise und in unsern Vorstellungen! Sogar die Elementarbegriffe von Zeit und Raum sind schwankend geworden. Durch die Eisenbahnen wird der Raum getötet, und es bleibt uns nur noch die Zeit übrig. Hätten wir nur Geld genug um auch letztere anständig zu töten! In vierthalb Stunden reist man jetzt nach Orléans, in ebenso viel Stunden nach Rouen. Was wird das erst geben, wenn die Linien nach Belgien und Deutschland ausgeführt und mit den dortigen Bahnen verbunden sein werden! Mir ist, als kämen die Berge und Wälder aller Länder auf Paris angerückt. Ich rieche schon den Duft der deutschen Linden; vor meiner Türe brandet die Nordsee.

Heinrich Heine, Lutetia, Zweiter Teil, LVII, nach: Werke in vier Bänden, München/Wien 1982, S. 449

b) Meyers Conversations-Lexicon über die Eisenbahnreise, 1850:

Die Reisen auf der Eisenbahn erfordern das pünktlichste Eintreffen der Reisenden auf dem Bahnhofe, da der Dampfwagen auf niemanden wartet; auch müssen die gelösten Fahrbillets und die Gepäckzettel sorgfältig verwahrt werden. Nebstdem muss man sich hüten an Stationen auszusteigen, wo nicht wenigstens 5–10 Minuten angehalten wird, indem der Wagenzug leicht fortgeht und die Reisenden im Stiche lässt.

Zit. nach: Karl-Peter Ellerbrock/Marina Schuster (Hrsg.), 150 Jahre Köln-Mindener Eisenbahn, Essen 1997, S. 209

c) Emanuel Geibel, Vorüber! (1864):

Das Dampfross schnaubt entlang der Halde,
da, plötzlich, öffnet sich das Tal,
und ferne dämmert überm Walde
ein Schloss empor im Abendstrahl.
Mit Turm und Erkern seh' ichs ragen,
es naht, es grüßt, es fliegt vorbei; –
mir aber träumt von alten Tagen,
von einem schönen Monat Mai.

Zit. nach: Johannes Mahr, Eisenbahnen in der deutschen Dichtung. Der Wandel eines literarischen Motivs im 19. und beginnenden 20. Jahrhundert, München 1982, S. 109

d) Eine medizinische Studie aus den USA urteilt über das Eisenbahnreisen, 1884:

Der Blick aus dem Abteilfenster zerrt gleichsam an den Augäpfeln; begleitet wird dies von einem kreischenden Lärm, der von den Rädern kommt und sich ins Abteil fortsetzt, dazu der durchdringende Ton der Dampfpfeife und ab und zu der Bremsanlage, was stets Beunruhigung, Überraschung oder sogar eine Art Schock im Gefolge hat, weiterhin das Hin-und-her-Schwingen des Zuges, sein hartes Rütteln über schlecht gelegte Schienen – all das wirkt sich aus auf das Gemüt, die Muskeln und das Bewusstsein. Selbst wenn man von allem absieht, was zufällig und nicht die Regel ist, und annimmt, dass alles so perfekt wie nur möglich ist, so bleibt doch ein beträchtlicher Rest von dem übrig, was wir erwähnt haben. Unausweichlich aufgrund der Natur des Reisens entstehen „Eindrücke", die Ermüdung im Gefolge haben. Die Augen werden überlastet, die Ohren werden durch den Lärm betäubt, die Muskeln werden überanstrengt, und die Nerven plagen sich damit ab, die Ordnung aufrechtzuerhalten. Und so stellen sich Überdruss und Erschöpfung ein […]

Russell Reynolds, Travelling – Its Influence on Health, in: Malcolm Morris (Hrsg.), The Book of Health, London/Paris/New York 1884, zit. nach: Wolfgang Schivelbusch, Geschichte der Eisenbahnreise. Zur Industrialisierung von Raum und Zeit im 19. Jahrhundert, Frankfurt a. M. 1989, S. 199 f., Anm. 199

a) Untersuchen Sie, wie die Autoren das neue Eisenbahntempo bewerten. Aus welchem Bereich beziehen sie ihre Argumente? Wo sind zwiespältige Einschätzungen erkennbar?

b) Erläutern Sie, wie Adolph von Menzel (M 55) neue Geschwindigkeit und veränderte Wahrnehmung zur Darstellung bringt (Technik, Farbgebung, Bewegungsrichtung). Beschreiben Sie die Stimmung des Bildes. Vergleichen Sie mit den Texten: Wie steht der Künstler dem Neuen gegenüber?

57 Industrie und Landschaft im Bild

a) Francis Vivares, Ansicht der Oberen Werke in Coalbrookdale, Kupferstich, 1758

b) William Wylde, Manchester, Gemälde, 1851

c) Otto Bollhagen, Das Bayer-Werk in Leverkusen, Gemälde, um 1912

▶ *Exemplarisches Methodenlernen: Umgang mit Bildern.*
Historische Bildkunstwerke sind genau wie historische Texte Quellen, die uns Auskunft über die Vergangenheit geben können. Man muss sie befragen um sie zum Sprechen zu bringen. Von dem Kunsthistoriker Erwin Panofsky stammt ein häufig verwendetes Schema der Bildanalyse. Er unterscheidet drei Stufen:

1. *Das Sammeln von Beobachtungen über Gegenstände, Formen, Farben, Beschreibung von Bildaufbau und Struktur.*
2. *Die Untersuchung von Symbolen, Allegorien, Motiven, Darstellungstechniken.*
3. *Die Gesamtdeutung im historischen Kontext.*

Man muss bei der Beschäftigung mit Bildern aber nicht immer diesem Dreischritt folgen, sondern kann etwa auch mit einer These über den Gesamtsinn des Bildes beginnen, von seinem eigenen spontanen Eindruck oder von einer speziellen Fragestellung ausgehen. Dann muss jedoch umgekehrt der Weg hin zu einer Analyse der Darstellungsmittel führen, die die betreffende Bildaussage hervorbringen.

a) Vergleichen Sie die drei Industriedarstellungen M 57 a)–c). Beschreiben Sie jeweils das Verhältnis von Industrie und Landschaft.

b) Untersuchen Sie, auf welche Weise die jeweilige Wirkung des Bildes erzielt wird. Achten Sie dabei auf erkennbare Bauten, Farbgebung, Lichtführung, Perspektive und Format.

c) Ordnen Sie die drei Abbildungen den im Darstellungstext (S. 115/116) beschriebenen Typen zu und finden Sie für jedes einen passenden deutenden Titel.

58 Der Dampfhammer – ein Techniksymbol in Gemälde und Fotografie

a) James Nasmyth, Der Dampfhammer, Gemälde, 1842
Der englische Ingenieur James Nasmyth entwickelte 1838 den Dampfhammer. Er war die gewaltigste Maschine seiner Zeit und wurde eingesetzt zum Schmieden großer Werkstücke im Eisenbahn- und Schiffsbau. Der Hammerblock in der Mitte der Maschine (der „Bär") wurde durch Dampfkraft gehoben, beim Entweichen des Dampfes fiel er auf das Werkstück. Nasmyth selber hat den Dampfhammer in einem Gemälde dargestellt.

b) Schmieden von Achsen für Turbinen in Hörde, Gemälde, um 1908

a) Vergleichen Sie in den drei Bildern (M 58 a–c) das Verhältnis von Mensch und Maschine und bringen Sie das Ergebnis auf prägnante Formeln.
b) Erörtern Sie, inwieweit die drei Bilder Mensch und Maschine „realistisch" darstellen.

c) Ein Dampfhammer bei Krupp, Fotografie, vor 1906

59 Fotografie als historische Quelle: das Beispiel Krupp

a) Alfred Krupp gibt Anweisungen für die Anfertigung von Werksfotos, 1867:

Für die Pariser Ausstellung und für einzelne Geschenke an hoch stehende Personen müssen wir neue Fotografien im Mai, wenn alles grünt und der Wind stille ist, ausführen. Ich denke nämlich, dass die kleinen Fotografien vollkommen im Allgemeinen ausreichen, daneben wünschte ich aber in größtem Maßstabe eine oder besser zwei Ansichten mit Staffage und Leben auf den Plätzen, Höfen und Eisenbahnen. Ich würde vorschlagen, dass man dazu Sonntage nehme, weil die Werktage zu viel Rauch, Dampf und Unruhe mit sich führen, auch der Verlust zu groß wäre. Ob 500 oder 1000 Mann dazu nötig sind, stelle ich anheim. Es ist nachteilig, wenn zu viel Dampf die Umgebung unklar macht, es wird aber sehr hübsch sein, wenn an möglichst vielen Stellen etwas weniger Dampf ausströmt. Die Lokomotiven und Züge sind auch sehr imponierend so wie die großen Transportwagen für Güsse.

Zit. nach Franz-Josef Brüggemeier/Michael Toyka-Seid (Hrsg.), Industrie-Natur. Lesebuch zur Geschichte der Umwelt im 19. Jahrhundert, Frankfurt/New York 1995, S. 70 f.

b) Ein Historiker erläutert das Foto oben, 1994:

[Das Bild zeigt] einen 3,5-t-Hammer aus dem Hammerwerk II, der zum Lochen von Bandagen eingesetzt wird. Bandagen sind die stählernen Radreifen, die als Lauffläche auf die gegossenen Eisenbahnräder aufgezogen werden. Diese Bandagen wurden zunächst zu einem dicken flachen Ring ausgeschmiedet, wie er im Bildvordergrund auf dem Karren zu sehen ist. Das Loch in der Mitte wird dann unter dem Dampfhammer mittels kurzer Kegelstümpfe, die man um den Amboss herumliegen sieht, aufgeweitet, ehe dieser weiter gewordene Ring im Bandagenwalzwerk zu fertigen Radreifen ausgewalzt werden kann.

Diese Szene wurde wieder vollkommen gestellt. Sowohl der Rohling auf dem Wagen als auch jener unter dem Hammer sind ganz offensichtlich kalte, weiß getünchte Stücke. Die Arbeiter drängen sich in möglichst großer Zahl ins Bild und nehmen als „typisch“ empfundene Posen ein. Das Fallgewicht des Hammers ist in einer mittleren Stellung arretiert.

Ulrich Wengenroth, Die Fotografie als Quelle der Arbeits- und Technikgeschichte, in: Klaus Tenfelde (Hrsg.), Bilder von Krupp. Fotografie und Geschichte im Industriezeitalter, München 1994, S. 99

Diskutieren Sie anhand der Texte und des Bildes M 58c die Frage: Fotografien – Dokumente historischer Wirklichkeit?

60 Industrie-Allegorien

a) Plakat zur „Internationalen Elektro-Technischen Ausstellung“, Entwurf von Frank Kirchbach, 1891. Vor dem illuminierten Ausstellungsgelände und der Silhouette von Frankfurt erhebt sich auf einem Felsen eine Figurengruppe. Die untere Figur, ein nackter gefesselter Jüngling, stellt den antiken Prometheus dar, die Frauengestalt personifiziert die Elektrizität.

b) Titelblatt einer Zeitung, 1912
Beschreiben Sie die einzelnen Figuren und Gegenstände auf den Bildern. Deuten Sie die Gesamtaussage der beiden Darstellungen. Informieren Sie sich dafür über die Namen Helios und Prometheus und den Begriff Allegorie. Formulieren Sie die Auffassung von der damaligen Gegenwart, die hinter diesen Darstellungen steht. Dampf – Strom – Gas: Überlegen Sie, wie sich die Reihe der „Fortschritts-Mythen" bis in die Gegenwart fortsetzen ließe.

1. *Erläutern Sie, inwiefern „Mobilität" als ein Schlüsselbegriff für die Zeit der Industrialisierung gelten kann.*
2. *Erörtern Sie die Frage: die industrielle Revolution – auch eine Revolution der Gesellschaft und der Mentalitäten?*

6. Die USA – Vorreiter der Moderne

1789 – mit der Verabschiedung der Verfassung – hatten sich die englischen Kolonien in Nordamerika endgültig als „Vereinigte Staaten“ zusammengeschlossen. Nur 100 Jahre später überflügelte die Industrieproduktion der USA schon deutlich die des Mutterlandes. Und mit ihrem Eingreifen in den Ersten Weltkrieg dokumentierten die USA ihre neue Rolle als Groß- und sogar Weltmacht. Was machte den besonderen amerikanischen Weg aus, der das Land – noch vor Deutschland – zum großen ökonomischen Aufsteiger im späten 19. Jahrhundert und dann zum Vorreiter im 20. Jahrhundert werden ließ?
Während der Zwanzigerjahre sonnte sich die amerikanische Wirtschaft im Glanz ihres Erfolgs. Aber in der Weltwirtschaftskrise von 1929 brach sie dann gleichsam über Nacht zusammen. Krise und anschließende Erholung – zeigt sich auch darin im Vergleich mit den Staaten Europas typisch Amerikanisches? Und wie weit ist schließlich der „American Way of Life“ zum Vorbild für Europa und die Welt geworden?

1865	Nach dem Ende des Sezessionskriegs (1861–1865) setzt in den USA endgültig eine stürmische Industrialisierung ein. Der Aufschwung hält, von leichten Krisen abgesehen, bis zum Beginn des Ersten Weltkriegs an.
1869	Eröffnung der ersten transkontinentalen Eisenbahnstrecke: neue Absatzmöglichkeiten für Industrie und Landwirtschaft.
1882	John D. Rockefeller bildet den ersten Trust in der Ölindustrie.
1886	Um ihre Interessen massiver vertreten zu können schließen sich verschiedene Gewerkschaften unter einem Dachverband, der American Federation of Labor, zusammen.
1913	Henry Ford setzt das Fließband zur Massenproduktion von Autos ein.
1920–1929	Die „Roaring Twenties“ sind eine Zeit nie da gewesener wirtschaftlicher Prosperität, die den Unternehmern hohe Gewinne und den Arbeitnehmern breite Einkommenssteigerungen bringt. Die Verbesserung der Massenkaufkraft führt zum Massenkonsum.
1929	Der New Yorker Börsenkrach beendet den Wirtschaftsboom der Zwanzigerjahre. 15 Millionen Amerikaner werden arbeitslos. Die Krise ergreift die gesamte Weltwirtschaft.
seit 1933	Der neue Präsident Franklin D. Roosevelt versucht mit seinem Programm des New Deal die Wirtschaft anzukurbeln und setzt soziale Reformen durch.

6.1 Der Aufstieg zur Industriemacht und das Big Business

Bevölkerungswachstum und Landwirtschaft

Die Bevölkerung der USA wuchs seit dem Ende des 18. Jahrhunderts rapide an: 1790 waren es 4 Mio., 1860 31 Mio., 1910 91 Mio. Ein großer Teil der Zunahme entfiel auf die Einwanderung. Für die Ansiedlung stand genügend Raum zur Verfügung. Die Zahl der landwirtschaftlich Tätigen nahm zu und auch ihr Markt wuchs ständig – die Farmer verfügten über ein gutes Einkommen und bildeten ein erhebliches Nachfragepotenzial für Industrieprodukte. Das waren zunächst landwirtschaftliche Geräte: Die Technisierung der Landwirtschaft, z. B. durch Dreschmaschine und Mähdrescher, vollzog sich in den USA weitaus schneller als in Europa. Später kamen Gebrauchsartikel wie Auto und Telefon hinzu.

Die amerikanische Produktionsweise

Den Kernbereich der Industrialisierung bildete jedoch wie in den europäischen Ländern zunächst die Textilherstellung. Die Maschinisierung vollzog sich hier sogar schneller als in Großbritannien. Treibender Faktor dabei war der ständige Mangel an Arbeitskräften. Anders als in Europa konnte deshalb das Wachstum der Textilindustrie nicht im Bereich des arbeitskräfteintensiven Verlagsgewerbes stattfinden. Mangel an Arbeitskräften in einer expandierenden Wirtschaft – das blieb bis in die Zwanzigerjahre des 20. Jahrhunderts stets ein wesentlicher Beweggrund für technische Innovationen und damit dann auch für die industrielle Dynamik der USA. Der Zwang zu rationeller Produktion sowie ein großer und im Vergleich zu Europa einheitlicher Markt prägten sowohl die Palette der Produkte als auch die Produktionstechnologie. Man stellte stärker standardisierte Produkte in großer Zahl und weniger Sonderanfertigungen her. Normierung von Einzelteilen (z. B. Schrauben) und Präzisionsfertigung waren die Voraussetzung dieser amerikanischen Produktionsweise. Nach dem Sezessionskrieg (1861–1865) wurden zunächst Pistolen, dann auch Uhren und Nähmaschinen – eine amerikanische Erfindung – auf diese Weise industriell gefertigt und vertrieben, später prägte diese Produktionsweise vor allem die Autoindustrie. Der Maschinenbau wurde schnell zu einem führenden Sektor der USA-Wirtschaft und stand auch international an erster Stelle.

Die Eisenbahn revolutioniert die Infrastruktur

Ein zweiter Leitsektor der amerikanischen Industrialisierung war wie in Deutschland die Eisenbahn. Zwar hatte schon vor deren Bau ein verhältnismäßig gutes Transportsystem in Form von Wasserwegen bestanden: an der Ostküste der Atlan-

61 Werbung für Mähdrescher nach einem Ölgemälde von Emanuel G. Leutze (1861).
Im amerikanischen „Frontier-Mythos" ging (und geht) es um die mühevolle und heldenhafte Besitzergreifung des Landes. Untersuchen Sie, wie dieser Mythos im obigen Bild zum Ausdruck kommt und zu Werbezwecken vereinnahmt wird.

tik, im Norden die Großen Seen und im mittleren Westen das Flusssystem des Mississippi. Lange Zeit spielte deshalb das Dampfschiff (seit 1815) eine wichtigere Rolle als die Eisenbahn. Dennoch vollzog sich mit deren Ausbau eine Verkehrsrevolution, die angesichts der Größe des Landes von besonderem Gewicht war. 1869 wurde die erste transkontinentale Strecke eröffnet, weitere Linien folgten schnell. Erst damit wurde das ganze Land als einheitlicher Markt erschlossen, gewannen die Industrien des Nordostens neue Absatzmöglichkeiten im Westen, konnten die Farmer ihre Erzeugnisse in den Städten der Ostküste vermarkten. Mit den Schienen entstanden Telegrafenleitungen und damit eine neue Infrastruktur der Kommunikation, die in den USA wegen der Entfernungen und der geographischen Probleme ebenfalls weitaus schwieriger war als in den Ländern Europas. Das Schienennetz wuchs im letzten Drittel des Jahrhunderts rasch an; zur Jahrhundertwende umfasste es etwa 310 000 Kilometer und war damit länger als die Bahnlinien in allen anderen Staaten der Welt zusammen. Wie in Deutschland waren die Rückkoppelungseffekte des Eisenbahnbaus maßgeblich für die Entwicklung der Schwerindustrie (Eisen, Stahl, Kohle), aber wiederum auch des Maschinenbaus.

Liberale Wirtschaftspolitik – wirtschaftliche Konzentration

Die Eisenbahngesellschaften waren die ersten Großunternehmen in den USA. Sie wurden durch den Staat nicht nur finanziell, sondern auch durch großzügige Landschenkungen unterstützt. Die amerikanischen Regierungen verfolgten eine strikt liberale Wirtschaftspolitik: Förderung des ökonomischen Wachstums, aber keine Regelung des Markts, kein Eingriff in das Privateigentum, keine sozialen Schutzmaßnahmen für Arbeiter. Das förderte die industrielle Entwicklung: Die amerikanische Wirtschaft erlebte einen beispiellosen Aufschwung, der über fünfzig Jahre, von 1865 bis zum Beginn des Ersten Weltkrieges, anhielt und lediglich vorübergehend von leichteren Krisenerscheinungen getrübt wurde. Dazu gehörte aber auch ein rücksichtsloser Wettbewerb, der zu Konzentrations- und Monopolisierungsprozessen führte. Die USA wurden zum Land der Trusts. Diese Entwicklung vollzog sich sehr viel nachhaltiger und in ganz anderen Dimensionen als in Deutschland: „Robber Barons" (Raubritter) wurden die Industriemagnaten von kritischen Zeitgenossen genannt. Sie verfügten auch über erheblichen politischen Einfluss, und die Versuche ihre Macht durch Anti-Trust-Gesetze einzuschränken hatten nur wenig Erfolg.

Unternehmer bekämpfen die Gewerkschaften

Die Gewerkschaften wurden von ihnen scharf befehdet und die Regierung stand dabei auf ihrer Seite. Es gab Arbeitsverträge, in denen die Arbeiter erklären mussten, keiner Gewerkschaft anzugehören und in keine einzutreten; bei Zuwiderhandlung durften sie entlassen werden. Streikende wurden in regelrechten Straßenschlachten von angeheuerten Streikbrechern, aber auch von Regierungstruppen bekämpft. Es gelang den amerikanischen Gewerkschaften vor dem Ersten Weltkrieg nie, mehr als 10% aller Industriearbeiter – das entsprach 2% aller Erwerbstätigen – zu organisieren (Deutschland ca. 7%).

Trusts waren eine besondere Form der Konzentration: ein Zusammenschluss mehrerer zuvor selbstständiger Unternehmen unter dem zentralen Management einer Dachgesellschaft. Den ersten Trust bildete 1882 John D. Rockefeller in der Ölindustrie. Seine Standard Oil Company beherrschte neunzig Prozent der Raffineriekapazitäten in den USA. Sie kontrollierte bald auch den gesamten Herstellungs- und Vertriebsprozess von der Förderung über die Raffinierung und den Transport bis zum Verkauf. Die amerikanische Regierung versuchte die Monopolstellung solcher Unternehmen durch eine Anti-Trust-Gesetzgebung einzuschränken, hatte aber damit – auch wegen der politischen Macht der Unternehmer – nur teilweise Erfolg.

Keine Chance für den Sozialismus

Noch weniger erfolgreich als die Gewerkschaften waren in den USA sozialistische Bestrebungen. Niemals prägte sich hier so stark wie in Europa ein Klassenbewusstsein aus, das zur Basis für eine erfolgreiche sozialistische Partei mit einer programmatischen Alternative zum Wirtschafts- und Gesellschaftskonzept der USA hätte werden können. Das hatte vermutlich verschiedene Gründe: Die Einwanderergesellschaft der USA ist immer stärker individualistisch und pluralistisch gewesen als die europäischen Gesellschaften, die protestantische Ethik hat – so Max Webers Theorie – wirtschaftlichen Erfolg traditionell eng mit der Leistung und Verantwortung des Einzelnen verknüpft, und schließlich hat die amerikanische Verfassungstradition immer das Gefühl vermittelt, die bestehende Ordnung sei für notwendige Veränderungen so flexibel, dass man ohne revolutionäre Umwälzungen auskommen könne. Jedenfalls galten Gewerkschaften wie linke politische Strömungen in weiten Kreisen auch der Arbeiterschaft selber als radikal und „unamerikanisch".

62 Wirtschaft und Staat

a) Der Sozialwissenschaftler und Nationalökonom William Graham Sumner schreibt 1907 über die Bedeutung des Wettbewerbs:

Hauptgesetze sind Wettbewerb und natürliche Selektion, das Überleben der Tauglichsten. Das Gesetz vom Überleben der Tauglichsten wurde nicht vom Menschen gemacht und kann von ihm auch nicht verändert werden. Der Versuch seinen Lauf aufzuhalten, kann nur im Überleben der Untauglichsten resultieren […]

Armut gehört zum Überlebenskampf und wir sind alle in diesen Kampf hineingeboren. Dies ist eine Welt, in der es heißt: Kämpfe oder stirb! […] Wenn wir dies nicht mögen und wir versuchen, es zu verbessern, dann gibt es nur einen Weg. Wir können den Besseren etwas wegnehmen und es den Schlechteren geben. […] Wir können denen, die sich besser bewährt haben, die Früchte ihrer Tätigkeit nehmen und denen geben, die sich nicht bewährt haben. Auf diese Weise werden wir die Ungleichheiten vermindern. Wir werden das Überleben der Untauglichsten begünstigen und wir werden dies über die Zerstörung der Freiheit erreichen. Es muss klar sein, dass wir an folgender Alternative nicht vorbeikommen: Freiheit, Ungleichheit, Überleben der Tauglichsten oder Unfreiheit, Gleichheit, Überleben der Untauglichsten.

P. Boller: American Thought in Transition, Chicago 1971, zit. nach: Geschichte und Geschehen II, Oberstufe, Ausgabe A/B, Stuttgart 1995, S. 122

b) Präsident Edgar Hoover über das „amerikanische System", 1928:

Durch 150 Jahre haben wir eine Form der Selbstregierung und ein gesellschaftliches System aufgebaut, das ganz sonderlich unser Eigentum ist. Es unterscheidet sich wesentlich von allen anderen in der Welt. Es ist das „amerikanische System". Es ist ein ebenso bestimmtes und positiv politisches und gesellschaftliches System, wie je eines auf Erden entwickelt worden ist. Es ist auf eine besondere Konzeption der Selbstregierung gegründet, deren eigentliche Basis dezentralisierte lokale Verantwortlichkeit ist. Darüber hinaus ist es auf die Vorstellung gegründet, dass allein durch geordnete Freiheit, Freisein und gleiche Chance für den Einzelnen seine Initiative und sein Unternehmungsgeist auf dem Marsch des Fortschritts angespornt werden. Und in unserem Bestehen auf Gleichheit der Chance ist unser System weiter als die ganze Welt vorgeschritten. Während des Krieges wandten wir uns notgedrungen an die Regierung um alle schwierigen wirtschaftlichen Probleme zu lösen. […] Zur Erhaltung des Staates wurde die Bundesregierung eine zentralisierte Despotie, die noch nie da gewesene Verantwortlichkeiten auf sich nahm, sich autokratische Machtvollkommenheit beilegte und die Geschäfte der Bürger übernahm. In hohem Grade reglementierten wir unser ganzes Volk zeitweise in einen sozialistischen Staat hinein. […] Als der Krieg endete, wurden [wir] aufgerufen zu einer Entscheidung in Friedenszeiten zwischen dem amerikanischen System des derben Individualismus und einer europäischen Philosophie aus diametral entgegengesetzten Lehren – Doktrinen der Bevormundung und des Staatssozialismus. Die Annahme dieser Ideen hätte die Zerstörung der Selbstregierung durch seine Zentralisation der Regierung bedeutet. Sie hätte die Unterminierung der individuellen Initiative und Unternehmungslust bedeutet, durch die unser Volk zu beispielloser Größe herangewachsen ist.

[…] Als die Republikanische Partei ganz an die

63 „The Octopus" (1904): Standard Oil Company.
Erläutern Sie anhand des Darstellungstextes (S. 126), aus welchen Gründen der Zeichner die Standard Oil Company von John D. Rockefeller in dieser Weise darstellt.

Macht kam, ging sie sofort entschieden zurück auf unsere Grundkonzeption vom Staat und den Rechten und Verantwortlichkeiten der Einzelnen. Dadurch stellte sie Vertrauen und Hoffnung beim amerikanischen Volk wieder her, sie befreite und stimulierte den Unternehmungsgeist, sie führte die Regierung zurück zu ihrer Position als Schiedsrichter statt Mitspieler im wirtschaftlichen Spiel. Aus diesen Gründen ist das amerikanische Volk vorwärts gekommen, während die übrige Welt stehen geblieben ist und einige Länder sogar zurückgegangen sind […]. Es ist ein falscher Liberalismus, der sich selbst in den Betrieb kommerzieller Geschäfte durch die Regierung hineininterpretiert. Jeder Schritt zur Bürokratisierung des Geschäftslebens unseres Landes vergiftet die wahren Wurzeln des Liberalismus – d.h. politische Gleichheit, Redefreiheit, Versammlungsfreiheit, Pressefreiheit und Gleichheit der Chance. Es ist der Weg nicht zu größerer Freiheit, sondern zu geringerer Freiheit. […] Dieser Glaube ist die Grundlage allen amerikanischen Fortschritts, des politischen wie des wirtschaftlichen.

Zit. nach: Erich Angermann, Die Vereinigten Staaten von Amerika als Weltmacht. Innen- und außenpolitische Entwicklungen seit 1917, Stuttgart 1987, S. 25–27

c) Franklin Delano Roosevelt über sein sozialpolitisches Programm vor seiner Wahl zum Präsidenten, 1932:

Jedermann hat ein Recht zu leben; und das bedeutet, dass er auch das Recht hat einen auskömmlichen Lebensunterhalt zu verdienen. […] Wir haben keine wirkliche Hungersnot oder Teuerung; unser industrieller und landwirtschaftlicher Apparat kann genug und übergenug produzieren. Unser formelles und formloses politisches und wirtschaftliches Regierungssystem ist jedem einen Weg schuldig, sich durch seine eigene Arbeit in den Besitz einer Portion von diesem Überfluss zu setzen, die für seine Bedürfnisse genügt.

Jedermann hat ein Recht auf sein eigenes Eigentum; was ein Recht bedeutet, soweit wie möglich der Sicherheit seiner Ersparnisse gewiss zu sein. Auf keine andere Weise können Menschen die Lasten jener Teile des Lebens tragen, die naturgemäß keine Möglichkeit zur Arbeit geben: Kindheit, Krankheit und Alter. In allem Denken über das Eigentum ist dieses Recht das höchste; alle anderen Eigentumsrechte müssen ihm nachstehen. Wenn wir im Einklang mit diesem Prinzip die Operationen des Spekulanten, des Manipulators, ja selbst des Finanziers einschränken müssen, so glaube ich, müssen wir die Restriktion als notwendig akzeptieren, nicht um den Individualismus zu beeinträchtigen, sondern um ihn zu schützen [...].

[Die] Forderung ist, in kurzen Worten, dass die Häupter von Finanz und Industrie, anstatt je für sich zu handeln, zusammenarbeiten müssen um das gemeinsame Ziel zu verwirklichen. Sie müssen wo nötig, diesen oder jenen privaten Vorteil opfern [...]. Wann immer im Verfolg dieser Absicht [...] der rücksichtslose Geschäftemacher [...] sich weigert, sich zur Erreichung eines Zweckes zusammenzutun, der als im öffentlichen Wohl liegend gilt, und wenn er die Industrie in einen Zustand der Anarchie zurückzuzerren droht, kann die Regierung zu Recht ersucht werden, Beschränkungen aufzuerlegen. Gleichermaßen: Sollte die Gruppe je ihre kollektive Macht entgegen der öffentlichen Wohlfahrt gebrauchen, muss die Regierung schleunig einschreiten und das öffentliche Interesse schützen.

Die Regierung sollte die Funktion wirtschaftlichen Regulierens nur übernehmen als ein äußerstes Mittel, das erst dann ausprobiert werden soll, wenn die Privatinitiative [...] am Ende doch versagt. Wir wissen, dass individuelle Freiheit und individuelles Glück gar nichts besagen, wenn sie nicht beide geordnet sind in dem Sinne, dass nicht des einen Fleisch des anderen Gift sei. Wir wissen, dass die Freiheit etwas zu tun, was andere jener elementaren Rechte beraubt, außerhalb des Schutzes irgendeines Vertrages steht; und dass Regierung in dieser Hinsicht die Bewahrung eines Gleichgewichtes ist.

Zit. nach: Erich Angermann, Die Vereinigten Staaten von Amerika als Weltmacht. Innen- und außenpolitische Entwicklungen seit 1917, Stuttgart 1987, S. 33 f.

a) Stellen Sie die in M 62 a)–c) erkennbaren Auffassungen von Gesellschaft, Wirtschaft und Staat einander gegenüber.
b) Ziehen Sie zum Vergleich die Vorstellungen von Adam Smith (S. 10/11) und Gustav Schmoller (S. 86) heran.
c) Erörtern Sie Vorzüge und Nachteile der unterschiedlichen Positionen aus verschiedenen Perspektiven (Gesamtwirtschaft, Unternehmer, Anleger, Arbeitnehmer).

6.2 Massenproduktion, Massenkonsum, Massengesellschaft

Die „Roaring Twenties" und der „American Way of Life"

Nach der Zwischenzeit des Ersten Weltkriegs knüpfte die wirtschaftliche Entwicklung an den langen Aufschwung der Zeit davor an, ja sie beschleunigte sich noch einmal in einem zuvor kaum für möglich gehaltenen Ausmaß. Die Wirtschaft der USA profitierte davon, dass durch den Krieg Deutschland als Konkurrent auf dem Weltmarkt zunächst praktisch ausgeschieden und Großbritannien schwer angeschlagen war. Die USA wurden jetzt zur unangefochtenen Führungsmacht in Produktion und Export; ihr Anteil an der weltweiten Industrieproduktion lag bei 43%. Der Dollar konkurrierte mit dem Pfund als internationaler Leitwährung und New York begann London den Rang als wichtigster Finanzplatz abzulaufen.

Die „Roaring Twenties" nannte man diese Zeit bis zur Weltwirtschaftskrise 1929. Die Produktion und die Unternehmensgewinne stiegen in den Zwanzigerjahren um mehr als zwei Drittel, die Einkommen der Arbeitnehmer erhöhten sich um real 30%, Massenkaufkraft und privater Verbrauch nahmen zu. Wirtschaft und ökonomischer Erfolg schienen zum Maßstab aller Dinge zu werden. Von der moralisch geprägten, international engagierten Politik des Weltkriegs-Präsidenten Woodrow Wilson kehrten sich die Bürgerinnen und Bürger ab. Bezeichnend für die Stimmung der Zeit waren die Leitsätze des 1924 mit großer Mehrheit gewählten Republikanischen Präsidenten Calvin Coolidge: „Amerikas Geschäft ist das Geschäft", „Wer eine Fabrik baut, baut einen Tempel, wer dort arbeitet, macht Gottesdienst". Eine neue Konsumgesellschaft, geprägt durch Massenproduktion und Massenverbrauch, entstand: der „Amerikan Way of Life". Die USA wurden zum Vorreiter einer gesellschaftlichen Veränderung, die heute die Lebensweise in den westlichen Industriestaaten allgemein bestimmt.

Das Automobil – Konsumartikel und Kultobjekt

Zum Führungssektor der wirtschaftlichen Entwicklung wurde die Automobilindustrie. Begonnen hatte – in den USA wie in Frankreich, Deutschland und England – die Verbreitung des Automobils schon in den Jahren vor dem Ersten Weltkrieg, aber es war im Wesentlichen ein Luxusartikel für Begüterte und Autosportbegeisterte geblieben. Nun setzte in den USA die Massenmotorisierung ein. Von 1920 bis 1930 stieg die Zahl der Autos von 8 auf 23 Millionen, ein Auto kam auf fünf Personen – dieser Wert wurde in Deutschland (alte Bundesrepublik) erst Mitte der Sechzigerjahre erreicht –, und 80% aller weltweit vorhandenen Autos fuhren in den USA. Fließbandfertigung und Akkordarbeit ermöglichten Produktionssteigerungen und Preissenkungen. Das legendäre „Modell T“ von Ford wurde zwischen 1908 und 1927 in 10 Mio. Exemplaren gebaut. 1920 waren 50% aller Autos in den USA solche „Tin Lizzies“. Der Wagen kostete 1909 950 Dollar, 1926 nur noch 320 Dollar; das durchschnittliche Jahreseinkommen eines Industriearbeiters lag bei 1300 Dollar. Das Auto wurde jetzt zum für weite Kreise erschwinglichen Massenkonsumartikel, zugleich aber auch zum Kultobjekt, zum Symbol für Freiheit und soziale Gleichheit.

Henry Ford und das Fließband

Dem Unternehmer Henry Ford ging es vor allem darum, das Zusammenspiel von Mensch und Maschine in der Produktion ökonomisch zu optimieren. In seiner Fabrik in Highland Park bei Detroit führte er (seit 1913) das Prinzip der Massenproduktion auf die Spitze: In Fließbandfertigung und mit Einzweckmaschinen wurde lediglich ein einziges Modell ganz ohne Varianten gefertigt. Das Prinzip des Transportbandes war nicht neu, man verwendete es bereits in Warenlagern und in den riesigen Schlachthöfen Chicagos. Aber noch nie war ein kompliziertes technisches Produkt wie ein Auto auf diese Weise hergestellt worden. Geschwindigkeit, Stress, Monotonie und Fremdbestimmung der Arbeit wuchsen bei diesem Produktionsverfahren deutlich an. Ford entschädigte seine Arbeiter, indem er weitaus höhere Löhne zahlte als andere. So war das Fließband im doppelten Sinne ein Symbol der Zeit: einerseits für die Verdichtung und Sinnentleerung der Arbeit, andererseits für neue Dimensionen von Produktion und Konsum.

Der Autoboom beförderte auch andere Industrien: Stahl, Elektro, Öl, Chemie und Glas. Neue Überlandstraßen entstanden, das alte Straßennetz wurde nach und nach asphaltiert, Straßenbau und Autoboom beflügelten sich wechselseitig. Mit dem Auto setzte der Auszug aus den Stadtzentren in die Vororte ein. Das eigene Haus mit Garten wurde zum Statussymbol des Mittelstandes. Die Zersiedlung der Landschaft, die Entstehung riesiger Vorortlandschaften begann. In Deutschland bahnte sich diese Entwicklung erst im Laufe der Sechzigerjahre an.

„American Way of Life“: Das Recht und die Freiheit des einzelnen Menschen, sich in der Gesellschaft durchzusetzen und Erfolg zu haben, haben schon in die amerikanische Verfassung Eingang gefunden. Mit der Entwicklung der Industrie und der Massenproduktion ist diese Lebensauffassung und Lebensart für die USA noch prägender geworden: Die Befriedigung individueller materieller Bedürfnisse wurde für immer mehr Menschen möglich. Deshalb war und ist für viele Menschen in aller Welt der American Way of Life ein Traum. Auf der anderen Seite wuchsen soziale Ungleichheit und vordergründige Konsumorientierung, zeichneten sich die Anfänge der späteren Überfluss- und Wegwerfgesellschaft ab.

Fordismus: Henry Ford setzte als erster das Fließband beim Bau von Autos ein. Das war ein großer Entwicklungsschritt in der Herstellungstechnik. Er eröffnete neue Möglichkeiten der Massenproduktion und wies langfristig den Weg zur Automatisierung. Fordismus wurde zum Begriff für eine Produktionsweise, die mit Fließband oder Fließfertigung, Rationalisierung und Standardisierung arbeitete. Weil die erhöhte Produktivität auch zu Lohnerhöhungen führte, standen ihr die Arbeitnehmer und Gewerkschaften positiv gegenüber. Sogar in der Sowjetunion wurde Ford zum großen Vorbild: Man hoffte mit seinen Produktionsmethoden schnell den massenhaften Bedarf von Verbrauchsgütern (vor allem Traktoren) decken zu können.

Taylorismus – wissenschaftliche Arbeitsorganisation oder Antreiberei?

Einen anderen Ansatzpunkt als Ford hatte der US-amerikanische Ingenieur Frederick Winslow Taylor, dessen Hauptwerk „Principles of scientific Management" 1911 erschien. Er wollte die Leistung des einzelnen Arbeiters durch Untersuchung von Arbeitsabläufen, Zeitmessungen, Auslese von Arbeitskräften, kontrolliertes Anlernen und die Einführung von Akkordsystemen steigern. Taylors Name wurde zum Synonym für Rationalisierung überhaupt. Aber der Taylorismus war keineswegs unumstritten: Während die einen ihn als wissenschaftliche Grundlage der Arbeitsorganisation bejahten, bekämpften ihn die anderen als Mittel zu Arbeitshetze und Antreiberei.

64 Automobilproduktion im Wandel

a) Opel, Produktionshalle in Rüsselsheim, Zeichnung von Hans Wendt, 1912

b) Ford, Fließbandmontage T-Modell, Foto 1914

c) Moderne Fertigungsstraße Daimler+Chrysler, Foto 1998

Die privaten Haushalte als Konsumenten

Die privaten Haushalte wurden zu wichtigen Abnehmern von Industrieprodukten. Mit der Ausweitung des Konsums änderten sich auch die Vertriebswege. Der Verkauf war vor allem auf dem Lande regional und dezentral organisiert gewesen. Jetzt trat neben die städtischen Warenhäuser der Versandhandel zur Versorgung der ländlichen Bevölkerung. Bald richteten die großen Versandhäuser auch Ladenketten ein. Die ersten Einkaufszentren auf der grünen Wiese entstanden, Vorläufer der riesigen „Malls" von heute. Der Ratenkauf machte nun größere Konsumartikel auch bei kleinerem Einkommen erschwinglich – 1929 wurden 60% aller Autos auf Raten gekauft. Je stärker überregional der Handel wurde, desto mehr bestimmten ihn in allen Bereichen standardisierte Produkte: Der Markenartikel entstand. Schon vor dem Ersten Weltkrieg hatte die Technisierung der Haushalte zaghaft begonnen, jetzt setzte sie sich allmählich durch: Bügeleisen, Waschmaschine, Staubsauger, Kühl- und Gefrierschrank, Elektroherd, Geschirrspülmaschine hielten in die Wohnungen Einzug.
Neben der zweiten Verkehrsrevolution durch das Automobil hatte die Veränderung der privaten Kommunikation durch das Telefon die wohl einschneidendste Veränderung der Alltagskultur zur Folge. Auch auf diesem Gebiet waren die USA weltweit Vorreiter; in Deutschland haben sich die meisten dieser Haushaltsgeräte erst mit einer Verzögerung von mehreren Jahrzehnten verbreitet.

Die Freizeit- und Unterhaltungskultur

Mit der Ausweitung des Konsums entwickelten sich auch neue Formen von Marketing und Werbung. Eine wichtige Rolle spielte dabei das Radio, das sich wie der Film und später das Fernsehen ebenfalls zuerst in den USA durchsetzte. Seit 1920

Konsumgesellschaft – Dienstleistungsgesellschaft: Die wirtschaftliche Prosperität der Zwanzigerjahre setzte in den USA einen Kreislauf in Gang: Höhere Produktivität führte zu besseren Löhnen und niedrigeren Preisen für Industrieprodukte, dies wiederum zu erhöhter Nachfrage und Ausweitung der Produktion. Noch nie hatten so viele Arbeitnehmer so viel Geld für Anschaffungen zur Verfügung gehabt. Die schnell wachsende Werbebranche regte immer neue Komsumwünsche an. Aber es stieg nicht nur die Nachfrage nach Industrieprodukten, sondern auch die nach „Freizeitgütern", z. B. Unterhaltung durch Radio und Film, Musik und Sport. Immer mehr Menschen begannen im Bereich der Dienstleistungen zu arbeiten. Es begann sich der Weg zur Dienstleistungsgesellschaft abzuzeichnen, in der dieser Bereich die Industrie als bestimmenden Sektor der Volkswirtschaft ablöst.

entstanden kommerzielle Radiostationen, die sich in erster Linie über Werbung finanzierten. Die Filmindustrie siedelte sich in Hollywood an, 1927 wurde der erste abendfüllende Tonfilm gezeigt, zu Beginn der Dreißigerjahre liefen schon Farbfilme. Jede Woche besuchten nun mehr Amerikaner die Kinos als die Kirche. Immer mehr US-Amerikaner verfügten jetzt über genügend Zeit und Geld um an der neuen Konsum-, Freizeit- und Unterhaltungskultur teilhaben zu können – so konnte sie überhaupt erst zur Massenerscheinung werden.

Die Technisierung des Büros

Mit der Produktion wuchs auch die Verwaltung. Auch hier hielten Technisierung und Rationalisierung Einzug. Neben Schreibmaschine oder Telefon gab es in Großfirmen sogar schon Verfahren moderner Datenverarbeitung: Lochkartenmaschinen von Herrman Hollerith wurden zur Erstellung von Verkaufsstatistiken, bei der Lagerhaltung, bei der Kostenerfassung und Lohnabrechnung genutzt. Vor allem in den Büros wurden jetzt auch immer mehr Frauen berufstätig. Die Zahl der arbeitenden Frauen stieg zwischen 1914 und 1930 von 2 auf 10 Millionen, das entsprach einem knappen Viertel aller Berufstätigen.

Wolkenkratzer als Symbol städtischer Modernität

Zentren dieser neuen Kultur waren die Städte, vor allem die Großstädte. Ihre Einwohnerschaft wuchs doppelt so schnell wie die Gesamtbevölkerung. Der Bau boomte, die Gebäude in den Citys wuchsen in die Höhe – nicht zuletzt wegen der hohen Bodenpreise. Wolkenkratzer wie das Chrysler Building und das Empire State Building wurden zu Symbolen für amerikanische Modernität und Prosperität.

Die Kritik der Konservativen

Das amerikanische Modell versprach in einem bisher unbekannten Maße Wohlstand für alle. Freilich wurde die neue Kultur keineswegs von allen Amerikanern enthusiastisch bejaht. Viele Konservative aus den ländlichen Gebieten beklagten vor allem den vermeintlichen moralischen Verfall, der damit verbunden war. Die wichtigste Gegenreaktion des ländlichen Amerika war die schon 1919 in Kraft getretene Prohibition, das Verbot von Alkoholverkauf und -genuss, das bis 1933 in Kraft blieb.
Der religiöse Fundamentalismus kam am deutlichsten zum Ausdruck in einem Gesetz des Staates Tennessee, das 1925 verbot die Entstehung des Menschen in der Schule anders als nach der biblischen Schöpfungsgeschichte zu lehren. Wer nicht dem Idealbild des weißen Protestanten nordeuropäischer Abstammung entsprach, wurde angefeindet und verfolgt. Das traf vor allem ethnische Minderheiten – Amerikaner afrikanischer, asiatischer oder spanischer Herkunft, die in Reservate vertriebenen Indianer –, aber auch konfessionelle (Katholiken, Juden) und politische (Kommunisten) „Abweichler".

Benachteiligt: Schwarze und Frauen

Auch am neuen amerikanischen Wohlstand hatten die Schwarzen kaum einen Anteil. Die schwarze städtische Mittelschicht war eher dünn; in der Regel blieben den Schwarzen nur die niedrigsten und am schlechtesten bezahlten Jobs, zumal das Bildungsangebot für sie weitaus schlechter war als für Weiße.
Schlechter gestellt blieben auch die Frauen. Zwar erhielten sie 1920 nach langem Kampf bundesweit das Wahlrecht. Immer häufiger waren sie berufstätig. Werbung und Massenmedien verbreiteten das Bild der selbstständigen und selbstbewussten modernen Frau. Die Realität aber sah nach wie vor anders aus. Haushalt und Familie galten noch immer als natürlicher Aufgabenbereich der Frau. Bildungs-, Arbeits- und Verdienstmöglichkeiten blieben für Frauen weitaus ungünstiger als für Männer.

65 Rationalisierung

a) Frederick Winslow Taylor über seine Arbeit bei der Bethlehem Steel Compagny, 1897:

Wir stellten fest, dass in dieser Kolonne jeder Einzelne durchschnittlich ungefähr 12,5 t pro Tag verlud; zu unserer Überraschung fanden wir aber bei eingehender Untersuchung, dass ein erstklassiger Roheisenverlader nicht 12,5, sondern 47 bis 48 t pro Tag verladen sollte. Dieses Pensum erschien uns so außerordentlich groß, dass wir uns verpflichtet fühlten, unsere Berechnung wiederholt zu kontrollieren, bevor wir unserer Sache vollkommen sicher waren. Einmal jedoch davon überzeugt, dass 47 t eine angemessene Tagesleistung für einen erstklassigen Roheisenverlader bedeuteten, stand uns klar vor Augen, was wir als Arbeitsleiter aufgrund der neuen Ideen zu tun hatten. Wir mussten darauf sehen, dass jeder Mann pro Tag 47 t verlud, anstatt 12,5 wie bisher. Wir mussten ferner darauf sehen, dass diese Arbeit ohne einen Ausstand, ohne Streitigkeiten mit den Arbeitern getan würde, und dass die Leute beim Verladen von täglich 47 t freudiger und zufriedener wären als bei den 12,5 t von früher. [...]

Unser erster Schritt war also, den rechten Mann zu finden, mit dem man anfangen konnte. Wir beobachteten deshalb die fraglichen 75 Mann sorgfältig etwa drei oder vier Tage lang. [...]

Schließlich suchten wir einen unter den vieren aus als denjenigen, mit dem man am besten beginnen konnte. Es war ein untersetzter Pennsylvanier deutscher Abstammung, ein sog. „Pennsylvania Dutchman". Unserer Beobachtung nach legte er nach Feierabend seinen ungefähr halbstündigen Heimweg ebenso frisch zurück wie morgens seinen Weg zur Arbeit. Bei einem Lohn von 1,15 Doll. pro Tag war es ihm gelungen, ein kleines Stück Grund und Boden zu erwerben. Morgens, bevor er zur Arbeit ging, und abends nach seiner Heimkehr arbeitete er daran, die Mauern für sein Wohnhäuschen darauf aufzubauen. Er galt für außerordentlich sparsam. [...] Schmidt begann zu arbeiten und in regelmäßigen Abständen wurde ihm von dem Mann, der bei ihm als Lehrer stand, gesagt: „Jetzt heben Sie einen Barren auf und gehen Sie damit! Jetzt setzen Sie sich hin und ruhen sich aus!" etc. Er arbeitete, wenn ihm befohlen wurde zu arbeiten, und ruhte sich aus, wenn ihm befohlen wurde, sich auszuruhen, und um halb sechs Uhr nachmittags hatte er 47,5 t auf den Waggon verladen.

Die drei Jahre hindurch, die ich in Bethlehem war, arbeitete er stets in diesem Tempo und leistete das verlangte Pensum tadellos. Er verdiente diese ganze Zeit hindurch etwas mehr als 1,85 Doll. durchschnittlich, während er vorher nie mehr als 1,15 Doll. täglich verdient hatte, was damals in Bethlehem der normale Taglohn war. Er erhielt also 60 % mehr Lohn als die anderen Arbeiter, die nicht unter dem Pensumsystem arbeiteten. Ein Mann nach dem anderen wurde ausgelesen und angelernt 47,5 t Roheisen pro Tag zu verladen, bis alles Roheisen auf diese Weise verladen war. Natürlich erhielten sämtliche Beteiligte 60 % mehr Lohn als die andern.

Frederick Winslow Taylor, Die Grundsätze wissenschaftlicher Betriebsführung, München/Berlin 1919, zit. nach: Wolfgang Ruppert, Die Fabrik. Geschichte von Arbeit und Industrialisierung in Deutschland, München 1983, S. 43 f.

b) Der Gewerkschaftsführer Samuel Gompers urteilt über Rationalisierung, um 1900:

So seid ihr also als Lohnarbeiter im Allgemeinen bloße Maschinen – allerdings nur wenn man es industriell betrachtet. Weshalb solltet ihr daher nicht standardisiert werden, und weshalb sollten euere Bewegungskräfte nicht in jeder Beziehung im höchsten Maße perfektioniert werden, auch was die Geschwindigkeit betrifft? Nicht nur euere Länge, Breite und Stärke als Maschine, sondern auch euer Härtegrad, euere Verformbarkeit, Lenkbarkeit und allgemeine Brauchbarkeit können festgestellt, registriert und dann je nach Wunsch eingesetzt werden. Auf diese Weise würde die Wissenschaft am meisten aus euch herausholen können, bevor ihr auf den Abfallhaufen geworfen werdet.

Zit. nach: Thomas P. Hughes, Die Erfindung Amerikas. Der technologische Aufstieg der USA seit 1870, München 1991, S. 202

c) Ein Zeitschriftenbericht über die Einführung des Fließbandes bei Ford, 1915:

Bis zum August 1913 wurde das Chassis bei Ford an einem festen Montageplatz zusammengebaut. Erst wurden Vorder- und Hinterachse auf den Boden gelegt; dann wurden der Rahmen und die dazugehörigen Federn mit den Achsen verbunden; als nächstes wurden die Räder an die Achsen montiert und die übrigen Bestandteile nacheinander hinzugefügt, bis das Chassis fertig war. Alle Bauteile, die man für ein Chassis brauchte, wurden mit der Hand zum jeweiligen Montageplatz gebracht. [...] Im August 1913 [...] arbeiteten 250 Monteure an festen Montageplätzen für die Chassis mithilfe von 80 Materialzuträgern neun Stunden täglich 26 Tage lang um 6182 Chassis zusammenzubauen. Damit betrug die Zahl der Arbeitsstunden 330 x 9 x 26 = 77 220 Stunden – d. h. jeder Chassisbau erforderte zwölf Stunden und 28 Minuten Arbeitszeit. Das war das Kürzeste, was

d) Henry Ford neben dem zehnmillionsten Exemplar des „T-Modell" schaut auf sein erstes Auto aus dem Jahre 1896.

je bei dieser Arbeitstechnik mit stationären Montageplätzen erreicht wurde. […]
Während der saisonbedingten Absatzflaute experimentierte man mit einer Seilwinde, die ein 76 Meter langes Montageband bewegte. Sechs Monteure begleiteten das Chassis, das mit der Seilwinde langsam auf dem Boden entlanggezogen wurde, vorbei an Materialstationen mit Bauteilen. Die Chassismontage beanspruchte dabei nur fünf Stunden und fünfzig Minuten Arbeitszeit eines Mannes, eine Einsparung von über fünfzig Prozent. […]
Allmählich wurde das Fließband auf 92 Meter verlängert, sodass die Arbeiter mehr Bewegungsraum hatten, und am 1. Dezember 1913 stellten 177 Monteure in neun Stunden 606 Chassis her – pro Chassis etwa zwei Arbeitsstunden und 38 Minuten eines Mannes.

H. L. Arnold und F. L. Faurate, Ford Methods and Ford Shops, The Engineering Magazine Company. New York 1915, zit. nach: Günter Moltmann, Die Vereinigten Staaten von Amerika von der Kolonialzeit bis 1917, Paderborn 1980, S. 66

a) Beschreiben Sie die einzelnen Stufen von Taylors Arbeitsweise (Text M 65 a) und begründen Sie, inwiefern er den Anspruch erheben konnte, als Erster ein wissenschaftliches Verfahren für Arbeitsstudien und Betriebsführung entwickelt zu haben.
b) Erörtern Sie, ob „Schmidt" dem Urteil von Gompers zugestimmt hätte (Text M 65 b).
c) Beschreiben Sie, wie sich die Arbeit mit der Produktionsweise verändert hat (Bilder M 64 a)–c). Stellen Sie Vermutungen darüber an, wie die unterschiedliche Produktionsweise jeweils von der Arbeiterschaft wahrgenommen wird. Erläutern Sie die gesamtgesellschaftliche Bedeutung des Fließbandes anhand der Stichworte Produktion, Kaufkraft und Konsum.

66 Die Konsumgesellschaft

a) Ein Zeitschriftenartikel über das Auto als Statussymbol, 1925:

Das Auto ist nicht nur Symbol des sozialen und ökonomischen Status des Besitzers, sein Verlust wird sogar als Unglück empfunden. […]
Es gab Zeiten, wo das bescheidene Fahrrad oder die Straßenbahn gut genug waren. Gehen ist heute eine vergessene Kunst. Einkaufen zu gehen, und sei es nur ein paar Blocks entfernt, ist eine soziale Abweichung […]
Schulden, Schulden, Schulden, für eine kostspielige Sache, die schnell ihren Wert verliert und einen unersättlichen Appetit auf Geld hat […]
Das Auto ist das extravaganteste Stück Maschine, das jemals zum Vergnügen des Menschen entwickelt worden ist. Aber – noch fahre ich selbst, auch ich halte in diesem Festzug Schritt, obwohl es mich schon vier neue Wagen gekostet hat.

Atlantic Monthly, 1925, zit. nach: America. Traum und Depression 1920/40. Katalog zur Ausstellung der Neuen Gesellschaft für bildende Kunst, Berlin 1980, S. 478

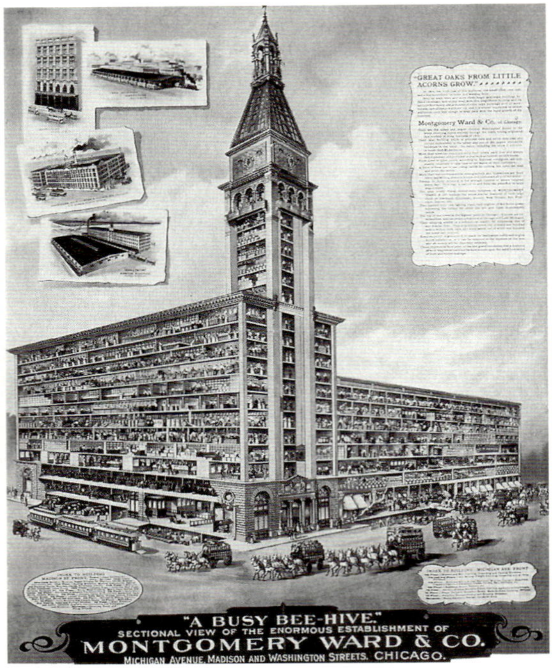

b) Hochhäuser in Manhattan, Zeichnung, 1928
c) Plakat des Versandhauses Montgomery, Ward and Co., um 1900

a) Diskutieren Sie ausgehend von Text M 66 a) und mit Bezug auf unsere heutige Lebenssituation den Begriff „Konsumzwang".
b) Interpretieren Sie das Werbebild M 66 c) unter den Stichworten Massenkonsum und Industrialisierung des Vertriebs. Erläutern Sie, inwiefern der Versandhandel in den USA besonders gute Voraussetzungen findet.
c) Die Zeichnung M 66 b) wurde 1929 als Titelbild für eine Veröffentlichung einer Manhattaner Gesellschaft von Hausbesitzern und Händlern verwendet. Charakterisieren und beurteilen Sie das Bild der Stadt, das hier gezeigt wird. Untersuchen Sie, auf welche Weise der Zeichner die Realität verändert hat.

6.3 Weltwirtschaftskrise und New Deal

Der Börsenkrach

So viele Menschen wie nie zuvor träumten in den Zwanzigerjahren den amerikanischen Traum vom allgemeinen Fortschritt und persönlichen Wohlstand. Umso böser war ihr Erwachen in der Wirtschaftskrise von 1929. Ende Oktober 1929 kam es zu Kurseinbrüchen an der New Yorker Börse. Die Anleger reagierten mit Panikverkäufen, die Aktienkurse stürzten ab. Dieser Zusammenbruch kam besonders überraschend, weil ihm seit 1928 ein Höhenflug der Kurse vorangegangen war. Aber der Börsenkrach war nur das deutlichste Symptom der Krise, die Ursachen lagen tiefer. In den Zwanzigerjahren war die Produktion zu weit ausgedehnt worden, die Kaufkraft hatte zum Schluss nicht mehr mithalten können, Absatz und Gewinne waren zurückgegangen. Das galt ebenso sehr für die Landwirtschaft wie für die Industrie. Ab Mitte der Zwanzigerjahre hatte sich die europäische Landwirtschaft von den Kriegsfolgen erholt, die Exporte der amerikanischen Farmer gingen zurück. Viele Farmer hatten Kredite aufgenommen, bei sinkenden Erzeugerpreisen konnten sie ihre Zinsen nicht mehr zahlen. Das führte schließlich zum Zusammenbruch tausender ländlicher Banken. Auch reine Verbraucherkredite zur Anschaffung von Konsumgütern hatte man in den Zwanzigerjahren in ungewöhnlichem Umfang vergeben, dort geriet ebenfalls der Zinsdienst ins Stocken. Und schließlich waren die spekulativen Aktienkäufe seit dem Frühjahr 1928 zum großen Teil mit geliehenem Geld getätigt worden.

Auswirkungen auf die Weltwirtschaft

Die USA waren im Krieg und in der Nachkriegszeit zum Kreditgeber für alle Industriestaaten Europas geworden, jetzt versuchten sie ihre Gelder so schnell wie möglich zurückzuziehen. So griffen die Probleme fast ohne Verzögerung auf Europa über, von dort wirkten sie wiederum auf die USA zurück. Die Folgen der Krise beschränkten sich nicht nur auf das Finanzwesen. Die Industrieproduktion sank von 1929 bis 1932 auf etwa die Hälfte. Viele Branchen wie das Bauwesen oder die Automobilindustrie brachen völlig ein, ein Drittel der Banken machte bankrott, die Einlagen gingen verloren. Auf dem Höhepunkt der Krise 1932/33 waren 15 Millionen Amerikaner arbeitslos – ein Viertel der arbeitsfähigen Bevölkerung.

Ist das Modell Amerika gescheitert?

Die sozialen Folgen der Arbeitslosigkeit waren in den USA noch einschneidender als in Europa, denn es gab praktisch keine staatliche Fürsorge. Wer arbeitslos wurde, konnte nur auf die Armenhilfe der Gemeinden, auf kirchliche oder private Wohltätigkeit hoffen. Tief greifend waren auch die sozialpsychologischen Wirkungen der Wirtschaftskrise. Das Modell Amerika, auf das man eben noch voller Vertrauen und Stolz gesetzt hatte, schien gescheitert zu sein. Die kapitalistische Wirtschaft und das freie Unternehmertum hatten als Garanten des wirtschaftlichen Erfolgs versagt. Und auch die amerikanische Grundüberzeugung, wer nur genügend leistungsbereit sei, könne sein Schicksal selbst gestalten, erwies sich nun als trügerisch. Hoffnungslosigkeit machte sich breit. Dennoch gab es kaum organisierten Protest, blieb eine politische Radikalisierung wie in Deutschland und anderen europäischen Ländern weit gehend aus.

Weltwirtschaftskrise: Mit dem New Yorker Börsenkrach, dem „Schwarzen Freitag“ , begann 1929 die Weltwirtschaftskrise. Ein überhitzter Boom mit Überproduktion und nachfolgender Absatzflaute war ihre Ursache. Auf dem Höhepunkt der Krise waren weltweit 30 Millionen arbeitslos. In zahlreichen Ländern führte dies zu sozialen Unruhen. Vielen Menschen schienen Kapitalismus und Demokratie unfähig die Krise zu bewältigen. In Deutschland begünstigte die Krisensituation den Aufstieg des Nationalsozialismus.

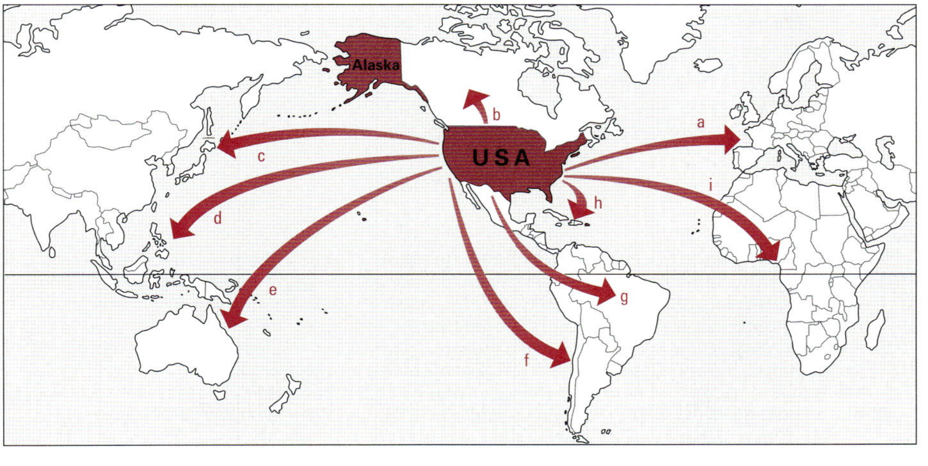

67 Globale Auswirkungen der Krise:
a) Zusammenbruch der Industrie;

Verfall der Preise für:
b) Getreide
c) Seide und Baumwolle
d) Zinn und Kautschuk
e) Wolle
f) Fleisch
g) Kaffee
h) Zucker
i) Kakao

Roosevelts „New Deal"

Daran hatte Franklin D. Roosevelt wesentlichen Anteil. Der Kandidat der Demokraten gewann den Präsidentschaftswahlkampf von 1932 mit der Forderung, die gesellschaftlichen Chancen müssten neu und gerechter verteilt werden („New Deal"). Dafür müsse die Bundesregierung sich sehr viel intensiver engagieren als bislang. In den ersten hundert Tagen nach seiner Wahl brachte Roosevelt eine Fülle von Reformvorhaben auf den Weg. Staatliche Unterstützung und zugleich Kontrolle war das Rezept. Dafür wurden zahlreiche Subventionsprogramme und spezielle Bundesbehörden ins Leben gerufen, die sich um das Geldwesen, die Landwirtschaft, die Industrie, den Arbeitsmarkt und das Sozialwesen kümmern sollten. Die Erfolge waren unterschiedlich: Die Stabilisierung des Bankwesens gelang, auch die Lage der Landwirtschaft besserte sich, wenig tat sich zunächst bei der Arbeitslosigkeit.

Grundlegung des amerikanischen Sozialstaats

Diese staatlichen Aktivitäten standen im scharfen Gegensatz zur traditionell wirtschaftsliberalen, marktorientierten Politik der früheren amerikanischen Regierungen. Unternehmer kritisierten deshalb die Regulierung der Wirtschaft als diktatorisch und sahen sie im Widerspruch zur amerikanischen Verfassung. Der Oberste Gerichtshof schloss sich in einigen Urteilen dieser Sichtweise an und hob 1935 eine Reihe von Gesetzen auf, weil mit ihnen die Zuständigkeit der Bundesregierung unangemessen ausgedehnt worden sei. Dennoch führte die Roosevelt-Regierung ihre Politik weiter. Eine Alters-, Unfall- und Arbeitslosenversicherung, wie sie in den meisten europäischen Staaten schon lange bestand, wurde ins Leben gerufen („Social Security Act", 1935) – das war die Grundlegung des amerikanischen Sozialstaates. Eine allgemeine Krankenversicherung, in vielen Ländern fester Bestandteil des Sozialsystems, entstand allerdings nicht. Die Regierung gab Milliarden für groß angelegte Arbeitsbeschaffungsprogramme aus.

Wohl noch wichtiger als der messbare wirtschaftliche Wandel war die sozialpsychologische Klimaveränderung, die durch die neue Politik bewirkt wurde. Die Zeitgenossen sprachen vom „Spirit of the New Deal": Schwung und Optimismus von Roosevelts Politik gaben den Menschen wieder Hoffnung und Vertrauen in das gesellschaftliche System. Die Demokratie erwies sich als genügend flexibel um sich neuen Herausforderungen mit neuen Mitteln, aber im Rahmen der Verfassung, zu stellen.

Weltweite Erholung

Trotz all dieser Maßnahmen erholte sich die Wirtschaft der USA nur sehr zögerlich. Zwar war der Tiefpunkt 1933 überschritten, aber erst 1940 erreichte die Industrieproduktion wieder den Stand von 1929. Damit waren die USA im Vergleich mit anderen Industriestaaten der Hauptleidtragende der Krise: In Großbritannien, auch in Frankreich wirkte sie sich deutlich schwächer aus; allerdings hatten diese Länder auch ein wesentlich schlechteres Ausgangsniveau am Ende der Zwanzigerjahre gehabt. In Deutschland setzte der Aufstieg schon nach 1933 ein und wurde seit 1935 von der militärischen Aufrüstung getragen. Japan war ohnehin kaum betroffen gewesen und steigerte seine Industrieproduktion jetzt gleichfalls durch Aufrüstung.

„New Deal": Franklin D. Roosevelt versuchte mit seinem Programm des „New Deal" (neues Handeln, beim Kartenspiel Ausgabe der Karten) die Wirtschaftsprobleme zu überwinden, unter denen die USA seit 1929 litten. Zunächst ging es um die Belebung der Wirtschaft durch Arbeitsbeschaffungsprogramme und Subventionen. In einer zweiten Phase folgten dann Sozial- und Wirtschaftsreformen: Die Einführung von Sozialversicherungen, Stärkung der Gewerkschaften, höhere Steuern für Reiche, Bekämpfung von Monopolen. Die Ausweitung des staatlichen Einflusses wurde insbesondere von den Unternehmern als unamerikanisch abgelehnt und bekämpft. Mit dem „New Deal" taten die USA die ersten Schritte zum Sozialstaat.

68 **Die Weltwirtschaftskrise** – Entwicklung der industriellen Produktion im Vergleich, 1928–1935 (indexiert, 1928 = 100)

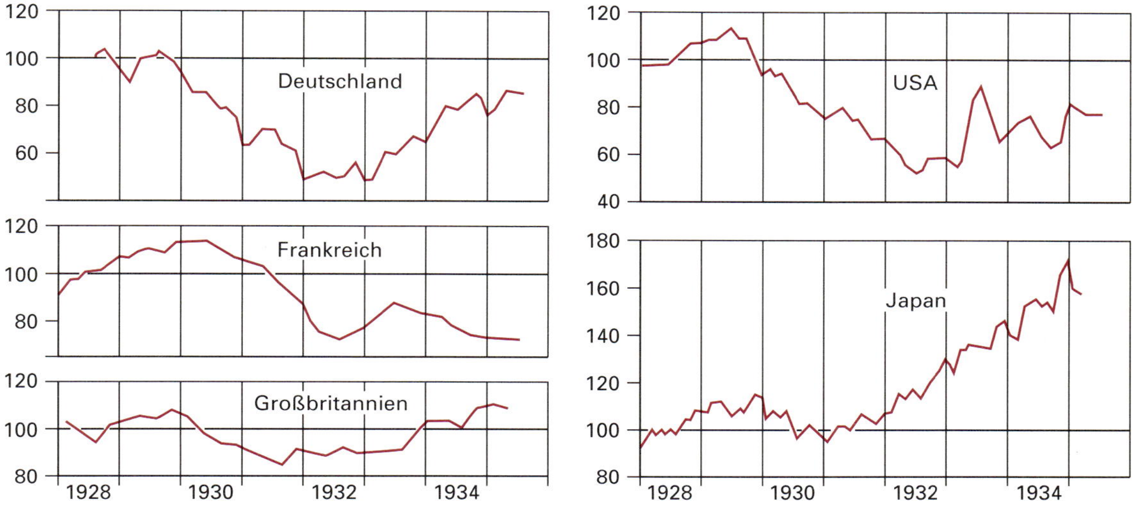

a) Vergleichen Sie anhand der Karte M 67 und des Diagramms M 68 den Verlauf der Weltwirtschaftskrise in den verschiedenen Ländern und erläutern Sie jeweils deren Bedingungen und Besonderheiten.

b) Vergleichen Sie aufgrund Ihrer vorhandenen Kenntnisse den Verlauf und die Auswirkungen der Weltwirtschaftskrise in den USA und Deutschland (wirtschaftliche Situation, sozialpsychologische Folgen, politische Reaktionen) und versuchen Sie die Unterschiede aus der Verfassungs-, Sozial- und Ideengeschichte der beiden Länder zu begründen.

Zur Diskussion

Der „New Deal" – revolutionäre Veränderung oder Fortführung amerikanischer Traditionen?

Schon unter den Zeitgenossen war Roosevelts „New Deal" umstritten. War es tatsächlich ihm zu verdanken, dass die USA die große Krise überwanden? Oder belebte erst der Ausbruch des Zweiten Weltkriegs die amerikanische Wirtschaft wieder entscheidend? Führte der „New Deal" zu einer ganz „unamerikanischen" Regulierung der Wirtschaft, wie es die Unternehmer sahen? Oder wurde die Chance zu viel weitergehenden Reformen verschenkt, wie es manche linken Historiker beklagten?

a) Der amerikanische Historiker William E. Leuchtenburg urteilt 1963:

Als Roosevelt sein Amt antrat, war das Land in sehr großem Maße von einem einzigen Element geprägt: der weißen, angelsächsischen, protestantischen, besitzenden Klasse. Unter dem New Deal erlangten neue Gruppen einen Platz an der Sonne. Sie gewannen nicht nur Vorteile, die sie vorher nicht genossen hatten, sondern sie fanden auch Anerkennung als gleichwertige Mitglieder der Gesellschaft. Zu Beginn der Roosevelt-Ära ignorierten Wohlfahrtsorganisationen die Arbeiterschaft, wenn sie Repräsentanten suchten: Am Ende dieser Periode war kein der Gemeinnützigkeit dienendes Komitee ohne einen Gewerkschaftsvertreter komplett. Während Theodore Roosevelt eine weiße Fortschrittspartei im Süden gegründet und Woodrow Wilson die Rassentrennung in der Bundesregierung eingeführt hatte, brachte Franklin Roosevelt ohne viel Aufhebens die Schwarzen in die New-Deal-Koalition. [...] Die Gleichrangigkeit der religiösen Gruppen wurde so selbstverständlich, dass, wie sich ein (katholischer) Priester einmal zaghaft beklagte, man niemals in einer Zeitung das Bild eines Priesters sah, der nicht auf beiden Seiten von einem (protestantischen) Pfarrer und einem (jüdischen) Rabbiner flankiert wurde.

Die Verehrung, die man Roosevelt entgegenbrachte, rührte nicht zuletzt daher, dass der New Deal die Pflicht begründete, jedem Amerikaner einen Mindestlebensstandard zu garantieren. Seine Hilfsprogramme stellten einen Fortschritt gegenüber den barbarischen Praktiken der Zeit vor der Wirtschaftskrise dar, der nicht graduell, sondern grundsätzlich war. [...] Die Roosevelt-Regierung leistete solche Hilfe nicht als eine Sache der Barmherzigkeit, sondern als eine Maßnahme, auf die die Menschen einen Rechtsanspruch hatten.

William E. Leuchtenburg, Franklin D. Roosevelt and the New Deal, New York 1963, S. 332 f. (Dt. Übers. von J. Rohlfes)

b) Der amerikanische Historiker Dudley E. Baines bilanziert 1977:

Jedenfalls war der New Deal kein voller Erfolg. Das Realeinkommen pro Kopf der Bevölkerung erreichte erst 1940 wieder den Stand von 1929, und zu dieser Zeit wurde das wirtschaftliche Wachstum durch die Aufrüstung angeregt [...]. Die 1930er-Jahre waren wirtschaftlich gesprochen ein „verlorenes Jahrzehnt". [...] Aber es ist natürlich denkbar, dass die Wirtschaftsdepression ohne den New Deal noch schlimmer gewesen wäre.

Das Hauptproblem lag darin, dass die New-Deal-Gesetze so viel auf einmal bewerkstelligen sollten. Sie mussten die unmittelbare Not lindern. Roosevelt konnte es sich weder als Politiker noch aus humanitären Gründen erlauben, die Schlangen hungernder Menschen und die ruinierten Farmer zu übersehen. Der New Deal versuchte dann, die Wirtschaft wieder in Gang zu bringen, d. h. die Industrieproduktion anzukurbeln. Um einer neuen derartigen Wirtschaftskrise vorzubeugen versuchte Roosevelt, das politische System zu reformieren – insbesondere das Verhältnis von Wirtschaft und Regierung. [...]

Es gab keine Gesamtstrategie und er ließ sich von den verschiedensten Experten beraten, wobei er jedem Recht gab. Politische Maßnahmen wurden ausgeführt ohne ihre weiteren Auswirkungen zu bedenken. Das war nicht unbedingt ein Fehler. Die Probleme, mit denen er es zu tun hatte, waren ebenso neuartig wie ein Teil der Lösungen. [...]

In Wirklichkeit war der New Deal keineswegs unternehmerfeindlich. Er setzte seine Bürokraten nur dort ein, wo die privaten Unternehmer versagt hatten, und auch nur so lange, bis sich die Privatwirtschaft wieder erholt hatte. Indem er einer radikaleren Lösung zuvorkam, war er der Retter und nicht der Zerstörer des Kapitalismus. Es gab keine kollektivistische Planung und keine klar umrissene Ideologie, weder eine sozialistische noch eine andere.

Dudley E. Baines, Die Vereinigten Staaten zwischen den Weltkriegen, 1919–1941, in: Willi Paul Adams (Hrsg.), Die Vereinigten Staaten von Amerika, Frankfurt a.M. 1977, S. 351 f.

c) Der deutsche Historiker Jürgen Heideking urteilt 1996:

Die Roosevelt-Administration beabsichtigte keine grundlegende, revolutionäre Umwälzung der amerikanischen Gesellschaft, und sie befand sich damit offenbar im Einklang mit der großen Mehrheit der Amerikaner. Zeitgenössische soziologische Untersuchungen lassen erkennen, dass das liberale Koordinatensystem von Individualismus, Eigeninitiative, Konkurrenz und Mobilität trotz der Depression weit gehend erhalten blieb. [...]

Die Mehrzahl der Bürger hielt offensichtlich am American Dream fest und gab die Hoffnung nicht auf, dass sich wirtschaftliche Leistungskraft und Fortschritt mit einem hohen Maß an individueller Freiheit, demokratischer Mitbestimmung und föderaler Selbstverwaltung vereinbaren ließen. Die Verfassung bildete immer noch eine Schranke gegen den allmächtigen Zentralstaat, und die Aversion [Abneigung] gegenüber einem bürokratischen Wohlfahrtssystem mit hohen Steuerlasten reichte bis weit in die Mittelschicht hinein. [...]

Entscheidend war aber, dass der New Deal den Amerikanern das Gefühl nahm einem schicksalhaften Verhängnis hilflos ausgeliefert zu sein, und dass er ihnen eine überzeugende demokratische Alternative zu allen autoritären und totalitären Versuchungen bot. Im praktischen Handeln und im Denken der Menschen setzte sich die neuartige Vorstellung durch, dass die Bundesregierung im Interesse der Wohlfahrt aller Bürger das Recht haben musste, helfend, regulierend und kontrollierend in die Wirtschaftsabläufe einzugreifen. [...] Dennoch entstand kein nationalstaatlicher Leviathan [Ungeheuer, Symbol für den allmächtigen Staat], der die Handlungsspielräume der Individuen und der föderalen Einheit übermäßig einengte. Vielmehr übte die Bundesregierung in der Praxis die Funktion eines Maklers aus, der zwischen einer immer größeren Zahl von konkurrierenden Interessengruppen vermitteln musste. Ihre Hauptaufgabe fand sie darin, die Voraussetzungen für Wirtschaftswachstum zu schaffen, einen geregelten pluralistischen Wettbewerb zu gewährleisten und gewisse Mindeststandards der sozialen Sicherheit zu garantieren. Der maßvolle, improvisierte und experimentelle Interventionismus des New Deal gefährdete zu keiner Zeit das demokratische politische System, sondern sicherte vielmehr sein Überleben.

Jürgen Heideking, Geschichte der USA, Tübingen/Basel 1996, S. 315 f.

a) Vergleichen Sie, wie die drei Autoren die gesellschaftlichen Auswirkungen des „New Deal" beschreiben und bewerten.
b) Erörtern Sie anhand der Texte: War der „New Deal" eine typisch amerikanische Lösung oder ein Schritt zur „Europäisierung" des amerikanischen Systems?

6.4 Die USA – Modell für Deutschland?

Hoffnung auf „amerikanische Methoden"

Schon vor dem Krieg hatten einzelne deutsche Unternehmer versucht Elemente des Taylorismus in ihren Betrieben zu nutzen. 1924 wurde dann auf Anregung der Industrie der „Reichsausschuss für Arbeitszeitermittlung" (REFA) gegründet, der die Methoden Taylors weiterzuentwickeln und in Deutschland zu verbreiten versuchte. Zu Beginn der Zwanzigerjahre wurden dann auch die Produktionsmethoden Fords in Europa bekannt, und es entwickelte sich ein regelrechter Informationstourismus in die USA: Unternehmer und Ingenieure besichtigten die Ford-Werke und andere amerikanische Großunternehmen und kehrten voller Enthusiasmus zurück. Durch „amerikanische Methoden" beflügelt, sollte die deutsche Wirtschaft die durch den Krieg verursachten Rückstände wieder wettmachen.

Der deutsche Markt ist anders

Allerdings zeigte sich schnell, dass die amerikanischen Methoden nicht einfach übernommen werden konnten, sondern für deutsche Verhältnisse modifiziert werden mussten. Der deutsche Markt war für Massenproduktion in amerikanischen Dimensionen zu klein, die Zeit für Exporte unsicher. Ein differenziertes, für unterschiedliche Kundeninteressen maßgeschneidertes Angebot entsprach den Marktbedingungen oft besser. Ohnehin hatte Deutschland einen weitaus größeren Anteil an Klein- und Mittelbetrieben. So wurde das Fließband – Inbegriff standardisierter Massenproduktion – nur in verhältnismäßig wenigen großen deutschen Firmen eingeführt, etwa 1924 bei Opel und 1925 bei Siemens. Häufiger war die Fließarbeit, d. h. die fortschreitende taktgebundene Herstellung eines Produkts an verschiedenen Bearbeitungsstationen.

Die Auswirkungen der Rationalisierung

Die Rationalisierung wurde längst nicht in dem Maße umgesetzt, wie es der öffentlichen Debatte darüber entsprochen hätte. Aber die Modernisierung der Produktion führte doch zu einer spürbaren Steigerung der Produktivität. Allerdings nahmen auch die Arbeitsintensität, das Tempo, die Konzentration und psychische Anspannung zu. Die Intensivierung der Produktion fand dennoch Zustimmung bei den meisten Arbeitnehmern, solange sie mit Lohnerhöhungen verbunden war.

Mit Beginn der Weltwirtschaftskrise gaben dann Gewerkschaften und viele Politiker der Rationalisierung die Schuld an der um sich greifenden Arbeitslosigkeit. Das war insofern berechtigt, als die Rationalisierung in der Schwer- und Textilindustrie zu Überkapazitäten geführt hatte, die nun durch Entlassungen reduziert wurden. Auf der anderen Seite hatte allerdings gerade die Rationalisierung dazu beigetragen, Deutschland nach dem Krieg wieder international konkurrenzfähig zu machen.

„Amerikanismus“ in Deutschland

Aber nicht nur im Hinblick auf die Produktionsmethoden blickte Europa, blickte vor allem Deutschland in den Zwanzigerjahren nach Amerika. Mit seiner neuen Massenkultur galten die USA als Vorreiter der Moderne. Trotz verbreiteter Kritik am „Amerikanismus“ begann sie auch das (großstädtische) Leben in Deutschland zu prägen. Vor allem die neue Unterhaltungskultur mit Schlagermusik, Radio und Kino verbreitete sich, es veränderten sich auch die Moraleinstellungen oder die öffentliche Rolle der Frau. Insgesamt aber waren die Neuerungen längst nicht so tief greifend wie in den USA. Dafür fehlte es vor allem an der materiellen Basis für Produktion und Konsum. Trotz der glänzenden Oberfläche der „Golden Twenties“ herrschte in Deutschland Knappheit, oft sogar Not. Das Auto blieb hier ein Luxusartikel für wenige Begüterte. Die Wohlstandsgesellschaft war eine Utopie, die von den Deutschen in Berichten oder Filmen voller Staunen und Faszination, aber auch mit Distanz zur Kenntnis genommen wurde – erst nach dem Zweiten Weltkrieg wurde sie auch in Deutschland für weite Kreise Realität.

69 „Amerikanische Methoden“ in Deutschland

a) Die Aufgaben des Zeitnehmers. Aus dem „REFA-Buch“, 1928:

Die Arbeitsgänge sinngemäß zu unterteilen. Die Arbeitsbewegungen und ihre Zweckmäßigkeit zu überprüfen und nach Möglichkeit zu verbessern. Die Zeiten für die einzelnen Arbeitsvorgänge zu messen, in die Vordrucke (Beobachtungsbogen) einzutragen und dann auszuwerten. Die Arbeitsleistungen der Arbeiter kritisch zu beurteilen und im Verhältnis zur Normalleistung zu bewerten, ebenso Arbeitsplatz, Werkzeug und Maschine auf wirtschaftliche Ausnutzung kritisch zu beurteilen. Die bei der Zeitaufnahme gemessenen Zeiten planmäßig auszuwerten und bei Gelegenheit in die für die Stückzeitermittlung gebrauchten Tabellen einzutragen. Die Verlustzeiten zu beobachten und zur Bildung prozentualer Zuschläge für spätere Auswertung zu allgemeinen Verlustzeitzuschlägen zu sammeln.

REFA-Buch. Einführung in die Arbeitszeitermittlung, hrsg. vom Reichsausschuss für Arbeitszeitermittlung, Berlin 1928, S. 26

b) Auszüge aus der Taylor-Zeitschrift, 1920

Als Taylorbeamter sucht junger, zwangsweise pensionierter Pionieroffizier am Wiener Platze jetzt oder später Stelle. Derselbe hat große praktische Erfahrung, ist kaufmännisch gebildet, mit dem Taylor-System vertraut, und zu jeder Enführungsarbeit bereit. Zuschriften unter „Sehr strebsam“ an die Redaktion dieser Zeitschrift.

Zit. nach: Hans-Werner Niemann, Technikgeschichte. Arbeitsblätter mit didaktisch-methodischen Kommentaren, Stuttgart/Dresden 1996, S. 46

c) „Die rote Fahne“ über Fließbandarbeit, 1926:

Das Band fängt an zu laufen auf die Sekunde genau um 7 Uhr. Und nun heißt es, acht Stunden lang mit der Bewegung des Bandes sich mitbewegen. Gibt es in den acht Stunden aber keine außerhalb der Arbeit liegenden Bewegungen? Der eine muss sich die Nase putzen, der andere will austreten. All dies kann nicht während des Ganges des Fließbandes erledigt werden. Aber man ist „human“ genug, nach zwei Stunden eine Pause von 10 Minuten einzuschieben; da heißt es dann, sich schnell die Nase zu putzen, ein Stück Brot zu kauen, stille Örtlichkeiten aufzusuchen. Denn die 10 Minuten sind schnell um und das Band läuft schon wieder. Das Tempo der Fließbandes treibt jeden gleichmäßig zur Arbeit an, hält alle in Atem. Als das Treibband anfangen sollte zu laufen, da wusste man noch nicht, wie viel die Knochen der Arbeiter hergeben können. Mithilfe der Stoppuhr wurden die geschwindesten Bewegungen bei den geschicktesten und geschmeidigsten Kollegen auf den Bruchteil einer Sekunde genau gemessen. Danach stellte man das Tempo des Bandes ein. Die

d) Ein Zeitnehmer bei der Arbeit, Fotografie 1920

meisten kamen nicht mit […]. Diejenigen, welche Forderungen zu stellen wagten, die verlangten, dass das Band sich ihrer Arbeitsfähigkeit, ihren abgearbeiteten Knochen anpassen müsse, nicht aber umgekehrt, sie wurden an andere Arbeitsstellen versetzt und waren bald „überflüssig" und arbeitslos. Einige aber versuchten sich anzustrengen. Sie wurden herausgenommen, zu Gruppen zusammengestellt und nun aus ihnen „Musterbänder" hergestellt. Auf jene „Musterbänder" mit den besonders gefügigen Arbeitern konnte der Meister nun stets verweisen, wenn andere Arbeitsgruppen an den übrigen Bändern gegen das Tempo und die bewilligten Akkorde aufbegehrten. […] Acht Stunden am Fließband – das ist anstrengender als neun bis zehn Stunden an der einzelnen Werkbank. Denn hier kann man verschiedene Bewegungen machen, bisweilen einige Minuten aussetzen. Jede Steigerung des Tempos des Fließbandes muss aber automatisch die Schnelligkeit der Arbeitsbewegung steigern, somit mehr Kraft aus unseren Knochen herausziehen. Diese Fließbandarbeit und dieses Tempo ist dasselbe, als wenn man die Arbeitszeit ohne Bezahlung der Überstunden verlängert hätte.

Die rote Fahne, 18. 4. 1926

a) REFA-Mann und Arbeiter – fassen Sie M 69 a)–c) zusammen, indem Sie Bild M 69 d) mit entsprechenden „Denkblasen" versehen.
b) Erörtern Sie, inwiefern der Inserent von M 69 b) (Stellenanzeige) als künftiger Taylor-Mann besonders qualifiziert sein könnte.
c) Text M 69 c) stammt aus einer kommunistischen Zeitung. Vergleichen Sie die Perspektive dieses Textes mit der von M 65 c).
d) Schreiben Sie einen kurzen Artikel für eine Unternehmerzeitung, in der Sie die Vorzüge des Fließbandes insbesondere in der wirtschaftlichen Situation Deutschlands schildern.

1. *Beschreiben Sie, wie sich die Industriearbeit nach dem Ersten Weltkrieg gegenüber vorher verändert hat oder zu verändern beginnt.*
2. *Erläutern Sie anhand des Stichworts „Massengesellschaft" die gesellschaftlichen Auswirkungen der industriellen Entwicklung.*

7. Die moderne Industriegesellschaft und ihre Probleme

Im Kern beschreibt der Begriff Industrialisierung jenen Wandel von Agrar- zu Industriestaaten, der sich in den führenden Ländern West- und Mitteleuropas sowie in Nordamerika von der Mitte des 18. bis zum Ende des 19. Jahrhunderts vollzogen hat. Doch das Zeitalter der Industrialisierung reicht bis in die Gegenwart. Nicht nur die Produktionsweise, sondern die Arbeitsgesellschaft insgesamt ist ständiger Veränderung unterworfen. Diese hat seit den Sechzigerjahren eine erhebliche Beschleunigung erfahren. Und die Industriegesellschaft mit Massenproduktion und -konsum ist weltweit zum Modell geworden – teils schon erreicht, teils in der Umsetzung, teils nur begehrt. Aber ist sie als Vorbild für die heutigen Entwicklungsländer überhaupt geeignet? Können diese aus der Geschichte Europas lernen – vielleicht auch, wie man Fehler vermeidet? Auch in den alten Industriestaaten nehmen im Zeichen der Globalisierung wirtschaftliche und soziale Schwierigkeiten zu. Lassen sie sich überhaupt noch mit nationalen Mitteln steuern? Und wie soll die Menschheit der ökologischen Probleme Herr werden, die inzwischen weltweite Dimensionen angenommen haben?

ab 1960	In den USA werden die ersten programmierbaren Werkzeugmaschinen entwickelt.
1972	Der „Bericht des Club of Rome zur Lage der Menschheit" macht die Umweltproblematik zu einem öffentlichen Thema.
ab 1975	Computer werden zur Steuerung und Kontrolle von industriellen Produktionsprozessen eingesetzt.
ab 1975	Der Dienstleistungssektor wird zum wichtigsten Beschäftigungsbereich in Deutschland („Dienstleistungsgesellschaft")
ab 1980	Die internationale Verflechtung der Wirtschaft nimmt immer stärker zu. Etwa seit Beginn der Neunzigerjahre wird dieser Prozess mit dem Begriff Globalisierung bezeichnet.
1996	Die Arbeitslosigkeit in der Bundesrepublik übersteigt zum ersten Mal die Zehn-Prozent-Marke.

7.1 Automatisierung und Computerisierung – eine neue industrielle Revolution?

Automatische Maschinen

Die „automatische Fabrik" war schon zur Jahrhundertwende ein Schlagwort, Rationalisierungsmaßnahmen wie die Einführung des Fließbandes wurden als Schritt dorthin angesehen. Aber es ging dabei letztlich stets darum, menschliche Arbeit ökonomischer einzusetzen und zu nutzen. Eine neue Dimension erhielt die Automatisierung in den Sechzigerjahren. In der amerikanischen Rüstungsindustrie wurden die ersten numerisch gesteuerten, also programmierbaren Herstellungsmaschinen entwickelt (NC = Numerical Control). Sie hielten rasch auch in der

Automatisierung: Die Industrialisierung hat zur Mechanisierung oder Maschinisierung vieler Herstellungsvorgänge geführt. Die Automatisierung ist ein weiterer Entwicklungsschritt. Einzelne Maschinen oder ganze Herstellungsabläufe werden durch vorgegebene Programme automatisch gesteuert. Das Fließband war ein erster Schritt in diese Richtung, heute ist die computergesteuerte Produktion in den industriell fortgeschrittenen Ländern längst gang und gäbe.

Elektro- und Autoindustrie sowie im Maschinenbau Einzug. Der nächste Entwicklungsschritt war Mitte der Siebzigerjahre die Verbindung der Maschinen mit dem Computer (CNC = Computerized Numerical Control). Dabei vergleicht der Computer ständig die Werte des in Bearbeitung stehenden Produkts mit den gespeicherten Vorgaben und steuert so den gesamten Produktionsprozess. Mit dem Siegeszug der Mikroelektronik haben sich diese Steuerungsverfahren einerseits immer mehr verfeinert und sind andererseits immer breiter einsetzbar geworden. CAD-Verfahren (Computer Aided Design) dienen heute zur Simulation und Konstruktion technischer Produkte.

Bessere Produktionsverfahren – weniger Arbeiter

Mit der Automatisierung ist die Produktqualität angestiegen, ist die Fehlerquote gesunken. Das ermöglicht wiederum eine engere Verzahnung einzelner Herstellungsstufen: Die komplette Fertigungsmenge jeder Stufe kann auf der nächsten sofort und komplett weiterverarbeitet werden. In dieses „Just-in-Time"-Verfahren sind vor allem in der Autoindustrie heute auch die Zulieferer einbezogen. Die Reduzierung der Fertigungstiefe und der Lagerhaltung spart den eigentlichen Produzenten wiederum Kosten. Das Ergebnis ist die so genannte „Lean Production", die „schlanke Produktion".
Automatisierung bedeutet also für die Firmen schnelle, kostengünstige und variable Produktion von hoher Qualität. Ihr zweiter Effekt aber ist die Rationalisierung menschlicher Arbeitskraft. Menschen stellen immer weniger direkt die Produkte her, sie überwachen stattdessen Maschinen; der Personalbedarf dafür wird immer geringer. Insbesondere die unqualifizierten Arbeitsplätze entfallen, aber auch Facharbeiter wie Schweißer werden immer weniger benötigt. An ihre Stelle tritt – in weit geringerer Zahl – technisch qualifiziertes Bedienungspersonal. Die industrielle Arbeit hat sich – wenngleich längst nicht überall – in den letzten dreißig Jahren grundlegend gewandelt, was sich auch in der Verteilung der Erwerbstätigen auf die verschiedenen Sektoren der Wirtschaft widerspiegelt.

Informations- und Kommunikationstechnik

Aber nicht nur die Produktionsverfahren, vor allem auch die Informations- und Kommunikationstechnik haben sich durch die Computerisierung grundlegend verändert. Die Verwaltung wird heutzutage – vom Großunternehmen bis zum Handwerksbetrieb, in der Privatindustrie wie im öffentlichen Dienst – überall mithilfe von elektronischer Datenverarbeitung (EDV) abgewickelt. Besonders einschneidend hat sich der Medienbereich verändert. Texte und Bilder werden nur noch elektronisch verarbeitet. Alte, traditionsreiche Berufe wie der des Setzers sind ausgestorben, neue Berufsbilder entstanden. Und die Kommunikationssysteme der

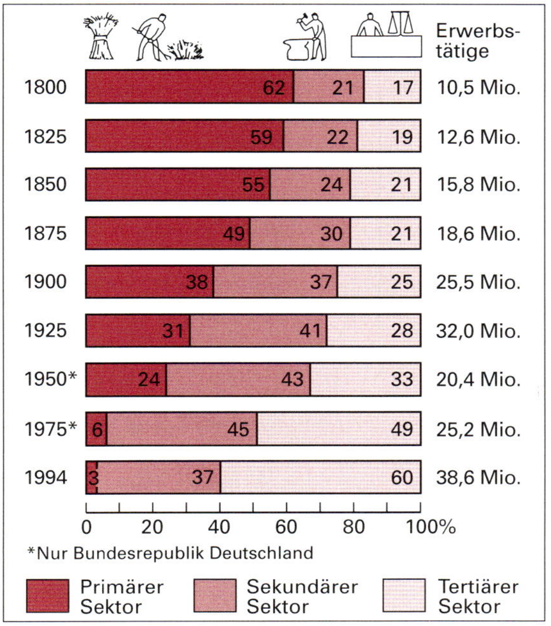

70 Erwerbstätige nach Wirtschaftssektoren in Deutschland
primär = Landwirtschaft, Bergbau
sekundär = Industrie, Handwerk
tertiär = Dienstleistungen

Gegenwart ermöglichen neue Formen der Arbeitsteilung oder Kooperation. Europäische, amerikanische und indische Entwickler können zeitversetzt gemeinsam an einem neuen Produkt arbeiten („simultaneous engineering"). Heimarbeit am Computer, elektronisch verbunden mit dem Büro, wird immer gebräuchlicher. Das birgt für den Arbeitnehmer Chancen ebenso wie Risiken: Heimarbeit kann intelligente, individuell maßgeschneiderte Arbeitsorganisation heißen; sie kann aber auch sozial weit gehend ungesicherte und minderbezahlte Scheinselbstständigkeit bedeuten.

Wem nutzt die Rationalisierung?

Alle diese Entwicklungen werden unterschiedlich wahrgenommen und bewertet. Von der Automatisierung hatte man sich leichtere und kürzere Arbeit und Wohlstand für alle versprochen. In der Tat haben sich heute in den alten Industrieländern Arbeitszeiten und Arbeitsbedingungen in einer Weise verändert, die man zur Jahrhundertwende für utopisch gehalten hätte. Die Automatisierung hat aber auch viele herkömmliche Arbeitsplätze überflüssig gemacht. Und in den letzten zehn Jahren sind die Rationalisierungsgewinne immer stärker den Unternehmen und den Anteilseignern, immer weniger den Arbeitnehmern zugute gekommen.

71 **Das Internet als „neue Dampfmaschine"** – ein Wirtschaftsartikel anlässlich der Computermesse CEBIT, 1998:

Wie die Dampfmaschine die industrielle Revolution eingeleitet hat, so schickt sich das Internet an, die Arbeitswelt erneut zu revolutionieren. Wie keine andere Technologie zuvor wird das Internet Strukturen aufbrechen, weil plötzlich viele Millionen Menschen und Unternehmen die Möglichkeit haben auf der Basis offener, universeller Standards miteinander zu kommunizieren. [...]
Die ersten Nutznießer des Internet sind die Unternehmen, die dessen Infrastruktur bereitstellen. Innerhalb weniger Jahre sind milliardenschwere Großkonzerne wie Worldcom oder Cisco entstanden, die sich an die Spitze der Entwicklung gesetzt haben und viel beachtete Erfolge an den Aktienbörsen feiern.
[...]
Etablierte Unternehmen werden ihre Wettbewerbsfähigkeit langsam aber sicher einbüßen, wenn sie ihre interne Kommunikation, ihre Produkte und Vertriebswege nicht an das neue Medium anpassen.
Als Erste spüren alteingesessene Telefongesellschaften die neuen Wettbewerber aus dem Internet. Unternehmen wie Worldcom, USA Global Link oder Psinet haben fast unbemerkt extrem schnelle Datenleitungen um die Welt gelegt um Telefongespräche mit Internet-Technologie anzubieten. Den Preiskampf werden die Etablierten aufgrund ihrer unterlegenen Technik kaum gewinnen können. [...]
Aber auch Branchen – wie der Einzelhandel –, die scheinbar wenige Berührungspunkte zum Internet haben, stehen vor gravierenden Umwälzungen, die unter dem Schlagwort Electronic Commerce diskutiert werden. Gewohnte vertikale Wertschöpfungsketten vom Zulieferer über den Produzenten und Händler zum Kunden lösen sich mehr und mehr auf, da die Wahlmöglichkeiten für die beteiligten Unternehmen an jedem Punkt dieser Kette sprunghaft zunehmen. Die Gründe dafür liegen in den Eigenarten des Internet, Informationen gleichzeitig allen Interessenten zur Verfügung zu stellen und von den physischen Güterströmen abzukoppeln. Das zeigt sich beispielsweise im Beschaffungsmanagement. Gradlinige Informationskanäle in Form angestammter Lieferbeziehungen verlieren ihren Wert, wenn Produzenten wie General Electric Aufträge im Internet ausschreiben.

Holger Schmidt, Die neue Dampfmaschine. Die Cebit im Zeichen des Internet, in: Frankfurter Allgemeine Zeitung, 18. 3. 1998

a) Diskutieren Sie, wem die beschriebenen Entwicklungen nützen oder schaden. Was bedeuten sie für Arbeitnehmer und Verbraucher?
b) Nehmen Sie Stellung zu dem historischen Vergleich zwischen Internet und Dampfmaschine.
c) Beschreiben Sie anhand von der Grafik M 70 Deutschlands Weg zur „Dienstleistungsgesellschaft".

7.2 Ökonomie und Ökologie – Grenzen des Wachstums?

Überforderung der Natur

Lokale oder regionale Umweltprobleme hat es bereits in früheren Jahrhunderten gegeben. Doch mit der Industrialisierung haben sie massiv zugenommen und bis zur Gegenwart eine völlig neue Dimension erreicht: Die Auswirkungen von industrieller Produktion und Lebensweise sind global geworden und überfordern die Ressourcen und Regenerationskräfte der Natur. Zum ersten Mal in ihrer Geschichte gefährdet die Menschheit durch ihre Wirtschaftsweise die Bedingungen ihrer eigenen Existenz.
Energieerzeugung aus Öl, Gas und Kohle, industrielle Emissionen, rapide angestiegener Autoverkehr, eine immer stärker chemisierte Landwirtschaft und Abfälle aller Art führen zu Luftverschmutzung, Waldschäden, Trinkwasserverseuchung, Bodenerosion und Artensterben; das Klima beginnt sich weltweit zu verändern und die schützende Ozonhülle der Erde weist immer größere Löcher auf. Hinzu kommt die Frage der Energieressourcen. Im Laufe der Sechzigerjahre hat das billigere und vielseitiger verwendbare Öl die Kohle als wichtigsten Energieträger abgelöst. Aber die Vorräte aller fossilen Energieträger sind begrenzt. Ihre Erschöpfung ist abzusehen, auch wenn die verschiedenen Prognosen von unterschiedlichen Zeiträumen ausgehen. Und die friedliche Nutzung der Kernenergie ist seit langem umstritten. Die Basis der industriellen Lebensweise ist langfristig infrage gestellt. Auch die Trinkwasservorräte der Erde nehmen ab und drohen zwischen einzelnen Staaten zum Gegenstand von Konflikten zu werden.
Das ökologische Risiko erhöht sich vor allem durch die Verbindung von Bevölkerungswachstum und Wirtschaftswachstum. Um 1800 lebte auf der Erde etwa 1 Milliarde Menschen. Bis die zweite Milliarde erreicht war, dauerte es über 120 Jahre. Dann verkürzten sich die Abstände rapide: Zum Ende des Jahrtausends gehen wir auf 6 Milliarden zu und für die letzte Milliarde wurden lediglich gute zehn Jahre benötigt. Schon heute leben in China 1,2 Milliarden Menschen und eine rasante wirtschaftliche Entwicklung zeichnet sich dort ab. Sollten die Chinesen in einigen Jahrzehnten – etwa bei der individuellen Motorisierung – den westlichen Standard erreichen, wäre nach dem heutigen Stand der Technik eine globale Umweltkatastrophe wohl nicht mehr abzuwenden. Aber haben die Industrieländer, die diesen Prozess in Gang gesetzt haben, das Recht den bislang zu kurz Gekommenen mit ökologischer Moral ökonomischen Verzicht zu predigen?

Ökologisches Bewusstsein

Erst in jüngster Zeit, seit Beginn der Siebzigerjahre, begann auf breiterer Front ein ökologisches Bewusstsein zu entstehen. Dies war eine tief greifende mentalitätsgeschichtliche Zäsur. Denn schließlich war seit langem der Begriff Fortschritt mit industriellem Wachstum gekoppelt – gerade im „Wirtschaftswunderland" Bundesrepublik war dies ein wesentlicher Bestandteil des allgemeinen Selbstbewusstseins und Selbstverständnisses. Wegweisend für den allmählichen Wandel war der 1972 erschienene „Bericht des Club of Rome zur Lage der Menschheit". Zum ersten Mal wurde das Verhältnis Mensch und Natur systematisch und umfassend untersucht. Der Bericht warnte vor einer schnellen Erschöpfung der Ressourcen, falls das Wachstum von Bevölkerung und Energieverbrauch wie bisher anhalten sollte.

Unterschiedliche Lösungsmodelle

Seitdem reißt in den Industriestaaten, v. a. in Deutschland, die Diskussion über Umweltschäden nicht ab: Waldsterben, Treibhauseffekt oder Ozonloch lauten die wechselnden Stichworte. Auf der einen Seite werden von Umweltorganisationen, Wissenschaftlern und Medien immer neue Bedrohungsszenarien ausgemalt, auf der anderen wiegeln Wirtschaftsleute, Politiker und ebenfalls Wissenschaftler ab: Die Regenerationsfähigkeit der Natur sei größer als angenommen, zudem werde sich zu gegebener Zeit eine technische Lösung der Probleme finden lassen.

72 Karikatur von Jupp Wolter, 1984
„So leben wir, so leben wir, so leben wir alle Tage ..."
„Übersetzen" Sie die Aussage dieser Karikatur.

Die staatliche Umweltschutzpolitik hat bevorzugt mit technischen Grenzwertbestimmungen für Emissionen in Luft und Gewässer gearbeitet. Gerade bei der Gewässerverschmutzung, dem traditionellen Umweltproblem des 19. Jahrhunderts, konnten damit auch erhebliche Erfolge erzielt werden. Der Schwerpunkt lag allerdings immer auf der nachträglichen Beseitigung von Verunreinigung statt auf grundsätzlicher Vermeidung.
Aufseiten der Kritiker blieb es oft genug bei unverbindlichen Appellen. Erst in jüngerer Zeit wurden Vorschläge gemacht, die kurz-, mittel- und langfristige Konzepte verknüpfen und Wege zur Veränderung alltäglicher Verhaltensweisen beschreiben. „Nachhaltige Entwicklung" lautet das Stichwort; vorgeschlagen werden etwa die Nutzung erneuerbarer Energien (Sonne, Wind), Kreislaufwirtschaft (Abfallnutzung), Produktion langlebiger Produkte, „Entschleunigung" des Verkehrs und Nahraumverflechtung, ökologische Architektur oder eine ökologische Steuerreform.

73 Ökonomie und Ökologie

a) „Besser, anders, weniger" – ein Lösungsvorschlag zum Energieproblem, 1996:

Besser

Besser meint die Erhöhung der Ressourcenproduktivität durch technische Innovationen und Strukturwandel. Der Energieverbrauch in Haushalt, Industrie und Verkehr lässt sich durch bessere Wärmedämmung von Gebäuden, moderne Heiz- und Beleuchtungstechnik, effiziente Geräte, Maschinen, Fahrzeuge und Kraftwerke oder die gekoppelte Erzeugung von Strom und Wärme in dezentralen Blockheizkraftwerken deutlich absenken. Für die alten Bundesländer wird geschätzt, dass der Einsatz fossiler Energieträger (und damit der Ausstoß von klimaverändernden CO_2-Emissionen) um etwa 40 % reduziert werden könnte, wenn die jeweils beste verfügbare Technik zum Einsatz käme. Positive Beschäftigungseffekte würden sich vor allem in den Bereichen Beratung und Planung, Anlagenbau, Dämmstoffe, Bauhandwerk und Energiedienstleistungen ergeben.

Anders

Anders meint den elementaren Wandel der Energieversorgung in Richtung Kreislauf- und Solarwirtschaft. Da die fossilen Energieträger endlich sind und ihre Verfeuerung vielfältigste Umweltprobleme verursachen, ist über kurz oder lang der Verzicht auf sie unerlässlich. Dabei gibt es prinzipiell nur zwei Auswege aus dem fossilen Energiezeitalter: den nuklearen oder den solaren. Da erstgenannter Pfad mit erheblichen Kosten und Langzeitrisiken behaftet ist, spricht vieles dafür, nun mit dem schrittweisen Einstieg in solare Technologie zu beginnen: Sonnenkollektoren, Fotovoltaikzellen, Solararchitektur, Solarwasserstoff, solar betriebene Elektroautos und -busse, Wind- und kleine Wasserkraftwerke, Geothermie und Biomassenutzung sind die wichtigsten Stichworte für den Übergang in das post-fossile Zeitalter. [...]

Weniger

Weniger meint die Reduzierung des Anspruchsniveaus oder schlicht den Verzicht auf Überflüssiges. Im Bereich der Raumwärme etwa lassen sich große Einsparungen dadurch erzielen, dass im Winter nur die tatsächlich bewohnten Räume geheizt werden – und zwar angemessen. Im Verkehr bietet die Beschränkung der Automobilnutzung auf das unbedingt Notwendige ebenso große Umweltentlastungspotenziale wie die gemeinschaftliche Nutzung von Fahrzeugen („Car Sharing") sowie die Nutzung öffentlicher oder nicht-motorisierter Verkehrsmittel.

Reinhard Loske (Wuppertal Institut), Besser – Anders – Weniger. Zukunftsfähige Entwicklung braucht Leitorientierungen, in: Geographie heute H. 146, Seelze/Velber 1996, S. 11

b) Ein neues Fortschrittsmodell: Das Beispiel Verkehr, 1996:

„Schneller" und „Weiter" können – neben dem Prinzip des „Mehr" – als die herausragenden Leitmotive des fossil-getriebenen Fortschritts gelten. Wie viele Generationen berauschten sich nicht an immer neuen Triumphen der Geschwindigkeit, wie viele Zeitgenossen begeisterten sich nicht über das stete Heranrücken ferner Orte! [...]

Der Drang nach Beschleunigung und raumgreifender Verflechtung ist ein Sediment des 19. Jahrhunderts. Denn es war die Lokomotive, welche Dauer und Entfernung, jene zuvor fast unverrückbaren Gegebenheiten einer Reise, in drastisch neuer Weise beweglich gemacht hat. [...]

Der größte Schlag für die Utopie von der umfassenden Mobilität war – ihr Erfolg. Solange noch wenige über Motoren verfügten, konnte der einzelne Automobilfahrer die größte Befriedigung einstreichen, aber seit die meisten motorisiert sind, schrumpft nicht nur sein Vorteil schneller zu sein als alle anderen, sondern auch sein Vorteil, weiter als alle anderen fahren zu können. [...]

Höhere Geschwindigkeit führt zu Zeitersparnis, das ist wahr, aber ein Blick in die Geschichte des Transportwesens lehrt, dass Zeitgewinne schnell wieder in weitere Entfernungen und/oder in eine höhere Dichte an Erledigungen umgesetzt werden. Und umgekehrt: Größere Entfernungen und mehr Erledigungen verlangen wiederum nach höheren Geschwindigkeiten, die ihrerseits Entfernungen und/ oder Erledigungen zunehmen lassen. [...]

Mit der Mobilität der einen ist gleichzeitig die Immobilität der anderen gewachsen. Beschleunigt wurden in erster Linie berufstätige Männer und (zunehmend) Frauen mit ausreichendem Einkommen, verlangsamt aber Kinder, Jugendliche, Hausfrauen und oft auch alte Menschen. [...]

Drastisch hat sich also der historische Kontext seit dem 19. Jahrhundert gewandelt, einerseits ist der gesellschaftliche Gesamtaufwand für Fortbewegung in ungeahnter Weise angeschwollen, andererseits wird nur eine Gesellschaft zukunftsfähig sein, die mit begrenzten Mitteln klug umzugehen weiß. Aus dieser neuen historischen Konstellation wächst das Interesse an einer Befriedigung der Beschleunigungsgesellschaft, ja es könnte sich eine soziale Ästhetik herausbilden, die gelassene Zeitmaße und mittlere Entfernungsmaße als besonders gelungen empfindet. Langsam färbt sich so für unsere Zeit um, was Fortschritt bedeutet. Nachdem es für eine lange Epoche als fraglos sicher galt, dass Verbesserung heißt den Widerstand von Dauer und Strecke zu vermindern, schiebt sich jetzt die Einsicht nach vorne, dass Fortschritt auch darin liegen kann, den Widerstand von Zeit und Raum zu belassen oder gar bewusst zu erhöhen. Keine schnelle Raumüberwindung mehr um jeden Preis, eine solche Wende würde belegen, dass unsere Gesellschaft darüber hinaus ist, die Wunschwelt des 19. Jahrhunderts zwanghaft in das 21. Jahrhundert mitzuschleppen.

Reinhard Loske/Raimund Bleischitz u. a., Zukunftsfähiges Deutschland. Ein Beitrag zu einer global nachhaltigen Entwicklung. Studie des Wuppertal Instituts für Klima, Umwelt, Energie, hrsg. von BUND/MISEREOR, Basel/Boston/Berlin 1996, S. 153–159

c) Warnung vor der „Ökodiktatur", 1995

Ohne Realitätsbezug ist schließlich das ökonomische Szenario, das die Wuppertaler entwerfen. Die Menschen im „zukunftsfähigen Deutschland" sollen ihre Einkommenszuwächse ausschließlich für den Umweltschutz ausgeben; gleichzeitig sollen sie die besser geschützten Umweltgüter auch noch weniger in Anspruch nehmen. Umweltschutz wird damit irrational und für den Bürger nicht mehr verständlich. Eine solche Strategie der Ressourcenbewirtschaftung verspricht weder neue, zukunftsträchtige Arbeitsplätze noch mehr Lebensqualität. Ökonomisch gesehen, handelt es sich vielmehr um ein klassisches Szenario der quantitativen und qualitativen Wachstumsdrosselung. Eine solche ökologisch motivierte, irrationale Wachstumsdrosselung läuft auf eine simultane Verletzung aller wirtschafts- und sozialpolitischen Ziele und letztlich auch des Umweltschutzes hinaus: Ohne Wirtschaftswachstum würde das Ziel der Vollbeschäftigung in noch weitere Ferne rücken, eine ausgeglichene Außenbilanz wäre unmöglich, und Preisstabilität könnte kaum mehr erwartet werden.

Vor allem aber: Ohne Wirtschaftswachstum kann noch nicht einmal erwartet werden, dass mit den Naturgütern effizienter umgegangen wird. Denn dazu sind technischer Fortschritt und Investitionen nötig. In einer stagnierenden oder gar schrumpfenden Wirtschaft fehlt dazu sowohl die Bereitschaft als auch die Fähigkeit. Erst steigende wirtschaftliche Effizienz mit technischem Fortschritt garantiert ökologische Entlastungen, sie führt zu weniger Abfall und zu reduziertem Rohstoff- und Energieeinsatz.

In einer stagnierenden oder gar schrumpfenden Wirtschaft fehlt schließlich auch der Spielraum zur Entschärfung der Verteilungskonflikte. Besonders geraten die Systeme der sozialen Sicherung in Gefahr. Bei weiter wachsender Arbeitslosigkeit und stagnierendem oder gar sinkendem Sozialprodukt müssten Beitragszahler und Rentner drastische Einkommenseinbußen hinnehmen.

Gerade vor diesem Hintergrund der Wachstumsdrosselung erweist sich die Strategie „zukunftsfähiges Deutschland" als eine ökologische Vision ohne wirtschaftliche und soziale Perspektive. Sie müsste letztlich unverhältnismäßig und unzumutbar tief in das Leben der einzelnen Menschen und gesellschaftlichen Gruppen eingreifen. Verzicht auf wachsende Einkommen müsste befohlen und der technische Fortschritt vorgeschrieben werden. Mit einer solchen Umsetzung des Prinzips der Nachhaltigkeit ist der Weg in die ökologische Planwirtschaft, in die menschenverachtende „Ökodiktatur" vorgezeichnet.

Gerhard Voss (Institut der deutschen Wirtschaft, Köln), Der Irrtum des Verzichtes, in: Zeitpunkte. Wie teuer ist uns die Natur? Ökonomie und Ökologie an der Schwelle zum 21. Jahrhundert, Hamburg 1995, S. 55

a) Erörtern Sie, wie die Vorschläge in Text M 73 a) und b) unsere heutige Lebensweise verändern würden. Wer hätte – beruflich oder privat – mit Einschränkungen zu rechnen?
b) Nehmen Sie Stellung zu der Frage: Haben wir ein überholtes Fortschrittsmodell aus dem 19. Jahrhundert?
c) Diskutieren Sie anhand aller drei Texte: Zeigen Text M 73 a) und b) gangbare Lösungswege auf oder handelt es sich um unrealistische „Öko-Utopien"?

7.3 Industrieländer und Entwicklungsländer – der Westen als Modell?

Die Industrialisierung im engeren Sinne hatte sich auf Europa und Nordamerika beschränkt. Asien und Afrika waren bis auf wenige Ausnahmen kolonisiert. Japan fand als einziger asiatischer Staat noch im 19. Jahrhundert mit einem beispiellosen Modernisierungsschub den Anschluss an den westlichen Industrialisierungsprozess. Den meisten anderen Ländern gelang dies auch nach der Entkolonisierung nicht. Sie blieben Entwicklungsländer.

Die Öl exportierenden Staaten

In den letzten Jahrzehnten hat sich die Gruppe der Entwicklungsländer differenziert. Finanziell besser gestellt als die anderen waren schon seit den Siebzigerjahren die Öl exportierenden Staaten. Die Industrieländer waren vom Erdöl abhängig und so konnten die Exporteure lange Zeit gute Weltmarktpreise erzielen. Allerdings haben diese Länder ihre Gewinne zumeist nicht in den Aufbau eigener Industrien investiert, sondern für Importe von Konsumartikeln aus dem Westen verwendet. Zwischenzeitlich kam es auch immer wieder zu Markteinbrüchen: Während sich vor allem die arabischen Ölstaaten nach wie vor in einer verhältnismäßig günstigen Position befinden, haben Länder wie Nigeria und Venezuela trotz ihrer Ölexporte mit schweren Wirtschaftskrisen zu kämpfen.

Abhängigkeit vom Weltmarkt

Die zweite Gruppe machen die weiterhin wirtschaftlich und infrastrukturell zurückgebliebenen Staaten, vornehmlich in Afrika, aus. Ihre Situation ist geprägt durch einseitige Abhängigkeit vom Weltmarkt. Sie sind auf teure Importe von Fertigprodukten und von Energie angewiesen; für die Rohstoffe, die sie selber exportieren, erzielen sie bei Überangebot und schwankender Nachfrage nur vergleichsweise schlechte Preise – man spricht von ungünstigen „terms of trade". Hinzu kommt in jüngster Zeit die „Schuldenkrise". Für den Ausbau der Infrastruktur und wirtschaftliche Investitionen haben viele Entwicklungsländer hohe Kredite aufgenommen. Um ihren Zins- und Tilgungsverpflichtungen nachkommen zu können müssen sie über erhöhten Export von Rohstoffen Devisen einnehmen. Das führt zu einem noch stärkeren Überangebot ihrer Rohstoffe und zu weiterem Preisverfall auf dem Weltmarkt. Die unterschiedlichen Interessen von Industriestaaten und Entwicklungsländern werden als Nord-Süd-Konflikt bezeichnet.

Ein falsches Entwicklungskonzept?

Diese Staaten und ihre Menschen sind zu regelrechten „Modernisierungsopfern" geworden. Der „Sprung in die Moderne" ist ihnen misslungen. Die Ursachen dafür werden gerade im Vergleich mit dem historischen Industrialisierungsprozess in Europa deutlich. Eine wichtige Grundlage war dort ein hoher Stand wirtschaftlicher Entwicklung vor der eigentlichen Industrialisierung: handwerkliche Fähigkeiten, gewerbliche Kenntnisse und grundlegende Bildungsvoraussetzungen. Voraussetzung für ein beschleunigtes wirtschaftliches Wachstum waren außerdem freie Unternehmerinitiative und private Aneignung der Erträge, die zu Investition und Innovation führten. Die strukturelle Basis von Landwirtschaft und Handwerk ist in den Entwicklungsländern, soweit sie vorhanden war, oft schon in der Kolonialzeit zerstört worden – so etwa die Baumwollindustrie in Indien – oder später zum Opfer überlegener Importkonkurrenz geworden. Hinzu aber kam ein

Entwicklungsländer und Dritte Welt: Seit den Sechzigerjahren bezeichnet man die wirtschaftlich zurückgebliebenen Länder vor allem in Afrika und Asien als Entwicklungsländer – Länder, die sich in der Entwicklung zu Industriestaaten befinden. Dieser Begriff ist allerdings nicht unproblematisch, da er nahe legt, es gebe gleichsam einen vorgezeichneten Weg, der der Entwicklung und den Wertvorstellungen der westlichen Industriestaaten folge.
Ebenfalls gebräuchlich war der Begriff „Dritte Welt", der alle Staaten umfasste, die nicht zur kapitalistischen „Ersten Welt" Europas und Nordamerikas oder zur kommunistischen „Zweiten Welt" gehörten. Er kennzeichnete einerseits deren Rückständigkeit, drückte andererseits aber auch die Hoffnung auf einen eigenständigen dritten Entwicklungsweg zwischen Kapitalismus und Kommunismus aus. Mit dem Zerfall der „Zweiten Welt" ist dieser Begriff unpassend geworden.

Nord-Süd-Konflikt: Die Industriestaaten liegen im Wesentlichen auf der nördlichen Halbkugel der Erde, die Entwicklungsländer auf der südlichen. Den Entwicklungsabstand zwischen beiden bezeichnet man deshalb auch als Nord-Süd-Gefälle. Die meisten Entwicklungsländer sind von den Industriestaaten wirtschaftlich abhängig. Für ihre industriellen Importe müssen sie höhere Preise bezahlen, als sie für ihre Rohstoffexporte erzielen. Diese Marktsituation („terms of trade") kommt den Industriestaaten zugute: Der Wohlstand des Nordens geht zum Teil auf Kosten des Südens.

Entwicklungshilfe: Etwa drei Viertel der Menschheit lebt in so genannten „unterentwickelten" Ländern. Programme gegen Krankheiten, Unterernährung und Analphabetismus sind eine wichtige Soforthilfe. Sie wird vor allem von den Vereinten Nationen geleistet. Langfristig aber kommt es darauf an, in diesen Ländern eine eigenständige wirtschaftliche Entwicklung in Gang zu setzen. Nach dem Motto „Hilfe zur Selbsthilfe" werden in Industrie, Gewerbe und Landwirtschaft Kredite gegeben, Projekte gefördert, Fachkräfte geschult oder technische Geräte zur Verfügung gestellt. Staaten, kirchliche und private Organisationen wirken bei dieser Entwicklungshilfe zusammen. Allerdings erreichen nur wenige Länder den 1970 von den Vereinten Nationen geforderten Entwicklungshilfesatz (0,7 Prozent des Bruttosozialprodukts). Und Kritiker sehen die Entwicklungshilfe als eine Art Almosen im Vergleich zu den Vorteilen, die die Industriestaaten aus dem ungleichen Handel zwischen Nord und Süd ziehen.

problematisches Entwicklungskonzept in den betroffenen Ländern, das durch die Entwicklungshilfe der Industriestaaten noch forciert wurde. Angestrebt wurde die möglichst rasche Errichtung einer modernen, kapitalintensiven und exportorientierten Großindustrie, also gleichsam der direkte Sprung in die Gegenwart unter Umgehung des vorindustriellen Stadiums. Das hat zumeist zu einem unverbundenen Nebeneinander von traditioneller Wirtschaftsweise und implantierter – und auf dem Weltmarkt meist nicht konkurrenzfähiger – Industrie geführt, aus der kein gesamtwirtschaftliches Wachstum hervorgehen konnte. Erst in jüngerer Zeit hat gerade in der Entwicklungshilfe ein Umdenken stattgefunden und an die Stelle prestigeträchtiger Großprojekte tritt immer stärker die Förderung von Landwirtschaft und Kleinindustrie, die auf den lokalen und regionalen Bedarf und Verbrauch bezogen sind.

Die Schwellenländer

Die dritte Gruppe innerhalb der Entwicklungsländer bilden jene Staaten, bei denen allmählich der Aufbau eigener, wettbewerbsfähiger Industrien gelungen oder im Gange ist. Sie werden auch als Schwellenländer bezeichnet. Dazu zählen einige Staaten Lateinamerikas, des ehemaligen Ostblocks, vor allem aber Ost- und Südostasiens. Südkorea, Taiwan, Hongkong und Singapur – die „vier kleinen Tiger" – werden seit 1997 vom Internationalen Währungsfond sogar zu den Industrieländern gerechnet; Thailand, Malaysia, Indonesien und China mit seinen südlichen Provinzen eifern ihnen nach. Diese Staaten haben bis zum Beginn der „asiatischen Krise" Ende 1997 in den letzten Jahren ständig ein industrielles Wachstum von mehr als 10% erzielt (alte Industriestaaten ca. 1,5%). Der Anteil Japans und Ostasiens am Weltsozialprodukt lag 1960 bei 4%, heute beträgt er ca. 25%. Die ersten Exportartikel dieser Länder waren Billigprodukte (Spielzeug, Textilien). Sie wurden von Kleinfirmen mit hohem Arbeitskräfteeinsatz, oft auch von Kindern, gefertigt; niedrige Lohnkosten machten sie konkurrenzfähig. Inzwischen haben sich diese Staaten auch mit technisch anspruchsvolleren Massenprodukten (Elektrogeräte, optische Geräte, Autos) und bei der Schwerindustrie (Stahl, Schiffbau) auf dem Weltmarkt etabliert. Durch niedrige Steuern, Lohn- und Sozialkosten gelockt investieren immer mehr Firmen aus den alten Industriestaaten in diesen Ländern. Voraussetzung für den wirtschaftlichen Aufschwung waren außerdem eine ausreichende Infrastruktur für Transport, Kommunikation und Energie, ein höheres Bildungsniveau sowie politische Stabilität.

Asiatische Werte?

So sehr diese Staaten dem Westen wirtschaftlich nacheifern, so deutlich distanzieren sie sich vom westlichen Gesellschaftsmodell. Demokratie und bürgerliche Freiheit werden dort häufig als Gezänk und Zügellosigkeit, soziale Konflikte, offene Moralvorstellungen oder Zunahme von Verbrechen als Zeichen des Verfalls gedeutet. Dagegen setzen sie das Modell einer disziplinierten Gesellschaft mit einer starken, autoritären Regierung, die langfristig und strategisch den Rahmen für wirtschaftliche Entwicklung vorgibt und alle politischen und sozialen Auseinandersetzungen unterbindet, die dem wirtschaftlichen Aufschwung hinderlich sein könnten. Dieser Weg entspreche – anders als der europäische Demokratie-Import – traditioneller asiatischer Denkweise: Gemeinschaft statt Individuum, Hierarchie statt Gleichheit.

Die asiatische Krise

Auch manchen Unternehmern in Europa schien das asiatische Modell verführerisch. Und es schien so erfolgreich zu sein, dass schon vom Beginn des „asiatischen Zeitalters" die Rede war. Aber mit wachsendem Erfolg begann auch das asiatische Modell aufzubrechen: Je größer der Wohlstand, desto stärker auch die Forderungen nach ökonomischer, sozialer und politischer Teilhabe. Und schließlich ist das asiatische Wirtschaftswunder am Ende des Jahres 1997 ohne Vorwarnung in eine schwere Krise geraten. Der Aufschwung hatte Unsummen ausländischen Kapitals nach Fernost gelockt. Die Finanzspekulationen entsprachen nicht mehr der realen wirtschaftlichen Entwicklung und gingen vielfach in unproduktive Bereiche, vor allem Immobilien. Mit dem beginnenden Rückzug der Gelder brach der Boom zusammen. Das hat die Attraktivität des asiatischen Modells erheblich reduziert: Nun mehren sich, auch in den asiatischen Staaten selber, wieder die Stimmen jener, die politische, soziale und auch ökologische Versäumnisse einklagen und die vermeintlichen asiatischen Werte als Mythos kritisieren. Andere wiederum warnen vor vorschnellen Urteilen und halten die Krise nur für eine vorübergehende Wachstumsschwäche. Jedenfalls hat die asiatische Herausforderung grundlegende Fragen nach dem Verhältnis von Wirtschaft, Politik und Gesellschaftsverfassung neu aufgeworfen.

74 Probleme der Entwicklung

a) Der Historiker Christoph Buchheim über Unterentwicklung und Nicht-Entwicklung, 1994:

In der Tat brachte dort [außerhalb Europas] der Kontakt mit den Industrieländern meistens die Peripherisierung mit sich. Das lässt sich beispielsweise an der ausgeprägten De-Industrialisierung, dem Sterben traditioneller heimischer Gewerbe angesichts der Konkurrenz der Industrieländer ablesen. So sank nach neueren Schätzungen von Paul Bairoch das Volumen der gewerblichen Produktion der Regionen, die heute die so genannte Dritte Welt darstellen, zwischen 1830 und 1900 um fast die Hälfte, in Indien allein um mehr als 70 Prozent. Unterentwicklung bedeutet demnach dezidiert etwas anderes als vorindustrielle Nicht-Entwicklung, stellt sie doch ein Komplement zu Entwicklung dar. Das heißt, wenn es keine entwickelten Länder gäbe, gäbe es auch keine unterentwickelten, da diese in ihren Strukturen auf jene bezogen und von jenen nicht unerheblich beeinflusst sind.

Christoph Buchheim, Industrielle Revolutionen. Langfristige Gesellschaftsentwicklung in Großbritannien, Europa und in Übersee, München 1994, S. 70 f.

b) Der englische Historiker Eric J. Hobsbawn über unterschiedliche Startvoraussetzungen beim historischen Beispiel England und bei heutigen Entwicklungsländern, 1968:

Schwierigkeiten, wie sie heute in unterentwickelten Ländern, die gerade mit ihrer Industrialisierung anfangen, aktuell sind, spielten im Großbritannien des 18. Jahrhunderts kaum eine Rolle. Das Transport- und Kommunikationsnetz war vergleichsweise eng geknüpft und billig: Kein Landstrich Großbritanniens liegt mehr als 70 Meilen vom Meer oder einem schiffbaren Wasserweg entfernt. Die technologischen Probleme der frühen industriellen Revolution erforderten zu ihrer Lösung keine naturwissenschaftlich qualifizierten Spezialisten, sondern nur eine ausreichende Anzahl von Leuten mit Kenntnissen im Lesen und Schreiben, mit Erfahrung in der Bedienung einfacher mechanischer Vorrichtungen und in der Metallbearbeitung, mit Praxis und Initiative; und es gab diese Leute. Die meisten technischen Erfindungen und neuen Produktionsstätten konnten auf einer niedrigen Wirtschaftsstufe ansetzen und erweiterten sich allmählich. Das bedeutet, dass sie wenig Anfangskapital brauchten; ihr Wachstum wurde durch Akkumulation [Anhäufung] von Profiten finanziert. Die Entwicklung der Industrie gründete sich auf die Fähigkeiten einer Vielzahl kleiner Unternehmer und gelernter Handwerker. Kein Land im 20. Jahrhundert, das mit seiner Industrialisierung beginnt, besitzt diese Vorteile, ja kann sie besitzen.

Eric J. Hobsbawn, Industrie und Empire. Britische Wirtschaftsgeschichte seit 1750, Bd. 1, Frankfurt a. M. 1980 (engl. Originalausgabe 1968), S. 38 f.

c) Der Historiker Toni Pierenkemper über historische Erfahrungen – Industrialisierung mit angepasster Technologie, 1996:

Um 1820 erwies sich daher die traditionelle Eisenindustrie des europäischen Kontinents gegenüber der modernen britischen Konkurrenz durchaus noch als lebensfähig, sie stellte eine Art „angepasster" Technologie dar. Die traditionellen Ressourcen Holzkohle und Wasserkraft standen noch in ausreichendem Maße und entsprechend preiswert zur Verfügung. Ähnlich war es mit den Arbeitskräften, die für eine saisonale Beschäftigung im Eisengewerbe außerhalb der landwirtschaftlichen Hauptperioden ausreichend vorhanden waren. Die vorhandenen Kleinbetriebe reichten zur Versorgung der lokalen Nachfrage aus, und das herkömmlich gewonnene

Roheisen hatte zudem noch einen Qualitätsvorsprung gegenüber dem neuen Koksroheisen.
Die Adaption der neuen „englischen" Eisenindustrie erfolgte dann sehr allmählich in Stufen und Sprüngen, ehe sich die neue Technologie langfristig als überlegen erwies. [...] Dennoch blieb das traditionelle Eisengewerbe gegenüber den englischen Technologien noch lange konkurrenzfähig, weil z. B. Roheisen billig aus England importiert, daraus aber auf traditionelle Weise Stabeisen hergestellt werden konnte. Auch ließen sich moderne Techniken mit traditionellen kombinieren: Puddelöfen waren in herkömmliche Betriebe integrierbar, wo die Roheisendarstellung weiterhin durch Holzkohle erfolgte, oder technische Neuerungen, wie z. B. der Einbau von Hochofengebläse oder das Erhitzen der Gebläseluft, ließen sich ebenso gut in alten Holzkohlenhochöfen anwenden. Alles in allem gab es ungezählte Möglichkeiten der Kombination von Altem und Neuem, und die Expansion der Eisenindustrie war alles andere als eine bloße Imitation der neuen englischen Technologien.

Toni Pierenkemper, Umstrittene Revolutionen. Die Industrialisierung im 19. Jahrhundert, Frankfurt a. M. 1996, S. 166 f.

d) Die Publizistin Gerda Zellentin über neue Wege der Entwicklungspolitik, 1979:

Das weltweit vorherrschende Entwicklungskonzept lässt sich [...] präzisieren als forcierte Industrialisierung mit dem Ziel den Lebensstandard der entwickelten Länder einzuholen. Gerade die wirtschaftlich schwachen neuen Staaten sind die glühendsten Verfechter dieses Programms [...].
Die importierte hoch entwickelte Technik des Nordens ist groß, kompliziert, kapitalintensiv und gewalttätig. Sie schafft „Entwicklungs"-Vorteile für diejenigen Gruppen in den Ländern der Dritten Welt und vor allem in den Metropolen, die diese Technologie bezahlen bzw. beherrschen können.
Entwicklungshilfe mit moderner Großtechnologie entpuppt sich als Verarmungshilfe [...].
Je nach Landstrichen, Bevölkerung, Infrastrukturen etc. wären vielmehr selektiv solche Techniken zu erwerben, mit denen eine lokale Kapitalgüterproduktion in Gang zu setzen wäre, damit wenigstens die Grundbedürfnisse autonom befriedigt werden könnten. Voraussetzung dafür wäre die lokale Erforschung der Grundbedürfnisse ebenso wie die Entwicklung einer adäquaten Maschinenbautechnik.
Vieles wäre indessen für die Ärmsten gewonnen, wenn z. B. die Sonnen- und Windenergie kleintechnologisch nutzbar gemacht würde und wenn die bereits angelaufenen Projekte vermehrt werden könnten. [...]
Sie schaffen mit gleichen (oder geringeren) Kosten mehr Arbeitsplätze, mögen sie nach westlichen Standards auch weniger produktiv sein, produzieren Güter für den heimischen Bedarf, sind nicht auf zentrale Orte angewiesen, sondern können auch in ländlichen Gebieten ohne Umwege zum Einsatz gelangen, d. h. sie sind geeignet das Einkommensgefälle zwischen Stadt und Land abzubauen; überdies sind sie leicht verständlich und funktionieren ohne das Herrschaftswissen ausländischer Experten. Da die sanfte Technologie lohnintensiver ist als die industrielle, können auch die Gemeinden von den größeren Steuereinnahmen mitprofitieren und zum Ausbau der Infrastruktur beitragen.

Gerda Zellentin, Abschied vom Leviathan. Ökologische Aufklärung über politische Alternativen, Hamburg 1979, S. 54 f. u. 171 f.

e) Preisentwicklung für Export- und Importprodukte von 1974 bis 1993

Jahr	Baumwolle (in DM je t)	VW-Golf (in DM)
1974	4348	7995
1976	3615	8795
1978	2872	9626
1980	3419	10462
1982	3942	12115
1984	5483	13750
1986	2331	14595
1988	2790	16295
1993	2313	22430

Terra. Geographieband für Gymnasien, Kl. 10, Niedersachsen, Stuttgart 1996, S. 134

a) Fassen Sie anhand der Texte M 74 a)–c) zusammen, welche (positiven oder negativen) Lehren sich aus der historischen Analyse industrieller Entwicklung für die Entwicklungsprobleme der Gegenwart ziehen lassen.
b) Bewerten Sie vor diesem Hintergrund das Konzept von Text M 74 d).
c) Diskutieren Sie anhand aller Texte und der Statistik e): Sind die Industriestaaten schuld an heutiger Unterentwicklung? Gibt es Gesetzmäßigkeiten der Entwicklung, die sich nicht ändern lassen? Welche politischen Gestaltungsmöglichkeiten in Industrie- und Entwicklungsstaaten gäbe es? Wie sollte man sich selber als privater Verbraucher von Produkten aus Entwicklungsländern verhalten?

75 Modell Asien

a) Eine Fachzeitschrift für Entwicklungshilfe schreibt über die asiatischen Werte, 1995:

Nach Auffassung der Architekten „asiatischer Wirtschaftswunder" liegt ihren Erfolgen die konsequente Instrumentalisierung von zehn traditionellen „asiatischen" Werten zugrunde:

1. Ablehnung eines extremen Individualismus. In asiatischen Gesellschaften zählen die Gruppen mit ihren Rechten sowie die Gruppenzugehörigkeit mehr als die Individuen und deren Rechte. Der Einzelne sucht seine Interessen mit der Gesellschaft in Einklang zu bringen – im Zweifel ordnet er sich unter.

2. Familie. In traditionellen asiatischen Wertvorstellungen ist die Familie der Grundbaustein einer Gesellschaft: Dies wird bezeugt durch niedrige Scheidungsraten und die Familie als soziale Schutzgemeinschaft (anders als z. B. in Europa, wo der Staat wesentliche Schutzfunktionen übernimmt).

3. Hoher Stellenwert von Bildung. Nicht nur die Eliten, sondern alle Asiaten schätzen Bildung hoch ein. Die Familien, besonders aber die Mütter, sind bereit für die Bildung der Kinder jedes Opfer zu bringen. Die Kinder ihrerseits lohnen diese Anstrengungen mit Fleiß und Energie, besonders in den zukunftsorientierten Wissensfeldern Mathematik und Naturwissenschaften.

4. Sparsamkeit, Bescheidenheit und Verzicht. Es ist in Asien traditionell unüblich, hemmungslos zu konsumieren und über die eigenen Verhältnisse zu leben. Ständige Sorge um das Überleben hat besonders in den Gruppen der Auslandschinesen äußerste Sparsamkeit zur Regel gemacht.

5. Harte Arbeit. Die ausgeprägte Bereitschaft hart zu arbeiten, hat zur überlegenen Wettbewerbsfähigkeit Asiens geführt; hier haben USA und Europa immer größere Defizite.

6. „Nationales Teamwork". Gesellschaftliche Gruppen verstehen sich als Schicksalsgemeinschaft für das staatliche Überleben; Gewerkschaften und Unternehmer, Regierung und Wirtschaft sind Partner und arbeiten gemeinsam zum Besten der Nation. Der „nationale Teamgeist" ist durch Konsens geprägt.

7. Asiatische Form des „social contract". Im asiatischen Wertesystem ist die Rolle des Staates klar definiert und begrenzt: Der Staat gewährleistet Law and Order (in Singapur: Order and Law) und sichert die Grundbedürfnisse Wohnen, Bildung, Gesundheit. Im Gegenzug müssen die Bürger die staatlichen Spielregeln befolgen, solange der Staat fair und human ist; dabei wollen Asiens Regierungen aber die „disease of welfare" um jeden Preis vermeiden.

8. Der Staat als Unternehmen, die Bürger als Aktionäre. Der Stadtstaat Singapur mit seinen entwicklungspolitischen Vordenkern Lee Kuan Yew, Lee Hsien Loong, Goh Chok Tong u. a. ist mit der Umsetzung dieser Theorie am weitesten fortgeschritten: Auf dem Weg zu einer Communitarian Society sind zahlreiche Bürger buchstäblich zu Anteilseignern des Staates geworden, z. B. durch die Umwandlung staatlicher Dienstleistungsbetriebe in Aktiengesellschaften.

9. Forderung nach „moralisch sauberer Umwelt". Im Interesse der Bevölkerungsmehrheit behält sich der Staat das Recht zur Zensur vor: Ungezügelte Darstellung von „Sex and Crime" wird nicht geduldet; Kinder sollen in einer gewaltfreien, moralisch sauberen Umwelt aufwachsen. In den meisten asiatischen Staaten müssen unterschiedliche Religionen koexistieren, deshalb werden Angriffe auf die jeweils anderen Glaubensrichtungen unnachsichtig verfolgt.

10. Freie Presse ja – „vierte Gewalt" nein. Die Staaten Asiens glauben an die Notwendigkeit einer freien Presse, breite Information ist geradezu eine Voraussetzung von „good governance". Die freie Presse kann sich aber nicht auf ein absolutes Recht berufen, sondern muss sich in den nationalen Konsens einpassen; das gilt besonders für ausländische Medien, die sich jeder Einmischung in die inneren Angelegenheiten der Staaten, über die sie berichten, zu enthalten haben.

Manfred Pohl, Südostasien: Autoritärer Pluralismus und wirtschaftliche Dynamik – Konfuzianische Gesellschaftsideale kontra westliches Wertesystem?, in: Entwicklung und Zusammenarbeit 36, 1995, Februar, S. 40 f.

b) Eine Fachzeitschrift berichtet über die Wirtschaftsentwicklung in Thailand, 1997:

Die aggressive Förderung exportorientierter Industrien ließ die Wirtschaftswachstumsrate innerhalb von zwei Jahren von 4,5 Prozent (1986) auf den Spitzenwert von 13,2 Prozent (1988) hochschnellen. Die treibende Kraft für diese rasante Entwicklung waren in diesem Zusammenhang die ausländischen Direktinvestitionen in den industriellen Sektor. Thailand hatte eine Reihe von Attraktionen als neuer Industriestandort zu bieten wie z. B. politische und wirtschaftliche Stabilität, die relativ große Bevölkerungszahl von knapp 60 Millionen Einwohnern (1996), die einen Inlandsmarkt von beträchtlichem Potenzial bedeutet, sowie niedrige Kosten für gelernte und ungelernte Arbeitskräfte.

Trotz der großen Erfolge, die das Land mit dem Umschwenken auf Exportindustrialisierung und Forcierung ausländischer Direktinvestitionen erzielen konnte, wurde das Standbein der Importsubstitution [Ersetzen von Importen durch eigene Erzeugnisse] jedoch nicht völlig aufgegeben.

Charakteristisch für die dynamische Aufwärtsentwicklung der thailändischen Wirtschaft seit 1986 war eine zunehmende Vielfalt der Industriestruktur. Thailand produziert heute eine breite Palette von Industrieprodukten, die von Konsumgütern, Nahrungsmittelkonserven, Möbeln, Textilien, Leder- und Plastikwaren bis hin zu Motoren, Maschinen, chemisch-pharmazeutischen Produkten und elektronischen Artikeln reicht. Typisch für die Industrieentwicklung der 90er-Jahre sind mittlerweile ein – wenn auch noch sehr zögernd einsetzender – technologischer Wandel und der Trend zur Erzeugung von „Know-how"-intensiveren Produkten, wie zum Beispiel die steigende Bedeutung des Elektroniksektors und der Autozulieferungsindustrie zeigt.

Die zweifellos notwendige Dynamik der Industrieentwicklung wird in Thailand allerdings bereits seit mehreren Jahren mit gemischten Gefühlen verfolgt. So haben die noch immer vergleichsweise geringen, aber doch kontinuierlich steigenden Arbeitskosten in den letzten Jahren dazu geführt, dass ausländische – vor allem ostasiatische – Firmen ihre Fabriken zum Teil schon an neue, billigere Standorte (etwa in Vietnam, China oder Bangladesch) verlagert haben.

Andererseits stellte die Zeitschrift „Far Eastern Economic Review" schon 1994 die berechtigte Frage, ob Thailand durch seine Industriepolitik nicht zunehmend in Gefahr gerät eine „geteilte Nation" zu werden – ein Teil urbanisiert und wohlhabend, der andere ländlich und zunehmend verarmend.

Bezeichnend dafür ist das enorme Ausmaß der Konzentration der Industrie auf nahezu einen einzigen Standort – nämlich auf die Agglomeration Bangkok. Die Folgen werden in ausgeprägten Disparitäten [Ungleichheiten] im Lebensstandard und in der personellen Einkommensverteilung zwischen dem Großraum Bangkok und den restlichen Landesteilen immer spürbarer.

[...]

Zweifellos ist Thailand im letzten Jahrzehnt in der Transformation von einer primär agrarisch orientierten zu einer industrialisierten Gesellschaft weit vorangeschritten. Ein wesentliches Ergebnis dieses Prozesses ist unter anderem eine stärkere Abhängigkeit vom internationalen Handel und Wirtschaftsgeschehen, verbunden mit einer wuchernden Grundstücks-

76 Slums in Bombay. Foto, 1999

spekulation, einem aufgeblähten, überschuldeten Immobiliensektor und einem hohen, z.T. nur schlecht versicherten Kreditvolumen vieler Banken. Dazu kam ein wachsendes Zahlungsbilanzdefizit als Folge stetig steigernder Importe zur Deckung der Konsumbedürfnisse einer immer größer werdenden kaufkräftigen Mittelschicht, während andererseits die Exporterträge sanken, weil zunehmend von noch billigeren exportorientierten Billiglohnländern ausländische Investoren aus dem Land abgezogen werden.

Als es Mitte 1997 wegen des hohen Dollarkurses zu einer massiven Abwertung des Baht kam und eine Reihe von Unternehmen und Banken deshalb ihre Fremdschulden nicht mehr zahlen konnten, ging zugleich auch ein weiterer traditioneller Standortvorteil Thailands in die Brüche: der Glauben an die politische Stabilität des Landes.

Karl Husa/Helmut Wohlschlägl, Thailands industrielle Entwicklung. Tiger in Nöten, in: Geographie heute H. 155, Seelze/Velber 1997, S. 28 f.

c) Der Wirtschaftsjournalist Uwe Jean Heuser urteilt über den Entwicklungsstand der „Tigerstaaten", 1997:

Die Zeiten sind vorbei, da die Tiger mit einer guten Grundbildung ihrer Bevölkerung, mit niedrigen Löhnen und hohen Sparquoten allein immerfort wachsen konnten. Diesen Part übernehmen jetzt Länder wie China, Vietnam oder Teile Indiens. Die weiterentwickelten Staaten müssen sich einen neuen Vorsprung erarbeiten. […]

Vielfach entspricht aber auch die Ausbildung nicht mehr den gestiegenen Löhnen und den ambitionierten Plänen der Industrie. Allerorten schaffen es Universitäten und andere Ausbildungsstätten nicht mehr, genügend gute Forscher, Ingenieure und Facharbeiter hervorzubringen. Und selbst die reichen Stadtstaaten Singapur und Hongkong vernachlässigen den Umweltschutz – von den ärmeren Tigern zu schweigen: In Zentren wie Kuala Lumpur sind die Straßen verstopft und die Luft ist verpestet. Verschmutzte Häfen und Flüsse sind ein weiteres Zeichen dafür, dass die Südostasiaten Ökologie oft als lästige Forderung des Westens abtun. Doch wenn die Länder jene hochwertigen Industrie- und Dienstleistungsbranchen anlocken wollen, die ihren Wohlstand heben sollen, müssen sie wohl oder übel die Aufgaben entwickelter Volkswirtschaften lösen. Diese Probleme zu meistern wird umso schwerer, als die Finanzmärkte viele Tiger derzeit zum Sparen zwingen und diese auch noch mit wachsenden sozialen Spannungen rechnen müssen. Mehr alte Menschen verlangen nach Versorgung und in den Großstädten ersetzen die Familien immer weniger ein soziales Netz.

In Deutschland oder Japan sind solche Probleme ein alter Hut, den Südostasiaten aber sind sie neu. Mit Ausnahme der reichen Stadtstaaten sind diese Nationen Schwellenländer im wahrsten Sinne des Wortes: Sie stehen auf der Schwelle vom reinen Massenwachstum zur Expansion durch Qualität. Daher bricht mit der asiatischen Krise auch keine ökonomische Welt zusammen und die Entwicklungstheorie muss nicht neu geschrieben werden. Auch wenn sich die westlichen Industrieländer einiges von manchem Tiger abschauen können, allem voran die niedrigen Gesetzeshürden für Unternehmer: Sie als Modell für weiterentwickelte Volkswirtschaften wie die deutsche hinzustellen war von vornherein falsch, weil das hieße, Schnitzel mit Sushi zu vergleichen.

Uwe Jean Heuser, An der Schwelle gestolpert. In ihrem Streben, moderne Industrienationen zu werden, sind die ostasiatischen Tigerstaaten erstmals an Wachstumsgrenzen gestoßen, in: Die Zeit 29. 8. 1997, S. 32

a) Welche der „asiatischen Werte" (Text M 75 a) halten Sie für unvereinbar mit der westlichen Gesellschaftsform, welche für akzeptabel oder gar vorbildhaft? Lässt sich ein ähnlicher Wertekanon für unsere Gesellschaft aufstellen? Diskutieren Sie: Haben wir ein Defizit an Werten? Führt Werteverlust zu wirtschaftlichem und sozialem Verfall?

b) Versuchen Sie in Anlehnung an Text M 75 a) einen deutschen Wertekanon für das 19. Jahrhundert aufzustellen. Vergleichen Sie: Sind die in Text M 75 a) aufgeführten Werte „asiatische" Werte oder Werte des 19. Jahrhunderts?

c) Geben Sie zu den einzelnen Punkten eine Entwicklungsprognose ab: Was wird sich mit steigendem Wohlstand ändern, wo bleiben kulturelle Konstanten?

d) Analysieren Sie im Wirtschaftsaufschwung Thailands einzelne Entwicklungsstufen und erläutern Sie deren Abfolge (Text M 75 b).

e) Vergleichen Sie das Beispiel Thailand mit der Situation eines unterentwickelten Landes. Wie unterscheiden sich die Voraussetzungen, was wäre ggf. übertragbar? Sind die Wirtschaftsprobleme Thailands notwendige Folge des vorausgehenden Wachstums?

f) Nehmen Sie anhand von Text M 75 c) abschließend Stellung: Ist Asien ein Modell für Europa oder repräsentiert es einen hier überwundenen historischen Entwicklungsstand?

7.4 Globalisierung – Ende der Politik und Weltherrschaft der Wirtschaft?

Nationale Politik

Die Globalisierung hat das Verhältnis von Politik und Wirtschaft grundlegend geändert. Für die auf nationaler Basis agierenden Unternehmen konnte der Staat wirtschafts- und sozialpolitische Rahmenbedingungen setzen. Er konnte sie durch Zölle schützen und subventionieren, ihnen aber auch soziale Verpflichtungen auferlegen. Umgekehrt waren die Unternehmen oft kompromissbereit, weil sie ein Interesse an der Vermeidung sozialer Konflikte oder zumindest an institutionalisierten Ausgleichsmechanismen hatten – so funktionierte bis vor kurzem das „Modell Deutschland" mit seiner sozialen Marktwirtschaft.

Folge der Globalisierung

Durch die Globalisierung hat nun eine massive Kräfteverlagerung zugunsten der Unternehmen stattgefunden. Sie haben für ihre Investitionen ein weltweites Angebot von Standorten. Die nationale Politik verliert immer mehr an Einfluss. Staatlich gesetzte Rahmenbedingungen wie Steuern und Sozialabgaben werden aus Unternehmensperspektive zu bloßen Standortfaktoren; wie Infrastruktur, Arbeitskräftepotenzial oder Ausbildungsniveau bestimmen sie die Investitionsentscheidungen der Firmen mit. Märkte und Unternehmen haben sich internationalisiert; zur Vereinbarung internationaler Sozial- oder Ökostandards ist es jedoch bislang nicht gekommen. Die Bundesrepublik mit ihren vergleichsweise hohen Lohn- und Lohnnebenkosten und ihrem engmaschigen sozialen Netz ist von dieser Entwicklung besonders betroffen: Unternehmensverbände und einzelne Parteien fordern deshalb den Abbau tariflicher und sozialer Leistungen, Einschnitte in die „soziale Hängematte" um Deutschland für den internationalen Wettbewerb „fit" zu machen; sonst komme es zur Abwanderung von Arbeitsplätzen.

Globalisierung: In den letzten Jahren hat sich ein Weltwirtschaftssystem entwickelt, in dem nationale Grenzen eine immer geringere Rolle spielen. Weltweit operierende Firmen („Global Players") können in unterschiedlichen Kontinenten und Ländern einkaufen, produzieren oder verkaufen. Nationale Märkte werden dereguliert: Staatliche Monopolbetriebe werden privatisiert, Zölle abgebaut, der Devisenhandel wird freigegeben, der Markt internationalem Angebotswettbewerb geöffnet. Zugleich internationalisiert sich auch die Produktion: Wo die Transportkosten geringer sind als das Lohngefälle zwischen verschiedenen Staaten, rentiert sich die Verlagerung in „Billiglohnländer". Außerdem wächst auch dort mit der Zeit die Nachfrage. Und schließlich werden auch die Dienstleistungen international mobil. Angesichts moderner Informations- und Kommunikationsmittel – Satelliten, Internet, Modemtechnik – spielen Entfernungen und Zeitunterschiede eine immer geringere Rolle.

Marktwirtschaft: Nach den Lehren von Adam Smith regeln sich in einer freien Wirtschaft Produktion, Verkauf und Preise selbsttätig über den Markt. Wenn das ökonomische Verhalten jedes Einzelnen auf seinen persönlichen Vorteil gerichtet sei, führe dies automatisch auch zu allgemeinem gesellschaftlichem Wohlstand. Die historische Erfahrung hat jedoch gezeigt, dass eine völlig freie Marktwirtschaft nicht im Sinne von Smith funktioniert. Durch die Bildung von Monopolen oder Kartellen kann der Marktwettbewerb ganz ausgeschaltet werden. Und vom industriellen Wohlstand haben keineswegs alle Mitglieder der Gesellschaft in ähnlicher Weise profitiert.

Im Modell der sozialen Marktwirtschaft, wie es in der Bundesrepublik bestimmend geworden ist, hat der Staat die Aufgabe sozial unerwünschte Folgen der Marktwirtschaft zu korrigieren. Er sichert den freien Wettbewerb durch Kartellverbote, versucht konjunkturelle Schwankungen durch seine Geldpolitik zu dämpfen und verteilt über Steuern Einkommen um. Wie weit diese Eingriffe des Staates gehen sollen, darüber gab und gibt es ständig Debatten.

In jüngster Zeit wird gefordert die soziale Komponente noch durch eine ökologische zu ergänzen. Auch beim Schutz der Umwelt versage eine Steuerung über den Markt. Nur der Staat sei in der Lage über Steuern und Abgaben den Verbrauch von Energie oder Wasser umweltfreundlich zu lenken.

Zu „Global Players" werden allerdings vor allem Großfirmen; die vielen Klein- und Mittelbetriebe, die gerade das Bild der deutschen Wirtschaft prägen, operieren eher regional oder lokal. Und große Teile von Dienstleistungen, etwa die des Handwerks, werden vor Ort erbracht und lassen sich nicht auslagern. Dennoch: Schon heute sind die Auswirkungen der Globalisierung auf die Arbeitsplätze im Verein mit der Automatisierung nicht zu übersehen. Bei steigender Produktion und explodierenden Unternehmensgewinnen stagniert oder sinkt in den Industriestaaten Europas die Zahl der Arbeitsplätze – ein historisch neues Phänomen. Es droht ein Teufelskreis: Geringere Steuer- und Sozialeinnahmen (Arbeitslosigkeit, Verlagerung von Unternehmensgewinnen) bei steigenden Sozialleistungen machen Erhöhungen der Steuern und der Sozialabgaben für Beschäftigte nötig; wird dies über Einkommenserhöhungen ausgeglichen, verschlechtert sich der Standortfaktor Lohnkosten. Wird der Staat in Zukunft nur noch den Mangel verwalten können?

77 Eine Bilanz der Industrialisierung

Der italienische Wirtschaftshistoriker Carlo M. Cipolla stellt die Industrialisierung in einen welthistorischen Zusammenhang, 1976:

Zwischen 1780 und 1850, in weniger als drei Generationen, wandelte eine weit reichende Revolution, die in der Geschichte der Menschheit nicht ihresgleichen hat, das Gesicht Englands. Von da an war die Welt nicht mehr die gleiche. Die Historiker haben das Wort Revolution oft gebraucht und missbraucht um eine radikale Veränderung zum Ausdruck zu bringen, aber keine Revolution war je so dramatisch revolutionär wie die „industrielle Revolution" – ausgenommen vielleicht die neolithische [jungsteinzeitliche]. […]
Die neolithische Revolution entwickelte sich im Lauf Tausender von Jahren. Sie brauchte mehr als 5000 Jahre um vom Mittleren Osten nach Skandinavien zu gelangen, und etwa 2500 Jahre, bis sie von Mexiko zum Quellgebiet des Ohio River vordrang. Der Mensch hatte Zeit sich nach und nach anzupassen. Die industrielle Revolution hingegen hat die Welt überfallen, unsere ganze Existenz umgekrempelt, die Strukturen aller bestehenden menschlichen Gesellschaften über den Haufen geworfen – und das innerhalb von nur acht Generationen. Und heute beginnt sie mit größter Eile neue Probleme von solcher Ungeheuerlichkeit aufzuzwingen, dass der menschliche Geist in seinem gegenwärtigen Zustand sie kaum zu erfassen vermag: den unkontrollierten Bevölkerungszuwachs; die Wasserstoffbombe; die Verpestung der Luft und der natürlichen Umgebung durch Industriemüll; die Notwendigkeit der Massenerziehung; die stetige Zunahme von alten Menschen, die zwar am Leben erhalten, aber von der restlichen Gesellschaft zurückgewiesen werden; das Ende des traditionellen Staates; die wissenschaftliche Organisation unkontrollierbarer Machtzentren; die unbegrenzten Möglichkeiten, die Genetiker und Biologen besitzen um die Natur und das Verhalten der Menschen zu beeinflussen.

Carlo M. Cipolla, Die Industrielle Revolution in der Weltgeschichte, in: Carlo M. Cipolla/Knut Borchardt (Hrsg.), Europäische Wirtschaftsgeschichte, Bd. 3, Stuttgart/New York 1976, S. 1, 10

a) Erläutern Sie den Vergleich von neolithischer und industrieller Revolution. Skizzieren Sie in Stichworten die Hauptaspekte, unter denen sich die menschliche Lebensweise jeweils verändert hat.
b) Diskutieren Sie im Hinblick auf beide Entwicklungen den Begriff „Revolution".
c) Neolithische und industrielle Revolution als die stärksten Einschnitte der Menschheitsgeschichte – vergleichen Sie diese Sichtweise mit der klassischen Periodisierung in Vor- und Frühgeschichte, Antike, Mittelalter und Neuzeit. Untersuchen Sie, welche Kriterien dabei jeweils angewendet werden. Welche Einteilung scheint Ihnen überzeugender zu sein? Erörtern Sie, ob es Möglichkeiten gibt, beide Sichtweisen miteinander zu verbinden.

Zur Diskussion

Globaler Markt und nationale Sozialpolitik – ist der alte Sozialstaat überholt?

Je nach Perspektive erscheint die Globalisierung als Notwendigkeit, Chance oder Gefahr. Die einen machen sie für Wirtschaftsprobleme und Dauerarbeitslosigkeit verantwortlich und beklagen den Verlust an staatlichen Einflussmöglichkeiten. Die anderen sehen gerade den weltweiten Markt als Allheilmittel an: Baue man nur alle Barrieren ab, so würden von seiner Dynamik letztlich alle profitieren. 1776 hatte Adam Smith die These aufgestellt, nur durch Arbeitsteilung, Wettbewerb und Freihandel könne sich die Wirtschaft voll entfalten und für alle Arbeit und Wohlstand bringen. Heute scheint sich diese Wirtschaftsweise weltweit durchzusetzen – Einlösung einer Fortschrittsidee oder frühkapitalistischer Irrweg?

a) Die Volkswirtschaftler Norbert Berthold und Cornelia Schmid zum Wettbewerb, 1997:

Die Welt verändert sich in einem atemberaubenden Tempo. Während wir in Europa noch über die negativen Seiten der veränderten weltwirtschaftlichen Gegebenheiten lamentieren, haben andere in der Welt längst begriffen, dass die Zeiten den Wohlstand zu steigern schon lange nicht mehr so günstig waren wie gegenwärtig. Hauptgewinner sind die international mobilen Produktionsfaktoren Real- und Finanzkapital, aber auch qualifizierte Arbeit wird sich einen Teil des größer werdenden Kuchens abschneiden. Die immobilen Faktoren wie einfache Arbeit haben es da schwerer. Aber auch sie können an dem steigenden Wohlstand teilhaben. Es muss ihnen allerdings gelingen, sich für die mobilen Produktionsfaktoren attraktiv zu machen. Damit steht der gesamte Standort auf dem Prüfstand, allen voran die Arbeitsmärkte und der Sozialstaat.

Der bisherige europäische Weg den Wettbewerb auf den Arbeitsmärkten und im Bereich des Sozialen weit gehend auszuschalten und die Anpassungslasten zu sozialisieren, erweist sich immer mehr als das, was er schon immer war: ein Holzweg. Was Not tut ist klar: Die Arbeitsmärkte müssen wettbewerblicher werden, der Sozialstaat muss auf die Felder verwiesen werden, auf denen er tatsächlich [...] Vorteile gegenüber marktlichen Lösungen hat. Das Beschäftigungsrisiko muss ebenso stärker privatisiert werden wie weite Bereiche der Sozialpolitik.

Norbert Berthold/Cornelia Schmid, Krise der Arbeitsgesellschaft und Privatisierung der Sozialpolitik, in: Aus Politik und Zeitgeschichte B 48–49/97, 21. 11. 1997, S. 11

b) Der Politikwissenschaftler Gerhard Bäcker über den Sozialstaat, 1997:

Am Anfang der Debatte steht die Wertorientierung, denn Sozialstaat und soziale Sicherung sind keine abstrakten, akademischen Gebilde, die sich von Wissenschaftlern am Schreibtisch nach Belieben modellieren lassen. Es geht um die Lebensbedingungen und -perspektiven der Menschen in diesem Land, um die Teilhabe aller an den grundlegenden Bedürfnissen wie Bildung, Arbeit, Gesundheit, Wohnen, soziale Sicherheit. Ökonomische Kriterien wie wirtschaftlicher Erfolg auf den Märkten, Rentabilität und Renditemaximierung können deshalb nicht alleiniger Maßstab für die Ordnung der Gesellschaft sein. Deutschland ist eben nicht nur ein Wirtschaftsstandort, sondern auch ein „Lebensstandort".

Schon mehren sich die Stimmen, die nicht nur den Sozialstaat, sondern das demokratische Prinzip überhaupt als lästigen Hemmschuh im Globalisierungswettbewerb ansehen. Nachdrücklich ist deshalb darauf zu verweisen, dass das Sozialstaatsprinzip im Grundgesetz verankert ist und aus verfassungsrechtlicher Sicht ebenso wenig zur Disposition steht wie der Rechtsstaat. Der Sozialstaat, das heißt die Gestaltung der Gesellschaft nach den Maßstäben von Gerechtigkeit, Chancengleichheit, sozialem Ausgleich und Sicherung der personalen Freiheit, ist deshalb auch nicht lediglich Anhängsel von Marktwirtschaft und ökonomischer Effizienz oder gar ihnen untergeordnet, sondern essenzieller Bestandteil eines demokratischen Staates. Sozialstaat und Freiheit, Kollektivität und Individualität schließen sich nicht aus, sondern bedingen und ergänzen einander. Der Sozialstaat ist Voraussetzung dafür, dass die Werte von Individualität und Freiheit nicht nur ein Privileg für die Einkommensstarken und Vermögenden sind; er garantiert auch jenen die aktive gesellschaftliche Teilhabe, deren Durchsetzungsfähigkeit begrenzt ist.

Gerhard Bäcker, Der Sozialstaat hat eine Zukunft, in: Aus Politik und Zeitgeschichte B 48–49/97, 21. 11. 1997, S. 13

c) Der Wirtschaftsjournalist Uwe Jean Heuser über die Rolle des Markts, 1998:

Die Stimmung kippt – und deutsche Politiker merken es zuletzt. Immer noch entschuldigen sie ihre Fantasielosigkeit am liebsten mit den Zwängen der Globalisierung. Dabei bricht gerade das letzte Tabu der Neunzigerjahre: Erlaubt sind wieder Zweifel am Glaubenssatz, dass nur ein freier Markt ein guter Markt ist. Das ist zu begrüßen. Denn jetzt dürfen wir wieder frei denken, jetzt dürfen wir fragen, was wir mit der Marktwirtschaft eigentlich wollen und wie Märkte für alle am besten arbeiten. Und das ist der erste Schritt, damit die Politik, global und national, ihr Primat über die Ökonomie zurückgewinnt.

Trotz ersten Aufatmens an den Börsen hat Asiens schwere Finanzkrise einen Bewusstseinswandel ausgelöst. Vorbei die Zeit, in der sich behaupten ließ, ungehemmte Globalisierung würde alle Nationen zu Gewinnern machen; selbst die Völker, die am meisten zu profitieren glaubten, bringen nun ihre Opfer. Das asiatische Modell, europäischen Arbeitnehmern lange als Nonplusultra vorgehalten, hat sich in seine unterschiedlichen Bestandteile aufgelöst. [...]

Westliche Ökonomen, Banker und Politiker sprechen ungestraft aus, womit sie sich noch vor Jahresfrist ihren Ruf ruiniert hätten: Die Regierungen haben die Liberalisierung vorangetrieben, nun müssen sie der Wirtschaft Pflichten auferlegen. Selbst Vertreter der Weltbank, sonst wie der IWF [Internationaler Währungsfond] eher als Handlanger des Kapitals verdächtig, denken inzwischen laut über neue Befugnisse für Regulierer nach. [...]

Offene Märkte schaffen Wohlstand, wilde Märkte nicht. So, wie sie jetzt beschaffen sind, können Währungsfonds und Weltbank allein nicht verhindern, dass die Weltwirtschaft wieder in die Marktfalle tappt. [...]

Selbst linientreue Ordoliberale gehen inzwischen davon aus, dass der Markt einen Rahmen braucht, damit er anständig arbeitet. Was national niemand bestreitet, ist auch international richtig. Und das nicht nur im Finanzhandel. In vielen Abkommen haben die Staaten globale Märkte geschaffen. Da wäre es nur folgerichtig, Ansätze für eine Weltkartellbehörde zu schaffen. Bald schon könnten in der Genfer Welthandelsorganisation weltweit einheitliche Prinzipien für Wettbewerbspolitik verabschiedet werden.

Das anfängliche Lachen über solche Forderungen geht langsam unter in der Erkenntnis, dass die Politik der Macht der Multis wehren könnte, wenn sie sich nur traut.

Uwe Jean Heuser, Die Rückkehr des Staates, in: Die Zeit, 5.2.1998, S. 3

a) Diskutieren Sie die Fragen: Ist die Globalisierung eine Katastrophe oder eine heilsame Herausforderung? Bedeutet sie das Ende des „deutschen Modells"? „Der Markt braucht einen Rahmen" (Text c) – wie könnte dieser beschaffen sein?

b) Prüfen Sie aufgrund Ihrer Kenntnisse, ob die Globalisierung ein Prozess ohne historische Parallele ist oder ob es in der Geschichte der Industrialisierung vergleichbare Situationen gegeben hat. Wer waren damals Betroffene und Nutznießer, wie hat sich die historische Situation weiterentwickelt? Was lässt sich aus der Geschichte lernen?

1. *Ziehen Sie eine Bilanz des Industrialisierungprozesses bis in die Gegenwart: Wie haben sich das Leben der Menschen und ihre Umwelt verändert? Wägen Sie Fortschritte und Kosten gegeneinander ab.*
2. *Diskutieren Sie: der westliche Industriestaat – ein weltweites Entwicklungsmodell?*

Literatur zur Vertiefung

Achilles, Walter: Deutsche Agrargeschichte im Zeitalter der Reformen und der Industrialisierung, Stuttgart 1993.

Braun, Hans-Joachim/Kaiser, Walter: Propyläen-Technikgeschichte Bd. 5: Energiewirtschaft, Automatisierung, Information seit 1914, Berlin 1992.

Brüggemeier, Franz Josef/Toyka-Seid, Michael (Hrsg.): Industrie-Natur. Lesebuch zur Geschichte der Umwelt im 19. Jahrhundert, Frankfurt/New York 1995.

Buchheim, Christoph: Industrielle Revolutionen. Langfristige Gesellschaftsentwicklung in Großbritannien, Europa und in Übersee, München 1994.

Cipolla, Carlo M./Borchardt, Knut (Hrsg.): Europäische Wirtschaftsgeschichte, Bd. 3: Die industrielle Revolution, Stuttgart 1985.

Feldkirchen, Wilfried: Die deutsche Wirtschaft im 20. Jahrhundert. Enzyklopädie Deutscher Geschichte, Bd. 47, München 1998.

Fischer, Wolfram: Expansion, Integration, Globalisierung. Studien zur Geschichte der Weltwirtschaft, Göttingen 1998.

Hahn, Hans-Werner: Die industrielle Revolution in Deutschland. Enzyklopädie Deutscher Geschichte, Bd. 49, München 1998.

Henning, Friedrich-Wilhelm: Handbuch der Wirtschafts- und Sozialgeschichte Deutschlands, Bd. 2: 19. Jahrhundert, Bd. 3: 20. Jahrhundert, Paderborn 1996.

Henning, Friedrich-Wilhelm: Das industrielle Deutschland 1914 bis 1992, Paderborn 9. Aufl. 1997.

Henning, Friedrich-Wilhelm: Die Industrialisierung in Deutschland 1800–1914, Paderborn 8. Aufl. 1993.

Hobsbawm, Eric J.: Industrie und Empire. Britische Wirtschaftsgeschichte seit 1750, Bd. 1, Frankfurt a. M. 1980 (engl. Originalausgabe 1968).

Hughes, Thomas: Die Erfindung Amerikas. Der technologische Aufstieg der USA seit 1870, München 1991.

Kellenbenz, Hermann: Deutsche Wirtschaftsgeschichte, Bd. 2: Vom Ausgang des 18. Jahrhunderts bis zum Ende des Zweiten Weltkriegs, München 1981.

Kiesewetter, Hubert: Das einzigartige Europa. Zufällige und notwendige Faktoren der Industrialisierung, Göttingen 1996.

Kiesewetter, Hubert: Industrielle Revolution in Deutschland 1815–1914, Frankfurt a. M. 1989.

Kocka, Jürgen: Unternehmer in der deutschen Industrialisierung, Göttingen 1975.

Köllmann, Wolfgang: Bevölkerung in der industriellen Revolution. Studien zur Bevölkerungsgeschichte Deutschlands, Göttingen 1974.

König, Wolfgang/Weber, Wolfhard: Propyläen-Technikgeschichte. Bd. 4: Netzwerke, Stahl und Strom. 1840–1914, Berlin 1990.

Landes, David S.: Der entfesselte Prometheus. Technologischer Wandel und industrielle Entwicklung in Westeuropa von 1750 bis zur Gegenwart, München 1983.

Matzerath, Horst (Hrsg.): Stadt und Verkehr im Industriezeitalter, Köln 1996.

Nipperdey, Thomas: Deutsche Geschichte 1800–1866. Bürgerwelt und starker Staat, München 1983.

Nipperdey, Thomas: Deutsche Geschichte 1866–1918, Bd. 1: Arbeitswelt und Bürgergeist, München 1990.

Pierenkemper, Toni: Gewerbe und Industrie im 19. und 20. Jahrhundert. Enzyklopädie Deutscher Geschichte Bd. 29, München 1994.

Pierenkemper, Toni: Umstrittene Revolutionen. Die Industrialisierung im 19. Jahrhundert, Frankfurt a. M. 1996.

Reulecke, Jürgen: Geschichte der Urbanisierung in Deutschland, Frankfurt 1985.

Ritter, Gerhard A.: Arbeiter, Arbeiterbewegung und soziale Ideen in Deutschland. Beiträge zur Geschichte des 19. und 20. Jahrhunderts, München 1996.

Ruppert, Wolfgang (Hrsg.): Die Arbeiter. Lebensformen, Alltag und Kultur von der Frühindustrialisierung bis zum Wirtschaftswunder, München 1986.
Ruppert, Wolfgang: Die Fabrik. Geschichte von Arbeit und Industrialisierung in Deutschland, München 1983.
Schildt, Gerhard: Die Arbeiterschaft im 19. und 20. Jahrhundert. Enzyklopädie Deutscher Geschichte Bd. 36, München 1996.
Schivelbusch, Wolfgang: Geschichte der Eisenbahnreise. Zur Industrialisierung von Raum und Zeit im 19. Jahrhundert, Berlin 1979.
Selmeier, Friedrich: Eisen, Kohle und Dampf. Die Schrittmacher der industriellen Revolution, Reinbek 1985.
Tilly, Richard H.: Vom Zollverein zum Industriestaat, München 1990.
Wehler, Hans-Ulrich: Deutsche Gesellschaftsgeschichte, Bd. 2: Von der Reformära bis zur industriellen und politischen „deutschen Doppelrevolution", 1815 bis 1845/49, München 1987.
Wehler, Hans-Ulrich: Deutsche Gesellschaftsgeschichte, Bd. 3: Von der „deutschen Doppelrevolution" bis zum Beginn des Ersten Weltkrieges, 1849 bis 1914, München 1995.
Zimmermann, Clemens: Die Zeit der Metropolen. Urbanisierung und Großstadtentwicklung, Frankfurt a. M. 1996.

Register

Halbfett gesetzte Seitenzahlen verweisen auf Grundbegriffe.

Personenregister

Sachregister

Bildnachweis

Umschlag: Bildarchiv preußischer Kulturbesitz, Berlin (bpk); S. 7: A Pit Head by English School (19th century) Walker Art Gallery, Liverpool/Board of Trustees: National Museums & Galleries on Merseyside/Bridgeman Art Library, London/New York; S. 14: Archiv für Kunst und Geschichte, Berlin (AKG); S. 16: AKG; S. 19: The Bridgemann Art Library, London; S. 20: Mary Evans Picture Library, London; S. 26: Archiv Gerstenberg, Wietze; S. 31: bpk; S. 34: Stadtmuseum, Kassel; S. 37 ob. und unt.: Krauss Maffei AG, München; S. 43: Commserv (Hoechst Archiv), Frankfurt; S. 48: Frankfurter Latern vom 23. März 1872; S. 53: AKG; S. 55: Jean-Loup Charmet, Paris; S. 57: Deutsches Technikmuseum Berlin, Historisches Archiv; S. 61 ob.: Siemens Forum, München; S. 61 unt.: Deutsches Museum, München; S. 63 li. und re.: Universität-Gesamthochschule, Siegen; S. 66 li.: aus: Hermann de Buhr/Michael Regenbrecht: Industrielle Revolution und Industriegesellschaft, Hirschgraben Verlag Frankfurt 1983, S. 71 (Grafik: Brita v. Schenck); S. 66 re.: bpk; S. 73: Maipostkarte o.J., Museum Rüsselsheim; S. 75: bpk; S. 78: AKG; S. 79: bpk; S. 80: AKG; S. 82 li.: bpk; S. 82 re.: aus: Eva Kaufmann: Herr im Hause. Prosa von Frauen zwischen der Gründerzeit und dem Ersten Weltkrieg, Verlag der Nation Berlin 1989, S. 25; S. 87: bpk; S. 93: Ullstein Bilderdienst, Berlin; S. 95: Museum für Hamburgische Geschichte; S. 96 ob.: bpk; S. 96 unt.: Ullstein Bilderdienst, Berlin; S. 97 ob. und unt.: bpk; S. 98: bpk; S. 101: bpk; S. 106: Archiv des Fabrikmuseums Nordwolle, Delmenhorst; S. 111: Friedrich-Ebert-Stiftung, Bonn; S. 113: Deutsches historisches Museum, Berlin; S. 114: bpk; S. 117: By courtesy of the Newcomen Society; S. 118 ob.: Lightfoot Collection; S. 118 unt.: Foto: Bayer Archiv; S. 119: bpk; S. 120: Stedelijk Museum, Amsterdam; S. 121: AKG; S. 122: Historisches Museum, Frankfurt; S. 123: Deutsches Technikmuseum, Berlin; S.125: Historical Society, Chicago; S. 128: By Courtesy of Library of Congress, Washington; S. 131: Adam Opel AG, Rüsselsheim; S. 132 re.: Daimler Chrysler; S. 132 li.: Henry Ford, 1914 – AFP; S. 135: Henry Ford, 1914 – AFP; S. 136 li.: By Courtesy of Consolidatet Edison of New York; S. 148: CCC München; S. 156: argus – Fotoarchiv (Foto: Mark Edwards)

Nicht in allen Fällen war es uns möglich den Rechteinhaber der Abbildungen ausfindig zu machen. Berechtigte Ansprüche werden selbstverständlich im Rahmen der üblichen Vereinbarungen abgegolten.